Friedrich Nietzsche
Morgenröte
Gedanken über die moralischen Vorurteile

Friedrich Nietzsche
Morgenröte
Gedanken über die moralischen Vorurteile

1.Aufl.
Taschenbuch – Literatur - Klassiker
Herausgeber Frank Weber, Marburg
Bibliografische Information der Deutschen Nationalbibliothek:
Die Deutsche Nationalbibliothek verzeichnet diese Publikation in der Deutschen
Nationalbibliografie; detaillierte bibliografische Daten sind im Internet abrufbar über
http://dnb.dnb.de
© 2022 Friedrich Nietzsche
ISBN: 9783756829545
Herstellung und Verlag: BoD – Books on Demand, Norderstedt

Friedrich Nietzsche

Morgenröte

Gedanken über die moralischen Vorurteile

»Es gibt so viele Morgenröten, die noch nicht geleuchtet haben.«
Rigveda

Inhalt

Vorrede   7

Erstes Buch   13

Zweites Buch   74

Drittes Buch   120

Viertes Buch   163

Fünftes Buch   224

Vorrede

1

In diesem Buche findet man einen »Unterirdischen« an der Arbeit, einen Bohrenden, Grabenden, Untergrabenden. Man sieht ihn, vorausgesetzt, dass man Augen für solche Arbeit der Tiefe hat –, wie er langsam, besonnen, mit sanfter Unerbittlichkeit vorwärts kommt, ohne dass die Not sich allzu sehr verriete, welche jede lange Entbehrung von Licht und Luft mit sich bringt; man könnte ihn selbst bei seiner dunklen Arbeit zufrieden nennen. Scheint es nicht, dass irgendein Glaube ihn führt, ein Trost entschädigt? Dass er vielleicht seine eigne lange Finsternis haben will, sein Unverständliches, Verborgenes, Rätselhaftes, weil er weiß, was er auch haben wird: seinen eignen Morgen, seine eigne Erlösung, seine eigne *Morgenröte?* ... Gewiss, er wird zurückkehren: fragt ihn nicht, was er da unten will, er wird es euch selbst schon sagen, dieser scheinbare Trophonios und Unterirdische, wenn er erst wieder »Mensch geworden« ist. Man verlernt gründlich das Schweigen, wenn man so lange, wie er, Maulwurf war, allein war –

2

In der Tat, meine geduldigen Freunde, ich will es euch sagen, was ich da unten wollte, hier in dieser späten Vorrede, welche leicht hätte ein Nachruf, eine Leichenrede werden können: denn ich bin zurück gekommen und – ich bin davongekommen. Glaubt ja nicht, dass ich euch zu dem gleichen Wagnisse auffordern werde! Oder auch nur zur gleichen Einsamkeit! Denn wer auf solchen eignen Wegen geht, begegnet niemandem: das bringen die »eignen Wege« mit sich. Niemand kommt, ihm dabei zu helfen; mit allem, was ihm von Gefahr, Zufall, Bosheit und schlechtem Wetter zustößt, muss er allein fertig werden. Er hat eben seinen Weg *für sich* – und, wie billig, seine Bitterkeit, seinen gelegentlichen Verdruss an diesem »für sich«: wozu es zum Beispiel gehört, zu wissen, dass selbst seine Freunde nicht erraten können, wo er ist, wohin er geht, dass sie sich bisweilen fragen werden »wie? geht er überhaupt? hat er noch – einen Weg?« – Damals unternahm ich etwas, das nicht jedermanns Sache sein dürfte: ich stieg in die Tiefe, ich bohrte in den Grund, ich begann ein altes *Vertrauen* zu untersuchen und anzugraben, auf dem wir Philosophen seit ein paar Jahrtausenden wie auf dem sichersten Grunde zu bauen pflegten, – immer wieder, obwohl jedes Gebäude bisher einstürzte: ich begann unser *Vertrauen zur Moral* zu untergraben. Aber ihr versteht mich nicht?

3

Es ist bisher am schlechtesten über Gut und Böse nachgedacht worden: es war dies immer eine zu gefährliche Sache. Das Gewissen, der gute Ruf, die Hölle, unter Umständen selbst die Polizei erlaubten und erlauben keine Unbefangenheit; in Gegenwart der Moral *soll* eben, wie angesichts jeder Autorität, nicht gedacht, noch weniger geredet werden: hier wird – *gehorcht*! So lang die Welt steht, war noch keine Autorität willens, sich zum Gegenstand der Kritik nehmen zu lassen; und gar die Moral kritisieren, die Moral als Problem, als problematisch nehmen: wie? war das nicht – *ist* das nicht – unmoralisch? – Aber die Moral gebietet nicht nur über jede Art von Schreckmitteln, um sich kritische Hände und Folterwerkzeuge vom Leibe zu halten: ihre Sicherheit liegt noch mehr in einer gewissen Kunst der Bezauberung, auf die sie sich versteht, – sie weiß zu »begeistern«. Es gelingt ihr, oft mit einem einzigen Blicke, den kritischen Willen zu lähmen, sogar zu sich hinüberzulocken, ja es gibt Fälle, wo sie ihn gegen sich selbst zu kehren weiß: so dass er sich dann, gleich dem Skorpione, den Stachel in den eignen Leib sticht. Die Moral versteht sich eben von alters her auf jede Teufelei von Überredungskunst: es gibt keinen Redner, auch heute noch, der sie nicht um ihre Hilfe anginge (man höre zum Beispiel selbst unsere Anarchisten reden: wie moralisch reden sie, um zu überreden! Zuletzt heißen sie sich selbst noch gar »die Guten und Gerechten«.) Die Moral hat sich eben von jeher, so lange auf Erden geredet und überredet worden ist, als die größte Meisterin der Verführung bewiesen – und, was uns Philosophen angeht, als die eigentliche *Circe der Philosophen*. Woran liegt es doch, dass von Plato ab alle philosophischen Baumeister in Europa umsonst gebaut haben? Dass alles einzufallen droht oder schon in Schutt liegt, was sie selber ehrlich und ernsthaft für *aere perennius* hielten? Oh wie falsch ist die Antwort, welche man jetzt noch auf diese Frage bereit hält, »weil von ihnen allen die Voraussetzung versäumt war, die Prüfung des Funda-mentes, eine Kritik der gesamten Vernunft« – jene verhäng-nisvolle Antwort Kants, der damit uns moderne Philosophen wahr-haftig nicht auf einen festeren und weniger trüglichen Boden gelockt hat!

(– und nachträglich gefragt, war es nicht etwas sonderbar, zu verlangen, dass ein Werkzeug seine eigne Trefflichkeit und Tauglichkeit kritisieren solle? dass der Intellekt selbst seinen Wert, seine Kraft, seine Grenzen »erkennen« solle? war es nicht sogar ein wenig widersinnig? –) Die richtige Antwort wäre vielmehr gewesen, dass alle Philosophen unter der Ver-führung der Moral gebaut haben, auch Kant –, dass ihre Absicht scheinbar auf Gewissheit, auf »Wahrheit«, eigentlich aber auf *majestätische sittliche Gebäude* ausging: um uns noch einmal der unschuldigen Sprache Kants zu bedienen, der es als seine eigne »nicht so glänzende, aber doch auch nicht verdienstlose« Aufgabe und Arbeit bezeichnet, »den Boden zu jenen majestätischen sittlichen Gebäuden eben und baufest zu machen« (Kritik der reinen Vernunft II, S. 257). Ach, es ist ihm damit nicht gelungen, im Gegenteil! – wie man heute sagen muss. Kant war mit einer solchen schwärmerischen Absicht eben der rechte Sohn seines Jahr-hunderts, das mehr als jedes andre das Jahrhundert der Schwärmerei genannt werden darf: wie er es, glücklicherweise, auch in Bezug auf dessen wertvollere Seiten geblieben ist (zum Beispiel mit jenem guten Stück Sensualismus, den er in seine Erkenntnistheorie hinüber-nahm). Auch ihn hatte die Moral-Tarantel Rousseau gebissen, auch ihm lag der Gedanke des moralischen Fanatismus auf dem Grunde der Seele, als dessen Vollstrecker sich ein andrer Jünger Rousseaus fühlte und bekannte, nämlich Robespierre, »*de fonder sur la terre l'empire de la sagesse, de la justice et de la vertu*« (Rede vom 7. Juni 1794). Andrerseits konnte man es, mit einem solchen Franzosen-Fanatismus im Herzen, nicht unfranzösischer, nicht tiefer, gründlicher, deutscher treiben – wenn das Wort »deutsch« in diesem Sinne heute noch erlaubt ist –, als es Kant getrieben hat: um Raum für *sein* »moralisches Reich« zu schaffen, sah er sich genötigt, eine unbe-weisbare Welt anzusetzen, ein logisches »Jenseits«, – dazu eben hatte er seine Kritik der reinen Vernunft nötig! Anders ausgedrückt: *er hätte sie nicht nötig gehabt*, wenn ihm nicht eins wichtiger als alles gewesen wäre, das »moralische Reich« unangreifbar, lieber noch ungreifbar für die Vernunft zu machen, – er empfand eben die Angreifbarkeit einer moralischen Ordnung der Dinge von seiten der Vernunft zu stark! Denn angesichts von Natur und Geschichte, angesichts der gründlichen *Unmoralität* von Natur und Geschichte war Kant, wie jeder gute Deutsche von alters her, Pessimist; er glaubte an die Moral, nicht weil sie durch Natur und Geschichte bewiesen wird, sondern trotzdem dass ihr durch Natur und

Geschichte beständig widersprochen wird. Man darf sich vielleicht, um dies »trotzdem dass« zu verstehen, an etwas Verwandtes bei Luther erinnern, bei jenem andern großen Pessimisten, der es einmal mit der ganzen lutherischen Verwegenheit seinen Freunden zu Gemüte führte: »wenn man durch Vernunft es fassen könnte, wie der Gott gnädig und gerecht sein könne, der so viel Zorn und Bosheit zeigt, wozu brauchte man dann den *Glauben*?« Nichts nämlich hat von jeher einen tieferen Eindruck auf die deutsche Seele gemacht, nichts hat sie mehr »versucht«, als diese gefährlichste aller Schlussfolgerungen, welche jedem rechten Romanen eine Sünde wider den Geist ist: *credo quia absurdum est*: – mit ihr tritt die deutsche Logik zuerst in der Geschichte des christlichen Dogmas auf: aber auch heute noch, ein Jahrtausend später, wittern wir Deutschen von heute, späte Deutsche in jedem Betrachte – etwas von Wahrheit, von *Möglichkeit* der Wahrheit hinter dem berühmten realdialektischen Grund-Satze, mit welchem Hegel seiner Zeit dem deutschen Geiste zum Sieg über Europa verhalf – »Der Widerspruch bewegt die Welt, alle Dinge sind sich selbst widersprechend« –: wir sind eben, sogar bis in die Logik hinein, Pessimisten.

4

Aber nicht die *logischen* Werturteile sind die untersten und gründlichsten, zu denen die Tapferkeit unsres Argwohns hinunterkann: das Vertrauen auf die Vernunft, mit dem die Gültigkeit dieser Urteile steht und fällt, ist, als Vertrauen, ein *moralisches* Phänomen... Vielleicht hat der deutsche Pessimismus seinen letzten Schritt noch zu tun? Vielleicht muss er noch einmal auf eine furchtbare Weise sein *credo* und sein *absurdum* nebeneinanderstellen? Und wenn *dies* Buch bis in die Moral hinein, bis über das Vertrauen zur Moral hinweg pessimistisch ist, – sollte es nicht gerade damit ein deutsches Buch sein? Denn es stellt in der Tat einen Widerspruch dar und fürchtet sich nicht davor: in ihm wird der Moral das Vertrauen gekündigt – warum doch? *Aus Moralität*! Oder wie sollen wirs heißen, was sich in ihm – in *uns* – begibt? denn wir würden unsrem Geschmacke nach bescheidenere Worte vorziehen. Aber es ist kein Zweifel, auch zu uns noch redet ein »du sollst«, auch wir noch gehorchen einem strengen Gesetze über uns, – und dies ist die letzte Moral, die sich auch uns noch hörbar macht, die auch wir noch zu *leben* wissen, hier, wenn irgend worin, sind auch wir noch *Menschen des Gewissens*: dass wir nämlich nicht wieder zurückwollen in das, was uns als überlebt und morsch gilt, in irgend etwas »Unglaubwürdiges«, heiße es nun Gott, Tugend, Wahrheit, Gerechtigkeit, Nächstenliebe; dass wir uns keine Lügenbrücken zu alten Idealen gestatten; dass wir von Grund aus allem feind sind, was in uns vermitteln und mischen möchte; feind jeder jetzigen Art Glauben und Christlichkeit; feind dem Halb- und Halben aller Romantik und Vaterländerei; feind auch der Artisten-Genüßlichkeit, Artisten-Gewissenlosigkeit, welche uns überreden möchte, da anzubeten, wo wir nicht mehr glauben – denn wir sind Artisten –; feind, kurzum, dem ganzen europäischen *Feminismus* (oder Idealismus, wenn man's lieber hört), der ewig »hinanzieht« und ewig gerade damit »herunter bringt«: – allein als Menschen *dieses* Gewissens fühlen wir uns noch verwandt mit der deutschen Rechtschaffenheit und Frömmigkeit von Jahrtausenden, wenn auch als deren fragwürdigste und letzte Abkömmlinge, wir Immoralisten, wir Gottlosen von heute, ja sogar, in gewissem Verstande, als deren Erben, als Vollstrecker ihres innersten Willens, eines pessimistischen Willens, wie gesagt, der sich davor nicht fürchtet, sich selbst zu verneinen, weil er mit *Lust* verneint! In uns vollzieht sich, gesetzt dass ihr eine Formel wollt, – die *Selbstaufhebung der Moral*. – –

5

– Zuletzt aber: wozu müssten wir das, was wir sind, was wir wollen und nicht wollen, so laut und mit solchem Eifer sagen? Sehen wir es kälter, ferner, klüger, höher an, sagen wir es, wie es unter uns gesagt werden darf, so heimlich, dass alle Welt es überhört, dass alle Welt *uns* überhört! Vor allem sagen wir es *langsam*... Diese Vorrede kommt spät, aber nicht zu spät, was liegt im Grunde an fünf, sechs Jahren? Ein solches Buch, ein solches Problem hat keine Eile; überdies sind wir beide Freunde des *lento*, ich ebenso wohl als mein Buch. Man ist nicht umsonst Philologe gewesen, man ist es vielleicht noch, das will sagen, ein Lehrer des langsamen Lesens: – endlich schreibt man auch langsam. Jetzt gehört es nicht nur zu meinen Gewohnheiten, sondern auch zu meinem Geschmacke – einem boshaften Geschmacke vielleicht? –, nichts mehr zu schreiben, womit nicht jede Art Mensch, die »Eile hat«, zur Verzweiflung gebracht wird. Philologie nämlich ist jene ehrwürdige Kunst, welche von ihrem Verehrer vor allem eins heischt, beiseite gehen, sich Zeit lassen, still werden, langsam werden –, als eine Goldschmiedekunst und -kennerschaft des *Wortes*, die lauter feine vorsichtige Arbeit abzutun hat und nichts erreicht, wenn sie es nicht *lento* erreicht. Gerade damit aber ist sie heute nötiger als je, gerade dadurch zieht sie und bezaubert sie uns am stärksten, mitten in einem Zeitalter der »Arbeit«, will sagen: der Hast, der unanständigen und schwitzenden Eilfertigkeit, das mit allem gleich »fertig werden« will, auch mit jedem alten und neuen Buche: – sie selbst wird nicht so leicht irgend womit fertig, sie lehrt *gut* lesen, das heißt langsam, tief, rück- und vorsichtig, mit Hintergedanken mit offengelassenen Türen, mit zarten Fingern und Augen lesen... Meine geduldigen Freunde, dies Buch wünscht sich nur vollkommene Leser und Philologen: *lernt* mich gut lesen! –

Ruta bei Genua, im Herbst des Jahres 1886

Erstes Buch.

1.

Nachträgliche Vernünftigkeit. – Alle Dinge, die lange leben, werden allmählich so mit Vernunft durchtränkt, dass ihre Abkunft aus der Unvernunft dadurch unwahrscheinlich wird. Klingt nicht fast jede genaue Geschichte einer Entstehung für das Gefühl paradox und frevelhaft? Widerspricht der gute Historiker im Grunde nicht fortwährend?

2.

Vorurteil der Gelehrten. – Es ist ein richtiges Urteil der Gelehrten, dass die Menschen aller Zeiten zu wissen glaubten, was gut und böse, lobens- und tadelnswert sei. Aber es ist ein Vorurteil der Gelehrten, dass wir es jetzt besser wüssten, als irgend eine Zeit.

3.

Alles hat seine Zeit. – Als der Mensch allen Dingen ein Geschlecht gab, meinte er nicht zu spielen, sondern eine tiefe Einsicht gewonnen zu haben: – den ungeheuren Umfang dieses Irrtums hat er sich sehr spät und jetzt vielleicht noch nicht ganz eingestanden. – Ebenso hat der Mensch Allem, was da ist, eine Beziehung zur Moral beigelegt und der Welt eine ethische Bedeutung über die Schulter gehängt. Das wird einmal ebenso viel und nicht mehr Werth haben, als es heute schon der Glaube an die Männlichkeit oder Weiblichkeit der Sonne hat.

4.

Gegen die erträumte Disharmonie der Sphären. – Wir müssen die viele falsche Großartigkeit wieder aus der Welt schaffen, weil sie gegen die Gerechtigkeit ist, auf die alle Dinge vor uns Anspruch haben! Und dazu tut not, die Welt nicht disharmonischer sehen zu wollen als sie ist!

5.

Seid dankbar. – Das große Ergebnis der bisherigen Menschheit ist, dass wir nicht mehr beständige Furcht vor wilden Tieren, vor Barbaren, vor Göttern und vor unseren Träumen zu haben brauchen.

6.

Der Taschenspieler und sein Widerspiel. – Das Erstaunliche in der Wissenschaft ist dem Erstaunlichen in der Kunst des Taschenspielers entgegengesetzt. Denn dieser will uns dafür gewinnen, eine sehr einfache Kausalität dort zu sehen, wo in Wahrheit eine sehr complicirte Kausalität in Tätigkeit ist. Die Wissenschaft dagegen nötigt uns, den Glauben an einfache Kausalitäten gerade dort aufzugeben, wo Alles so leicht begreiflich scheint und wir die Narren des Augenscheins sind. Die "einfachsten" Dinge sind sehr complicirt, – man kann sich nicht genug darüber verwundern!

7.

Um lernen des Raumgefühls. – Haben die wirklichen Dinge oder die eingebildeten Dinge mehr zum menschlichen Glück beigetragen? Gewiss ist, dass die Weite des Raumes zwischen höchstem Glück und tiefstem Unglück erst mit Hülfe der eingebildeten Dinge hergestellt worden ist. Diese Art von Raumgefühl wird folglich, unter der Einwirkung der Wissenschaft, immer verkleinert: so wie wir von ihr gelernt haben und noch lernen, die Erde als klein, ja das Sonnensystem als Punkt zu empfinden.

8.

Transfiguration. – Die ratlos Leidenden, die verworren Träumenden, die überirdisch Entzückten, – dies sind die drei Grade, in welche Raffael die Menschen einteilt. So blicken wir nicht mehr in die Welt – und auch Raffael dürfte es jetzt nicht mehr: er würde eine neue Transfiguration mit Augen sehen.

9.

Begriff der Sittlichkeit der Sitte. – Im Verhältnis zu der Lebens-weise ganzer Jahrtausende der Menschheit leben wir jetzigen Menschen in einer sehr unsittlichen Zeit: die Macht der Sitte ist erstaunlich abgeschwächt und das Gefühl der Sittlichkeit so verfeinert und so in die Höhe getragen, dass es ebenso gut als verflüchtigt bezeichnet werden kann. Deshalb werden uns, den Spätgeborenen, die Grundeinsichten in die Entstehung der Moral schwer, sie bleiben uns, wenn wir sie trotzdem gefunden haben, an der Zunge kleben und wollen nicht heraus: weil sie grob klingen! Oder weil sie die Sittlichkeit zu verleumden scheinen! So zum Beispiel gleich der Hauptsatz: Sittlichkeit ist nichts Anderes (also namentlich nicht mehr!), als Gehorsam gegen Sitten, welcher Art diese auch sein mögen; Sitten aber sind die herkömmliche Art zu handeln und abzuschätzen. In Dingen, wo kein Herkommen befiehlt, gibt es keine Sittlichkeit; und je weniger das Leben durch Herkommen bestimmt ist, umso kleiner wird der Kreis der Sittlichkeit. Der freie Mensch ist unsittlich, weil er in Allem von sich und nicht von einem Herkommen abhängen will: in allen ursprünglichen Zuständen der Menschheit bedeutet "böse" so viel wie "individuell", "frei", "willkürlich", "ungewohnt", "unvorhergesehen", "unberechenbar". Immer nach dem Maßstab solcher Zustände gemessen: wird eine Handlung getan, nicht weil das Herkommen sie befiehlt, sondern aus anderen Motiven (zum Beispiel des individuellen Nutzens wegen), ja selbst aus eben den Motiven, welche das Herkommen ehemals begründet haben, so heißt sie unsittlich und wird so selbst von ihrem Täter empfunden: denn sie ist nicht aus Gehorsam gegen das Herkommen getan worden. Was ist das Herkommen? Eine höhere Autorität, welcher man gehorcht, nicht weil sie das uns Nützliche befiehlt, sondern weil sie befiehlt. – Wodurch unterscheidet sich dies Gefühl vor dem Herkommen von dem Gefühl der Furcht überhaupt? Es ist die Furcht vor einem höheren Intellekt, der da befiehlt, vor einer unbegreiflichen unbestimmten Macht, vor etwas mehr als Persönlichem, – es ist Aberglaube in dieser Furcht. – Ursprünglich gehörte die ganze

Erziehung und Pflege der Gesundheit, die Ehe, die Heilkunst, der Feldbau, der Krieg, das Reden und Schweigen, der Verkehr unter einander und mit den Göttern in den Bereich der Sittlichkeit: sie verlangte, dass man Vorschriften beobachtete, ohne an sich als Individuum zu denken. Ursprünglich also war Alles Sitte, und wer sich über sie erheben wollte, musste Gesetzgeber und Medizinmann und eine Art Halbgott werden: das heißt, er musste Sitten machen, – ein furchtbares, lebensgefährliches Ding! – Wer ist der Sittlichste? Einmal Der, welcher das Gesetz am häufigsten erfüllt: also, gleich dem Brahmanen, das Bewusstsein desselben überallhin und in jeden kleinen Zeitteil trägt, sodass er fortwährend erfinderisch ist in Gelegenheiten, das Gesetz zu erfüllen. Sodann Der, der es auch in den schwersten Fällen erfüllt. Der Sittlichste ist Der, welcher am meisten der Sitte opfert: welches aber sind die größten Opfer? Nach der Beantwortung dieser Frage entfalten sich mehrere unterschiedliche Moralen; aber der wichtigste Unterschied bleibt doch jener, welcher die Moralität der häufigsten Erfüllung von der der schwersten Erfüllung trennt. Man täusche sich über das Motiv jener Moral nicht, welche die schwerste Erfüllung der Sitte als Zeichen der Sittlichkeit fordert! Die Selbstüberwindung wird nicht ihrer nützlichen Folgen halber, die sie für das Individuum hat, gefordert, sondern damit die Sitte, das Herkommen herrschend erscheine, trotz allem individuellen Gegengelüst und Vorteil: der Einzelne soll sich opfern, – so heischt es die Sittlichkeit der Sitte. – Jene Moralisten dagegen, welche wie die Nachfolger der sokratischen Fußtapfen die Moral der Selbstbeherrschung und Enthaltsamkeit dem Individuum als seinen eigensten Vorteil, als seinen persönlichsten Schlüssel zum Glück an's Herz legen, machen die Ausnahme – und wenn es uns anders erscheint, so ist es, weil wir unter ihrer Nachwirkung erzogen sind: sie alle gehen eine neue Straße unter höchlichster Missbilligung aller Vertreter der Sittlichkeit der Sitte, – sie lösen sich aus der Gemeinde aus, als Unsittliche, und sind, im tiefsten Verstande, böse. Ebenso erschien einem tugendhaften Römer alten Schrotes jeder Christ, welcher "am ersten nach seiner eigenen Seligkeit trachtete", – als böse. – überall, wo es eine Gemeinde und folglich eine Sittlichkeit der Sitte gibt, herrscht auch der Gedanke, dass die Strafe für die Verletzung der Sitte vor Allem auf die Gemeinde fällt: jene übernatürliche Strafe, deren Äußerung und Grenze so schwer zu begreifen ist und mit so abergläubischer Angst ergründet wird. Die Gemeinde kann den Einzelnen anhalten, dass er den nächsten Schaden, den seine Tat im Gefolge hatte, am Einzelnen oder an der Gemeinde wieder gut mache, sie kann auch eine Art Rache am Einzelnen dafür nehmen, dass durch ihn, als angebliche Nachwirkung seiner Tat, sich die göttlichen Wolken und Zorneswetter über der Gemeinde gesammelt haben, – aber sie empfindet die Schuld des Einzelnen doch vor Allem als ihre Schuld und trägt dessen Strafe als ihre Strafe –: die Sitten sind locker geworden, so klagt es in der Seele eines Jeden, wenn solche Taten möglich sind." Jede individuelle Handlung, jede individuelle Denkweise erregt Schauder; es ist gar nicht auszurechnen, was gerade die selteneren, ausgesuchteren, ursprünglicheren Geister im ganzen Verlauf der Geschichte dadurch gelitten haben müssen, dass sie immer als die bösen und gefährlichen empfunden wurden, ja dass sie sich selber so empfanden. Unter der Herrschaft der Sittlichkeit der Sitte hat die Originalität jeder Art ein böses Gewissen bekommen; bis diesen Augenblick ist der Himmel der Besten noch dadurch verdüsterter, als er sein müsste.

10.

Gegenbewegung zwischen Sinn der Sittlichkeit und Sinn der Kausalität. – In dem Maße, in welchem der Sinn der Kausalität zunimmt, nimmt der Umfang des Reiches der Sittlichkeit ab: denn jedes Mal, wenn man die notwendigen Wirkungen begriffen hat und gesondert von allen Zufällen, allem gelegentlichen Nachher (post hoc) zu denken versteht, hat man eine Unzahl phantastischer Kausalitäten, an welche als Grundlagen von Sitten bisher geglaubt wurde, zerstört – die wirkliche Welt ist viel kleiner, als die phantastische – und jedes Mal ist ein Stück Ängstlichkeit und Zwang aus der Welt verschwunden, jedes Mal auch ein Stück Achtung vor der Autorität der Sitte: die Sittlichkeit im Großen hat eingebüßt. Wer sie dagegen vermehren will, muss zu verhüten wissen, dass die Erfolge kontrollierbar werden.

11.

Volksmoral und Volksmedizin.- An der Moral, welche in einer Gemeinde herrscht, wird fortwährend und von Jedermann gearbeitet: die Meisten bringen Beispiele über Beispiele für das behauptete Verhältnis von Ursache und Folge, Schuld und Strafe hinzu, bestätigen es als wohlbegründet und mehren seinen Glauben: Einige machen neue Beobachtungen über Handlungen und Folgen und ziehen Schlüsse und Gesetze daraus: die Wenigsten nehmen hie und da Anstoß und lassen den Glauben an diesen Punkten schwach werden. – Alle aber sind einander gleich in der gänzlich rohen, unwissenschaftlichen Art ihrer Tätigkeit; ob es sich um Beispiele, Beobachtungen oder Anstöße handelt, ob um den Beweis, die Bekräftigung, den Ausdruck, die Widerlegung eines Gesetzes, – es ist wertloses Material und wertlose Form, wie Material und Form aller Volksmedizin. Volksmedizin und Volksmoral gehören zusammen und sollten nicht mehr so verschieden abgeschätzt werden, wie es immer noch geschieht: beides sind die gefährlichsten Scheinwissenschaften.

12.

Die Folge als Zutat. – Ehemals glaubte man, der Erfolg einer Tat sei nicht eine Folge, sondern eine freie Zutat – nämlich Gottes. Ist eine größere Verwirrung denkbar! Man musste sich um die Tat und um den Erfolg besonders bemühen, mit ganz verschiedenen Mitteln und Praktiken!

13.

Zur neuen Erziehung des Menschengeschlechts. – Helft, ihr Hilfreichen und Wohlgesinnten, doch an dem Einen Werke mit, den Begriff der Strafe, der die ganze Welt überwuchert hat, aus ihr zu entfernen! Es gibt kein böseres Unkraut! Nicht nur in die Folgen unserer Handlungsweisen hat man ihn gelegt – und wie schrecklich und vernunftwidrig ist schon dies, Ursache und Wirkung als Ursache und Strafe zu verstehen! – aber man hat mehr getan und die ganze reine Zufälligkeit des Geschehens um ihre Unschuld gebracht, mit dieser verruchten Interpretationskunst des Straf-Begriffs. Ja, man hat die Tollheit so weit getrieben, die Existenz selber als Strafe empfinden zu heißen, – es ist, als ob die Phantasterei von Kerkermeistern und Henkern bisher die Erziehung des Menschengeschlechts geleitet hätte!

14.

Bedeutung des Wahnsinns in der Geschichte der Moralität. – Wenn trotz jenem furchtbaren Druck der "Sittlichkeit der Sitte", unter dem alle Gemeinwesen der Menschheit lebten, viele Jahrtausende lang vor unserer Zeitrechnung und in derselben im Ganzen und Großen fort bis auf den heutigen Tag (wir selber wohnen in der kleinen Welt der Ausnahmen und gleichsam in der bösen Zone): – wenn, sage ich, trotzdem neue und abweichende Gedanken, Werthschätzungen, Triebe immer wieder herausbrachen, so geschah dies unter einer schauderhaften Geleitschaft: fast überall ist es der Wahnsinn, welcher dem neuen Gedanken den Weg bahnt, welcher den Bann eines verehrten Brauches und Aberglaubens bricht. Begreift ihr es, weshalb es der Wahnsinn sein musste? Etwas in Stimme und Gebärde so Grauenhaftes und Unberechenbares wie die dämonischen Launen des Wetters und des Meeres und deshalb einer ähnlichen Scheu und Beobachtung Würdiges? Etwas, das so sichtbar das Zeichen völliger Unfreiwilligkeit trug, wie die Zuckungen und der Schaum des Epileptischen, das den Wahn-sinnigen dergestalt als Maske und Schallrohr einer Gottheit zu kennzeichnen schien? Etwas, das dem Träger eines neuen Gedankens selber Ehrfurcht und Schauder vor sich und nicht mehr Gewissensbisse gab und ihn dazu trieb, der Prophet und Märtyrer desselben zu werden? – Während es uns heute noch immer wieder nahe gelegt wird, dass dem Genie, anstatt eines Kornes Salz, ein

Korn Wahnwurz beigegeben ist, lag allen früheren Menschen der Gedanke viel näher, dass überall, wo es Wahnsinn gibt, es auch ein Korn Genie und Weisheit gäbe, – etwas "Göttliches", wie man sich zuflüsterte. Oder vielmehr: man drückte sich kräftig genug aus. "Durch den Wahnsinn sind die größten Güter über Griechenland gekommen," sagte Plato mit der ganzen alten Menschheit. Gehen wir noch einen Schritt weiter: allen jenen überlegenen Menschen, welche es unwiderstehlich dahin zog, das Joch irgend einer Sittlichkeit zu brechen und neue Gesetze zugeben, blieb, wenn sie nicht wirklich wahnsinnig waren, Nichts übrig, als sich wahnsinnig zu machen oder zu stellen – und zwar gilt dies für die Neuerer auf allen Gebieten, nicht nur auf dem der priesterlichen und politischen Satzung.- selbst der Neuerer des poetischen Metrums musste durch den Wahnsinn sich beglaubigen. (Bis in viel mildere Zeiten hinein verblieb daraus den Dichtern eine gewisse Convention des Wahnsinns: auf welche zum Beispiel Solon zurückgriff, als er die Athener zur Wiedereroberung von Salamis aufstachelte.) – "Wie macht man sich wahnsinnig, wenn man es nicht ist und nicht wagt, es zu scheinen?" diesem entsetzlichen Gedankengange haben fast alle bedeutenden Menschen der älteren Zivilisation nachgegangen; eine geheime Lehre von Kunstgriffen und diätetischen Winken pflanzte sich darüber fort, nebst dem Gefühle der Unschuld, ja Heiligkeit eines solchen Nachsinnens und Vorhabens. Die Rezepte, um bei den Indianern ein Medizinmann, bei den Christen des Mittelalters ein Heiliger, bei den Grönländern ein Angekok, bei den Brasilianern ein Paje zu werden, sind im Wesentlichen dieselben: unsinniges Fasten, fortgesetzte geschlechtliche Enthaltung, in die Wüste gehen oder auf einen Berg oder eine Säule steigen, oder "sich auf eine bejahrte Weide setzen, die in einen See hinaussieht" und schlechterdings an Nichts denken, als Das, was eine Verzückung und geistige Unordnung mit sich bringen kann. Wer wagt es, einen Blick in die Wildnis bitterster und überflüssigster Seelennöte zu tun, in welchen wahrscheinlich gerade die fruchtbarsten Menschen aller Zeiten geschmachtet haben! Jene Seufzer der Einsamen und Verstörten zu hören: "Ach, so gebt doch

Wahnsinn, ihr Himmlischen! Wahnsinn, dass ich endlich an mich selber glaube! Gebt Delirien und Zuckungen, plötzliche Lichter und Finsternisse, schreckt mich mit Frost und Gluth, wie sie kein Sterblicher noch empfand, mit Getöse und umgehenden Gestalten, lasst mich heulen und winseln und wie ein Thier kriechen: nur dass ich bei mir selber Glauben finde! Der Zweifel frisst mich auf, ich habe das Gesetz getötet, das Gesetz ängstigt mich wie ein Leichnam einen Lebendigen: wenn ich nicht mehr bin als das Gesetz, so bin ich der Verworfenste von Allen. Der neue Geist, der in mir ist, woher ist er, wenn er nicht von euch ist? Beweist es mir doch, dass ich euer bin; der Wahnsinn allein beweist es mir." Und nur zu oft erreichte diese Inbrunst ihr Ziel zu gut: in jener Zeit, in welcher das Christentum am reichsten seine Fruchtbarkeit an Heiligen und Wüsten-Einsiedlern bewies und sich dadurch selber zu beweisen vermeinte, gab es in Jerusalem große Irrenhäuser für verunglückte Heilige, für jene, welche ihr letztes Korn Salz daran gegeben hatten.

15.

Die ältesten Trostmittel. – Erste Stufe: der Mensch sieht in jedem übel befinden und Missgeschick Etwas, wofür er irgendjemand Anderes leiden lassen muss, – dabei wird er sich seiner noch vorhandenen Macht bewusst, und dies tröstet ihn. Zweite Stufe: der Mensch sieht in jedem Übelbefinden und Missgeschick eine Strafe, das heißt die Sühnung der Schuld und das Mittel, sich vom bösartigen Zauber eines wirklichen oder vermeintlichen Unrechtes loszumachen. Wenn er dieses Vorteils ansichtig wird, welchen das Unglück mit sich bringt, so glaubt er einen Anderen nicht mehr dafür leiden lassen zu müssen, – er sagt sich von dieser Art Befriedigung los, weil er nun eine andere hat.

16.

Erster Satz der Zivilisation. – Bei rohen Völkern gibt es eine Gattung von Sitten, deren Absicht die Sitte überhaupt zu sein scheint: peinliche und im Grunde überflüssige Bestimmungen (wie zum

Beispiel die unter den Kamtschadalen, niemals den Schnee von den Schuhen mit dem Messer abzuschaben, niemals eine Kohle mit dem Messer zu spießen, niemals ein Eisen in's Feuer zu legen – und der Tod trifft Den, welcher in solchen Stücken zuwiderhandelt!), die aber die fortwährende Nähe der Sitte, den unausgesetzten Zwang, Sitte zu üben, fortwährend im Bewusstsein erhalten: zur Bekräftigung des großen Satzes, mit dem die Zivilisation beginnt: jede Sitte ist besser, als keine Sitte.

17.

Die gute und die böse Natur. – Erst haben die Menschen sich in die Natur hineingedichtet: sie sahen überall sich und Ihresgleichen, nämlich ihre böse und launenhafte Gesinnung, gleichsam versteckt unter Wolken, Gewittern, Raubtieren, Bäumen und Kräutern: damals erfanden sie die "böse Natur". Dann kam einmal eine Zeit, da sie sich wieder aus der Natur hinausdichteten, die Zeit Rousseaus: man war einander so satt, dass man durchaus einen Weltwinkel haben wollte, wo der Mensch nicht hinkommt mit seiner Qual: man erfand die "gute Natur".

18.

Die Moral des freiwilligen Leidens. – Welcher Genuss ist für Menschen im Kriegszustande jener kleinen, stets gefährdeten Gemeinde, wo die strengste Sittlichkeit waltet, der höchste? Also für kraftvolle, rachsüchtige, feindselige, tückische, argwöhnische, zum Furchtbarsten bereite, und durch Entbehrung und Sittlichkeit gehärtete Seelen? Der Genuss der Grausamkeit: so wie es auch zur Tugend einer solchen Seele in diesen Zuständen gerechnet wird, in der Grausamkeit erfinderisch und unersättlich zu sein. An dem Thun des Grausamen erquickt sich die Gemeinde und wirft einmal die Düsterkeit der beständigen Angst und Vorsicht von sich. Die Grausamkeit gehört zur ältesten Festfreude der Menschheit. Folglich denkt man sich auch die Götter erquickt und festlich gestimmt, wenn man ihnen den Anblick der Grausamkeit anbietet, – und so schleicht sich die Vorstellung in die Welt, dass das freiwillige Leiden, die selbsterwählte Marter einen guten Sinn und Werth habe. Allmählich formt die Sitte in der Gemeinde eine Praxis gemäß dieser Vorstellung: man wird bei allem ausschweifenden Wohlbefinden von nun an misstrauischer und bei allen schweren schmerzhaften Zuständen zuversichtlicher; man sagt sich: es mögen wohl die Götter ungnädig wegen des Glücks und gnädig wegen unseres Leidens auf uns sehen, – nicht etwa mitleidig! Denn das Mitleiden gilt als verächtlich und einer starken, furchtbaren Seele unwürdig; – aber gnädig, weil sie dadurch ergötzt und guter Dinge werden: denn der Grausame genießt den höchsten Kitzel des Machtgefühls. So kommt in den Begriff des "sittlichsten Menschen" der Gemeinde die Tugend des häufigen Leidens, der Entbehrung, der harten Lebensweise, der grausamen Kasteiung, – nicht, um es wieder und wieder zu sagen, als Mittel der Zucht, der Selbstbeherrschung, des Verlangens nach individuellem Glück, – sondern als eine Tugend, welche der Gemeinde bei den bösen Göttern einen guten Geruch macht und wie ein beständiges Versöhnungsopfer auf dem Altare zu ihnen empordampft. Alle jene geistigen Führer der Völker, welche in dem trägen fruchtbaren Schlamm ihrer Sitten Etwas zu bewegen vermochten, haben außer dem Wahnsinn auch die freiwillige Marter nötig gehabt, um Glauben zu finden – und zumeist und zuerst, wie immer, den Glauben an sich selber! Je mehr gerade ihr Geist auf neuen Bahnen ging und folglich von Gewissensbissen und Ängsten gequält wurde, um so grausamer wüteten sie gegen das eigene Fleisch, das eigene Gelüste und die eigene Gesundheit, – wie um der Gottheit einen Ersatz an Lust zu bieten, wenn sie vielleicht um der vernachlässigten und bekämpften Gebräuche und der neuen Ziele willen erbittert sein sollte. Glaube man nicht zu schnell, dass wir jetzt von einer solchen Logik des Gefühls uns völlig befreit hätten! Die heldenhaftesten Seelen mögen sich darüber mit sich befragen. Jeder kleinste Schritt auf dem Felde des freien Denkens, des persönlich gestalteten Lebens ist von jeher mit geistigen und körperlichen Martern erstritten worden: nicht nur das Vorwärts-Schreiten, nein! vor Allem das Schreiten, die Bewegung, die

Veränderung hat ihre unzähligen Märtyrer nötig gehabt, durch die langen pfadsuchenden und grundlegenden Jahrtausende hindurch, an welche man freilich nicht denkt, wenn man, wie gewohnt, von "Weltgeschichte", von diesem lächerlich kleinen Ausschnitt des menschlichen Daseins redet; und selbst in dieser sogenannten Weltgeschichte, welche im Grunde ein Lärm um die letzten Neuigkeiten ist, gibt es kein eigentlich wichtigeres Thema, als die uralte Tragödie von den Märtyrern, die den Sumpf bewegen wollten. Nichts ist teurer erkauft, als das Wenige von menschlicher Vernunft und vom Gefühle der Freiheit, welches' jetzt unseren Stolz ausmacht. Dieser Stolz aber ist es, dessentwegen es uns jetzt fast unmöglich wird, mit jenen ungeheuren Zeitstrecken der "Sittlichkeit der Sitte", zu empfinden, welche der "Weltgeschichte" vorausliegen, als die wirkliche und entscheidende Hauptgeschichte, welche den Charakter der Menschheit festgestellt hat: wo das Leiden als Tugend, die Grausamkeit als Tugend, die Verstellung als Tugend, die Rache als Tugend, die Verleugnung der Vernunft als Tugend, dagegen das Wohlbefinden als Gefahr, die Wissbegier als Gefahr, der Friede als Gefahr, das Mitleiden als Gefahr, das Bemitleidet werden als Schimpf, die Arbeit als Schimpf, der Wahnsinn als Göttlichkeit, die Veränderung als das Unsittliche und Verderbenschwangere in Geltung war! – Ihr meint, es habe sich Alles dies geändert, und die Menschheit müsse somit ihren Charakter vertauscht haben? Oh, ihr Menschenkenner, lernt euch besser kennen!

19.

Sittlichkeit und Verdummung. – Die Sitte repräsentiert die Erfahrungen früherer Menschen über das vermeintlich Nützliche und Schädliche, – aber das Gefühl für die Sitte (Sittlichkeit) bezieht sich nicht auf jene Erfahrungen als solche, sondern auf das Alter, die Heiligkeit, die Indiscutabilität der Sitte. Und damit wirkt dies Gefühl dem entgegen, dass man neue Erfahrungen macht und die Sitten korrigiert: das heißt, die Sittlichkeit wirkt der Entstehung neuer und besserer Sitten entgegen: sie verdummt.

20.

Freitäter und Freidenker. – Die Freitäter sind im Nachtheil gegen die Freidenker, weil die Menschen sichtbarer an den Folgen von Taten, als von Gedanken leiden. Bedenkt man aber, dass diese wie jene ihre Befriedigung suchen und dass den Freidenkern schon ein Ausdenken und Aussprechen von verbotenen Dingen diese Befriedigung gibt, so ist in Ansehung der Motive Alles eins: und in Ansehung der Folgen wird der Ausschlag sogar gegen den Freidenker sein, vorausgesetzt, dass man nicht nach der nächsten und gröbsten Sichtbarkeit – das heißt: nicht wie alle Welt urteilt. Man hat viel von der Verunglimpfung wieder zurückzunehmen, mit der die Menschen alle Jene bedacht haben, welche durch die Tat den Bann einer Sitte durchbrachen, – im Allgemeinen heißen sie Verbrecher. Jeder, der das bestehende Sittengesetz umwarf, hat bisher zuerst immer als schlechter Mensch gegolten: aber wenn man, wie es vorkam, hinterher es nicht wieder aufzurichten vermochte und sich damit zufrieden gab, so veränderte sich das Prädikat allmählich; – die Geschichte handelt fast nur von diesen schlechten Menschen, welche später gutgesprochen worden sind!

21.

"Erfüllung des Gesetzes." – Im Falle, dass die Befolgung einer moralischen Vorschrift doch ein anderes Resultat ergibt, als versprochen und erwartet wird, und den Sittlichen nicht das verheißene Glück, sondern wider Erwarten Unglück und Elend trifft, so bleibt immer die Ausflucht des Gewissenhaften und Ängstlichen übrig: "es ist Etwas in der Ausführung versehen worden." Im allerschlimmsten Falle wird eine tief leidende und zerdrückte Menschheit sogar dekretieren "es ist unmöglich, die Vorschrift gut auszuführen, wir sind durch und durch schwach und sündhaft und der Moralität im innersten Grunde nicht fähig, folglich haben wir auch keinen Anspruch auf Glück und Gelingen. Die moralischen Vorschriften und Verheißungen sind für bessere Wesen, als wir sind, gegeben."

22.

Werke und Glaube. – Immer noch wird durch die protestantischen Lehrer jener Grundirrtum fortgepflanzt: dass es nur auf den Glauben ankomme und dass aus dem Glauben die Werke notwendig folgen müssen. Diess ist schlechterdings nicht wahr, aber klingt so verführerisch, dass es schon andere Intelligenzen, als die Luthers (nämlich die des Sokrates und Plato) betört hat: obwohl der Augenschein aller Erfahrungen aller Tage dagegen spricht. Das zuversichtlichste Wissen oder Glauben kann nicht die Kraft zur Tat, noch die Gewandtheit zur Tat geben, es kann nicht die Übung jenes feinen, vielteiligen Mechanismus ersetzen, welche vorhergegangen sein muss, damit irgend Etwas aus einer Vorstellung sich in Action verwandeln könne. Vor Allem und zuerst die Werke! Das heißt Übung, Übung, Übung! Der dazu gehörige "Glaube" wird sich schon einstellen, – dessen seid versichert!

23.

Worin wir am feinsten sind. – Dadurch, dass man sich viele Tausend Jahre lang die Sachen (Natur, Werkzeuge, Eigentum jeder Art) ebenfalls belebt und beseelt dachte, mit der Kraft zu schaden und sich den menschlichen Absichten zu entziehen, ist das Gefühl der Ohnmacht unter den Menschen viel grösser und viel häufiger gewesen, als es hätte sein müssen: man hatte ja nötig, sich der Sachen ebenso zu versichern, wie der Menschen und Tiere, durch Gewalt, Zwang, Schmeichelei, Verträge, Opfer, – und hier ist der Ursprung der meisten abergläubischen Gebräuche, das heißt eines erheblichen, vielleicht überwiegenden und trotzdem vergeudeten und unnützen Bestandteils aller von Menschen bisher geübten Tätigkeit! – Aber weil das Gefühl der Ohnmacht und der Furcht so stark und so lange fast fortwährend in Reizung war, hat sich das Gefühl der Macht in solcher Feinheit entwickelt, dass es jetzt hierin der Mensch mit der delikatesten Goldwaage aufnehmen kann. Es ist sein stärkster Hang geworden; die Mittel, welche man entdeckte, sich dieses Gefühl zu schaffen, sind beinahe die Geschichte der Kultur.

24.

Der Beweis einer Vorschrift. – Im Allgemeinen wird die Güte oder Schlechtigkeit einer Vorschrift, zum Beispiel der, Brod zu backen, so bewiesen, dass das in ihr versprochene Resultat sich ergibt oder nicht ergibt, vorausgesetzt, dass sie genau ausgeführt wird. Anders steht es jetzt mit den moralischen Vorschriften: denn hier sind gerade die Resultate nicht zu übersehen, oder deutbar und unbestimmt. Diese Vorschriften ruhen auf Hypothesen von dem allergeringsten wissenschaftlichen Werte, deren Beweis und deren Widerlegung aus den Resultaten im Grunde gleich unmöglich ist: – aber einstmals, bei der ursprünglichen Rohheit aller Wissenschaft und den geringen Ansprüchen, die man machte, um ein Ding für erwies en zu nehmen, – einstmals wurde die Güte oder Schlechtig-keit einer Vorschrift der Sitte ebenso festgestellt wie jetzt die jeder anderen Vorschrift: durch Hinweisung auf den Erfolg. Wenn bei den Eingeborenen in Russisch-Amerika die Vorschrift gilt: du sollst keinen Tierknochen ins Feuer werfen oder den Hunden geben, – so wird sie so bewiesen: "tue es und du wirst kein Glück auf der Jagd haben." Nun aber hat man in irgend einem Sinne fast immer "kein Glück auf der Jagd"; es ist nicht leicht möglich, die Güte der Vorschrift auf diesem Wege zu widerlegen, namentlich wenn eine Gemeinde und nicht ein Einzelner als Träger der Strafe gilt; vielmehr wird immer ein Umstand eintreten, welcher die Vorschrift zu beweisen scheint.

25.

Sitte und Schönheit. – Zu Gunsten der Sitte sei nicht verschwiegen, dass bei Jedem, der sich ihr völlig und von ganzem Herzen und von Anbeginn an unterwirft, die Angriffs- und Verteidigungsorgane – die körperlichen und geistigen – verkümmern: das heißt, er wird zunehmend schöner! Denn die Übung jener Organe und der ihnen entsprechenden Gesinnung ist es, welche hässlich erhält und hässlicher macht. Der alte Pavian ist darum hässlicher, als der junge, und der weibliche junge Pavian ist dem Menschen am ähnlichsten:

also am schönsten. – Hiernach mache man einen Schluss auf den Ursprung der Schönheit der Weiber!

26.

Die Tiere und die Moral. – Die Praktiken, welche in der verfeinerten Gesellschaft gefordert werden: das sorgfältige Vermeiden des Lächerlichen, des Auffälligen, des Anmaßenden, das Zurückstellen seiner Tugenden sowohl, wie seiner heftigeren Begehrungen, das Sich-gleich-geben, Sich-einordnen, Sich-verringern, – dies Alles als die gesellschaftliche Moral ist im Groben überall bis in die tiefste Tierwelt hinab zu finden, – und erst in dieser Tiefe sehen wir die Hinterabsicht aller dieser liebens-würdigen Vorkehrungen: man will seinen Verfolgern entgehen und im Aufsuchen seiner Beute begünstigt sein. Deshalb lernen die Tiere sich beherrschen und sich in der Weise verstellen, dass manche zum Beispiel ihre Farben der Farbe der Umgebung an-passen (vermöge der sogenannten "chromatischen Funktion"), dass sie sich tot stellen oder die Formen und Farben eines anderen Tieres oder von Sand, Blättern, Flechten, Schwämmen annehmen (Das, was die englischen Forscher mit mimicry bezeichnen). So verbirgt sich der Einzelne unter der Allgemeinschaft des Begriffes "Mensch" oder unter der Gesellschaft, oder passt sich an Fürsten, Stände, Parteien, Meinungen der Zeit oder der Umgebung an: und zu allen den feinen Arten, uns glücklich, dankbar, mächtig, verliebt zu stellen, wird man leicht das tierische Gleichnis finden. Auch jenen Sinn für Wahrheit, der im Grunde der Sinn für Sicherheit ist, hat der Mensch mit dem Tiere gemeinsam: man will sich nicht täuschen lassen, sich nicht durch sich selber irre führen lassen, man hört dem Zureden der eigenen Leidenschaften misstrauisch zu, man bezwingt sich und bleibt gegen sich auf der Lauer; dies Alles versteht das Tier gleich dem Menschen, auch bei ihm wächst die Selbstbeherrschung aus dem Sinn für das Wirkliche (aus der Klugheit) heraus. Ebenfalls beobachtet es die Wirkungen, die es auf die Vorstellung anderer Tiere ausübt, es lernt von dort aus auf sich zurückblicken, sich "objektiv" nehmen, es hat seinen Grad von Selbsterkenntnis. Das

Tier beurteilt die Bewegungen seiner Gegner und Freunde, es lernt ihre Eigentümlichkeiten auswendig, es richtet sich auf diese ein: gegen Einzelne einer bestimmten Gattung gibt es ein für allemal den Kampf auf und ebenso errät es in der Annäherung mancher Arten von Tieren die Absicht des Friedens und des Vertrags. Die Anfänge der Gerechtigkeit, wie die der Klugheit, Mäßigung, Tapferkeit, – kurz Alles, was wir mit dem Namen der sokratischen Tugenden bezeichnen, ist tierhaft: eine Folge jener Triebe, welche Lehren, nach Nahrung zu suchen und den Feinden zu entgehen. Erwägen wir nun, dass auch der höchste Mensch sich eben nur in der Art seiner Nahrung und in dem Begriffe dessen, was ihm Alles feindlich ist, erhoben und verfeinert hat, so wird es nicht unerlaubt sein, das ganze moralische Phänomen als tierhaft zu bezeichnen.

27.

Der Wert im Glauben an übermenschliche Leidenschaften. – Die Institution der Ehe hält hartnäckig den Glauben aufrecht, dass die Liebe, obschon eine Leidenschaft, doch als solche der Dauer fähig sei, ja dass die dauerhafte lebenslängliche Liebe als Regel aufgestellt werden könne. Durch diese Zähigkeit eines edlen Glaubens, trotzdem dass derselbe sehr oft und fast in der Regel widerlegt wird und somit eine pia fraus ist, hat sie der Liebe einen höheren Adel gegeben. Alle Institutionen, welche einer Leidenschaft Glauben an ihre Dauer und Verantwortlichkeit der Dauer zugestehen, wider das Wesen der Leidenschaft, haben ihr einen neuen Rang gegeben: und Der, welcher von einer solchen Leidenschaft nunmehr befallen wird, glaubt sich nicht, wie früher, dadurch erniedrigt oder gefährdet, sondern vor sich und seines Gleichen gehoben. Man denke an Institutionen und Sitten, welche aus der feurigen Hingebung des Augenblicks die ewige Treue geschaffen haben, aus dem Gelüst des Zornes die ewige Rache, aus Verzweiflung die ewige Trauer, aus dem plötzlichen und einmaligen Worte die ewige Verbindlichkeit. Jedes Mal ist sehr viel Heuchelei und Lüge durch eine solche Umschaffung in die Welt gekommen:

jedes Mal auch, und um diesen Preis, ein neuer übermenschlicher, den Menschen hebender Begriff.

28.

Die Stimmung als Argument. – Was ist die Ursache freudiger Entschlossenheit zur Tat? – Diese Frage hat die Menschen viel beschäftigt. Die älteste und immer noch geläufige Antwort ist: Gott ist die Ursache, er gibt uns dadurch zu verstehen, dass er unserem Willen zustimmt. Wenn man ehemals die Orakel über ein Vorhaben befragte, wollte man von ihnen jene freudige Entschlossenheit heimbringen; und jeder beantwortete einen Zweifel, wenn ihm mehrere mögliche Handlungen vor der Seele standen, so.- "ich werde Das thun, wobei jenes Gefühl sich einstellt." Man entschied sich also nicht für das Vernünftigste, sondern für ein Vorhaben, bei dessen Bilde die Seele mutig und hoffnungsvoll wurde. Die gute Stimmung wurde als Argument in die Waagschale gelegt und überwog die Vernünftigkeit: deshalb, weil die Stimmung abergläubisch ausgelegt wurde, als Wirkung eines Gottes, der Gelingen verheißt und durch sie seine Vernunft als die höchste Vernünftigkeit reden lässt. Nun erwäge man die Folgen eines solchen Vorurteils, wenn kluge und machtdurstige Männer sich seiner bedienten – und bedienen! "Stimmung machen!" – damit kann man alle Gründe ersetzen und alle Gegengründe besiegen!

29.

Die Schauspieler der Tugend und der Sünde. – Unter den Männern des Altertums, welche durch ihre Tugend berühmt wurden, gab es, wie es scheint, eine Un- und Überzahl von solchen, die vor sich selber schauspielerten: namentlich werden die Griechen, als eingefleischte Schauspieler, dies eben ganz unwillkürlich getan und für gut befunden haben. Dazu war Jeder mit seiner Tugend im Wettstreit mit der Tugend eines Andern oder aller Anderen: wie sollte man nicht alle Künste aufgewendet haben, um seine Tugend zur Schau zu bringen, vor Allem vor sich selber, schon um der Übung willen! Was nützte eine Tugend, die man nicht zeigen konnte oder die sich nicht zu zeigen verstand! – Diesen Schauspielern der Tugend tat das Christentum Einhalt: dafür erfand es das widerliche Prunken und Paradieren mit der Sünde, es brachte die erlogene Sündhaftigkeit in die Welt (bis zum heutigen Tage gilt sie als "guter Ton" unter guten Christen).

30.

Die verfeinerte Grausamkeit als Tugend. – Hier ist eine Moralität, die ganz auf dem Triebe nach Auszeichnung beruht, – denkt nicht zu gut von ihr! Was ist denn das eigentlich für ein Trieb und welches ist sein Hintergedanke? Man will machen, dass unser Anblick dem Anderen wehe tue und seinen Neid, das Gefühl der Ohnmacht und seines Herabsinkens wecke; man will ihm die Bitterkeit seines Fatums zu kosten geben, indem man auf seine Zunge einen Tropfen unseres Honigs träufelt und ihm scharf und schadenfroh bei dieser vermeintlichen Wohltat ins Auge sieht. Dieser ist demütig geworden und vollkommen jetzt in seiner Demuth, – suchet nach Denen, welchen er damit seit langer Zeit eine Tortur hat machen wollen! ihr werdet sie schon finden! Jener zeigt Erbarmen gegen die Tiere und wird deshalb bewundert, – aber es gibt gewisse Menschen, an welchen er eben damit seine Grausamkeit hat auslassen wollen. Dort steht ein großer Künstler: die vorempfundene Wollust am Neide bezwungener Nebenbuhler hat seine Kraft nicht schlafen lassen, bis dass er groß geworden ist, – wie viele bittere Augenblicke anderer Seelen hat er sich für das Groß werden zahlen lassen! Die Keuschheit der Nonne: mit welchen strafenden Augen sieht sie in das Gesicht anders lebender Frauen! wie viel Lust der Rache ist in diesen Augen! – Das Thema ist kurz, die Variationen darauf könnten zahllos sein, aber nicht leicht langweilig, – denn es ist immer noch eine gar zu paradoxe und fast wehtuende Neuigkeit, dass die Moralität der Auszeichnung im letzten Grunde die Lust an verfeinerter Grausamkeit ist. Im letzten Grunde – das soll hier heißen: jedes Mal in der ersten Generation. Denn wenn die Gewohnheit irgend eines auszeichnenden Thuns sich vererbt, wird doch der Hintergedanke nicht mit vererbt (nur

Gefühle, aber keine Gedanken erben sich fort): und vorausgesetzt, dass er nicht durch die Erziehung wieder dahinter geschoben wird, gibt es in der zweiten Generation schon keine Lust der Grausamkeit mehr dabei: sondern Lust allein an der Gewohnheit als solcher. Diese Lust aber ist die erste Stufe des "Guten".

31.

Der Stolz auf den Geist. – Der Stolz des Menschen, der sich gegen die Lehre der Abstammung von Tieren sträubt und zwischen Natur und Mensch die große Kluft legt, – dieser Stolz hat seinen Grund in einem Vorurteil über Das, was Geist ist: und dieses Vorurteil ist verhältnismäßig jung. In der großen Vorgeschichte der Menschheit setzte man Geist überall voraus und dachte nicht daran, ihn als Vorrecht des Menschen zu ehren. Weil man im Gegen-teil das Geistige (nebst allen Trieben, Bosheiten, Neigungen) zum Gemeingut und folglich gemein gemacht hatte, so schämte man sich nicht, von Tieren oder Bäumen abzustammen (die vornehmen Geschlechter glaubten sich durch solche Fabeln geehrt) und sah in dem Geiste Das, was uns mit der Natur verbindet, nicht was uns von ihr abscheidet. So erzog man sich in der Bescheidenheit, – und ebenfalls in Folge eines Vorurteils.

32.

Der Hemmschuh. – Moralisch zu leiden und dann zu hören, dieser Art Leiden liege ein Irrtum zu Grunde, dies empört. Es gibt ja einen so einzigen Trost, durch sein Leiden eine "tiefere Welt der Wahrheit" zu bejahen, als alle sonstige Welt ist, und man will viel lieber leiden und sich dabei über die Wirklichkeit erhaben fühlen (durch das Bewusstsein, jener "tieferen Welt der Wahrheit" damit nahe zu kommen) als ohne Leid und dann ohne dies Gefühl des Erhabenen sein. Somit ist es der Stolz und die gewohnte Art, ihn zu befriedigen, welche sich dem neuen Verständnis der Moral entgegenstemmen. Welche Kraft wird man also anzuwenden haben, um diesen Hemmschuh zu beseitigen? Mehr Stolz? Einen neuen Stolz?

Die Verachtung der Ursachen, der Folgen und der Wirklichkeit. –
Jene bösen Zufälle, welche eine Gemeinde treffen, plötzliche
Wetter oder Unfruchtbarkeiten oder Seuchen, leiten alle Mitglieder
auf den Argwohn, dass Verstöße gegen die Sitte begangen sind
oder dass neue Gebräuche erfunden werden müssen, um eine neue
dämonische Gewalt und Laune zu beschwichtigen. Diese Art
Argwohn und Nachdenken geht somit gerade der Ergründung der
wahren natürlichen Ursachen aus dem Wege, sie nimmt die
dämonische Ursache als die Voraussetzung. Hier ist die eine Quelle
der erblichen Verkehrtheit des menschlichen Intellekts: und die
andere Quelle entspringt daneben, indem man ebenso
grundsätzlich den wahren natürlichen Folgen einer Handlung ein
viel geringeres Augenmerk schenkte, als den übernatürlichen (den
sogenannten Strafen und Gnaden der Gottheit). Es sind zum
Beispiel bestimmte Bäder für bestimmte Zeiten vorgeschrieben:
man badet, nicht um rein zu werden, sondern weil es vorgeschrieben ist. Man lernt nicht die wirklichen Folgen der Unreinlichkeit fliehen, sondern das vermeintliche Missfallen der Götter an der
Versäumnis eines Bades. Unter dem Drucke abergläubischer Angst
argwöhnt man, es müsse sehr viel mehr mit diesem Abwaschen der
Unreinlichkeit auf sich haben, man legt zweite und dritte
Bedeutungen hinein, man verdirbt sich den Sinn und die Lust am
Wirklichen und hält dies zuletzt, nur insofern es Symbol sein kann,
noch für wertvoll. So verachtet der Mensch im Banne der
Sittlichkeit der Sitte erstens die Ursachen, zweitens die Folgen,
drittens die Wirklichkeit, und spinnt alle seine höheren
Empfindungen (der Ehrfurcht, der Erhabenheit, des Stolzes, der
Dankbarkeit, der Liebe) an eine eingebildete Welt an: die
sogenannte höhere Welt. Und noch jetzt sehen wir die Folge: wo
das Gefühl eines Menschen sich erhebt, da ist irgendwie jene
eingebildete Welt im Spiel. Es ist traurig: aber einstweilen müssen
dem wissenschaftlichen Menschen alle höheren Gefühle verdächtig
sein, so sehr sind sie mit Wahn und Unsinn verquickt. Nicht dass sie
es an sich oder für immer sein müssten: aber gewiss wird von allen

allmählichen Reinigungen, welche der Menschheit bevorstehen, die Reinigung der höheren Gefühle eine der allmählichsten sein.

34.

Moralische Gefühle und moralische Begriffe. – Ersichtlich werden moralische Gefühle so übertragen, dass die Kinder bei den Erwachsenen starke Neigungen und Abneigungen gegen bestimmte Handlungen wahrnehmen und dass sie als geborene Affen diese Neigungen und Abneigungen nachmachen ; im späteren Leben, wo sie sich voll von diesen angelernten und wohl geübten Affekten finden, halten sie ein nachträgliches Warum, eine Art Begründung, dass jene Neigungen und Abneigungen berechtigt sind, für eine Sache des Anstandes. Diese "Begründungen" aber haben weder mit der Herkunft, noch dem Grade des Gefühls bei ihnen Etwas zu tun: man findet sich eben nur mit der Regel ab, dass man als vernünftiges Wesen Gründe für sein Für und Wider haben müsse, und zwar angebbare und annehmbare Gründe. Insofern ist die Geschichte der moralischen Gefühle eine ganz andere, als die Geschichte der moralischen Begriffe. Erstere sind mächtig vor der Handlung, letztere namentlich nach der Handlung, angesichts der Nötigung, sich über sie auszusprechen.

35.

Gefühle und deren Abkunft von Urteilen. – "Vertraue deinem Gefühle!" – Aber Gefühle sind nichts Letztes, Ursprüngliches, hinter den Gefühlen stehen Urteile und Werthschätzungen, welche in der Form von Gefühlen (Neigungen, Abneigungen) uns vererbt sind. Die Inspiration, die aus dem Gefühle stammt, ist das Enkelkind eines Urteils – und oft eines falschen! – und jedenfalls nicht deines eigenen! Seinem Gefühle vertrauen – das heißt seinem Großvater und seiner Großmutter und deren Großeltern mehr gehorchen als den Göttern, die in uns sind: unserer Vernunft und unserer Erfahrung.

36.

Eine Narrheit der Pietät mit Hintergedanken. – Wie! die Erfinder der uralten Kulturen, die ältesten Verfertiger der Werkzeuge und Messschnüre, der Wagen und Schiffe und Häuser, die ersten Beobachter der himmlischen Gesetzmäßigkeit und der Regeln des Einmaleins, – sie seien etwas unvergleichlich Anderes und Höheres, als die Erfinder und Beobachter unserer Zeiten? Die ersten Schritte hätten einen Wert, dem alle unsere Reisen und Weltumsegelungen im Reiche der Entdeckungen nicht gleichkämen? So klingt das Vorurteil, so argumentiert man für die Geringschätzung des gegenwärtigen Geistes. Und doch liegt auf der Hand, dass der Zufall ehemals der größte aller Entdecker und Beobachter und der wohlwollende Einbläser jener erfinderischen Alten war, und dass bei der unbedeutendsten Erfindung, die jetzt gemacht wird, mehr Geist, Zucht und wissenschaftliche Phantasie verbraucht wird, als früher in ganzen Zeitläuften überhaupt vorhanden war.

37.

Falsche Schlüsse aus der Nützlichkeit. – Wenn man die höchste Nützlichkeit einer Sache bewiesen hat, so ist damit auch noch kein Schritt zur Erklärung ihres Ursprungs getan: das heißt, man kann mit der Nützlichkeit niemals die Notwendigkeit der Existenz verständlich machen. Aber gerade das umgekehrte Urteil hat bisher geherrscht – und bis in die Gebiete der strengsten Wissenschaft hinein. Hat man nicht selbst in der Astronomie die (angebliche) Nützlichkeit in der Anordnung der Satelliten (das durch die größere Entfernung von der Sonne abgeschwächte Licht anderweitig zu ersetzen, damit es den Bewohnern der Gestirne nicht an Licht mangele) für den Endzweck ihrer Anordnung und für die Erklärung ihrer Entstehung ausgegeben? Wobei man sich der Schlüsse des Columbus erinnern wird.- die Erde ist für den Menschen gemacht, also, wenn es Länder gibt, müssen sie bewohnt sein. "Ist es wahrscheinlich, dass die Sonne auf Nichts scheine und dass die nächtlichen Wachen der Sterne an pfadlose Meere und menschenleere Länder verschwendet werden?"

38.

Die Triebe durch die moralischen Urteile umgestaltet. – Derselbe Trieb entwickelt sich zum peinlichen Gefühl der Feigheit, unter dem Eindruck des Tadels, den die Sitte auf diesen Trieb gelegt hat: oder zum angenehmen Gefühl der Demuth, falls eine Sitte, wie die christliche, ihn sich ins Herz gelegt und gut geheißen hat. Das heißt: es hängt sich ihm entweder ein gutes oder ein böses Gewissen an! An sich hat er, wie jeder Trieb, weder dies noch über-haupt einen moralischen Charakter und Namen, noch selbst eine bestimmte begleitende Empfindung der Lust oder Unlust: er erwirbt dies Alles erst, als seine zweite Natur, wenn er in Relation zu schon auf gut und böse getauften Trieben tritt, oder als Eigenschaft von Wesen bemerkt wird, welche vom Volke schon moralisch festgestellt und abgeschätzt sind. – So haben die älteren Griechen anders über den Neid empfunden, als wir; Hesiod zählt ihn unter den Wirkungen der guten, wohltätigen Eris auf, und es hatte nichts Anstößiges, den Göttern etwas Neidisches zuzuerkennen: begreiflich bei einem Zustande der Dinge, dessen Seele der Wettstreit war; der Wettstreit aber war als gut festgestellt und abgeschätzt. Ebenfalls waren die Griechen von uns verschieden in der Abschätzung der Hoffnung – man empfand sie als blind und tückisch; Hesiod hat das Stärkste über sie in einer Fabel angedeutet, und zwar etwas so Befremdendes, dass kein neuerer Erklärer es verstanden hat, – denn es geht wider den modernen Geist, welcher vom Christentum her an die Hoffnung als eine Tugend zu glauben gelernt hat. Bei den Griechen dagegen, welchen der Zugang zum Wissen der Zukunft nicht gänzlich verschlossen schien und denen in zahllosen Fällen eine Anfrage um die Zukunft zur religiösen Pflicht gemacht wurde, wo wir uns mit der Hoffnung begnügen, musste wohl, Dank allen Orakeln und Wahrsagern, die Hoffnung etwas degradiert werden und ins Böse und Gefährliche hinabsinken. Die Juden haben den Zorn anders empfunden, als wir, und ihn heiliggesprochen: dafür haben sie die düstere Majestät des Menschen, mit welcher verbunden er sich zeigte, unter sich in einer Höhe gesehen, die sich ein Europäer nicht vorzustellen vermag; sie haben ihren zornigen heiligen Jehovah nach ihren zornigen heiligen Propheten gebildet. An ihnen gemessen, sind die großen Zürner unter den Europäern gleichsam Geschöpfe aus zweiter Hand.

39.

Das Vorurteil vom "reinen Geiste". – Überall, wo die Lehre von der reinen Geistigkeit geherrscht hat, hat sie mit ihren Ausschweifungen die Nervenkraft zerstört: sie lehrte den Körper geringschätzen, vernachlässigen oder quälen, und um aller seiner Triebe willen den Menschen selber quälen und geringschätzen; sie gab verdüsterte, gespannte, gedrückte Seelen, – welche noch über-dies glaubten, die Ursache ihres Elend-Gefühls zu kennen und sie vielleicht heben zu können! "Im Körper muss sie liegen! erblüht immer noch zu sehr!" – so schlossen sie, während tatsächlich derselbe gegen seine fortwährende Verhöhnung durch seine Schmerzen Einsprache über Einsprache erhob. Eine allgemeine, chronisch gewordene Übernervosität war endlich das Los jener tugendhaften Reingeistigen: die Lust lernten sie nur noch in der Form der Ekstase und anderer Vorläufer des Wahnsinns kennen – und ihr System kam auf seine Spitze, als es die Ekstase als das hohe Ziel des Lebens und als den verurteilenden Maßstab für alles Irdische nahm.

40.

Das Grübeln über Gebräuche. – Zahllose Vorschriften der Sitte, einem einmaligen seltsamen Vorkommnis flüchtig abgelesen, wurden sehr schnell unverständlich; es ließ sich ihre Absicht ebenso wenig mit Sicherheit ausrechnen wie die Strafe, welche der Übertretung folgen werde; selbst über die Folge der Ceremonien blieb Zweifel; – aber indem man darüber hin und her riet, wuchs das Objekt eines solchen Grübelns an Wert, und gerade das Absurdeste eines Gebrauches ging zuletzt in die heiligste Heiligkeit über. Man denke nicht gering von der hier in Jahrtausenden aufgewendeten Kraft der Menschheit und am wenigsten von der Wirkung dieses Grübelns über Gebräuche! Wir sind hier auf der ungeheuren

Übungsstätte des Intellektes angelangt, – nicht nur dass hier die Religionen ausgesponnen und fortgesponnen werden: hier ist die würdige, obschon schauerliche Vorwelt der Wissenschaft, hier wuchs der Dichter, der Denker, der Arzt, der Gesetz-geber! Die Angst vor dem Unverständlichen, welches in zweideutiger Weise von uns Ceremonien forderte, ging allmählich in den Reiz des Schwerverständlichen über, und wo man nicht zu ergründen wusste, lernte man schaffen.

41.

Zur Werthbestimmung der vita contemplativa. – Vergessen wir als Menschen der vita contemplativa nicht, welche Art von Übel und Unsegen durch die verschiedenen Nachwirkungen der Beschaulichkeit auf die Menschen der vita activa gekommen ist, – kurz, welche Gegenrechnung die vita activa uns zu machen hat, wenn wir allzu stolz mit unseren Wohltaten uns vor ihr brüsten. Erstens: die sogenannten religiösen Naturen, welche der Zahl nach unter den Kontemplativen überwiegen und folglich ihre gemeinste Species abgeben, haben zu allen Zeiten dahin gewirkt, den praktischen Menschen das Leben schwer zu machen und es ihnen womöglich zu verleiden: den Himmel verdüstern, die Sonne auslöschen, die Freude verdächtigen, die Hoffnungen entwerten, die tätige Hand lähmen, – das haben sie verstanden, ebenso wie sie für elende Zeiten und Empfindungen ihre Tröstungen, Almosen, Handreichungen und Segenssprüche gehabt haben. Zweitens: die Künstler, etwas seltener als die Religiösen, aber doch immer noch eine häufige Art von Menschen der vita contemplativa, sind als Personen zumeist unleidlich, launisch, neidisch, gewaltsam, unfriedlich gewesen: diese Wirkung ist von den erheiternden und erhebenden Wirkungen ihrer Werke in Abzug zu bringen. Drittens: die Philosophen, eine Gattung, in der sich religiöse und künstlerische Kräfte beisammen vorfinden, doch so, dass etwas Drittes, das Dialektische, die Lust am Demonstrieren, noch daneben Platz hat, sind die Urheber von Übeln nach der Weise der Religiösen und der Künstler gewesen und haben noch dazu durch ihren dialektischen Hang vielen Menschen Langeweile gemacht; doch war ihre Zahl immer sehr klein. Viertens: die Denker und die wissenschaftlichen Arbeiter; sie waren selten auf Wirkungen aus, sondern gruben sich still ihre Maulwurfslöcher. So haben sie wenig Verdruss und Unbehagen gemacht und oft als Gegenstand des Spottes und Gelächters sogar, ohne es zu wollen, den Menschen der vita activa das Leben erleichtert. Zuletzt ist die Wissenschaft doch etwas sehr Nützliches für Alle geworden: wenn dieses Nutzens halber jetzt sehr viele zur vita activa Vorherbestimmte sich einen Weg zur Wissenschaft bahnen, im Schweiße ihres Angesichts und nicht ohne Kopfzerbrechen und Verwünschungen, so trägt doch an solchem Ungemach die Schaar der Denker und wissenschaftlichen Arbeiter keine Schuld; es ist "selbstgeschaffene Pein".

42.

Herkunft der vita contemplativa. – In rohen Zeiten, wo die pessimistischen Urteile über Mensch und Welt herrschen, ist der Einzelne im Gefühle seiner vollen Kraft immer darauf aus, jenen Urteilen gemäß zu handeln, also die Vorstellung in Action zu übersetzen, durch Jagd, Raub, Überfall, Misshandlung und Mord, eingerechnet die blässeren Abbilder jener Handlungen, wie sie innerhalb der Gemeinde allein geduldet werden. Lässt seine Kraft aber nach, fühlt er sich müde oder krank oder schwermütig oder übersättigt und in Folge davon zeitweilig wunsch- und Begierden-los, so ist er da ein verhältnismäßig besserer, das heißt weniger schädlicher Mensch, und seine pessimistischen Vorstellungen entladen sich dann nur noch in Worten und Gedanken, zum Beispiel über den Wert seiner Genossen oder seines Weibes oder seines Lebens oder seiner Götter, – seine Urteile werden böse Urteile sein. In diesem Zustande wird er zum Denker und Vorausverkünder, oder er dichtet an seinem Aberglauben weiter und sinnt neue Gebräuche aus, oder er spottet seiner Feinde –: was er aber auch erdenkt, alle Erzeugnisse <seines Geistes> müssen seinen Zustand wiederspiegeln, also die Zunahme der Furcht und der Ermüdung, die Abnahme seiner Schätzung des Handelns und Genießens; der Gehalt dieser Erzeugnisse muss dem Gehalte dieser dichterischen, denkerischen, priesterlichen Stimmungen entsprechen; das böse Urteil muss darin regieren. Später nannte man alle Die, welche andauernd taten, was früher der Einzelne in jenem Zustande tat, welche also böse urteilten, melancholisch und artenarm lebten, Dichter oder Denker oder Priester oder Medizinmänner –: man würde solche Menschen, weil sie nicht genug handelten, gerne gering geschätzt und aus der Gemeinde gestoßen haben; aber es gab eine Gefahr dabei, – sie waren dem Aberglauben und der Spur göttlicher Kräfte nachgegangen, man zweifelte nicht daran, dass sie über unbekannte Mittel der Macht geböten. Diess ist die Schätzung, in der das älteste Geschlecht kontemplativer Naturen lebte, – genau so weit verachtet, als sie nicht gefürchtet wurden! In solcher vermummter Gestalt, in solchem zweideutigen Ansehen, mit einem bösen Herzen und oft mit einem geängstigten Kopfe ist die Kontemplation zuerst auf der Erde erschienen, zugleich schwach und furchtbar, im Geheimen verachtet und öffentlich mit abergläubischer Ehrerbietung überschüttet! Hier, wie immer, muss es heißen: pudenda origo!

43.

Wie viele Kräfte jetzt im Denker zusammenkommen müssen. – Sich dem sinnlichen Anschauen zu entfremden, sich zum Abstrakten zu erheben, – das ist wirklich einmal als Erhebung gefühlt worden: wir können es nicht ganz mehr nachempfinden. Das Schwelgen in den blassesten Wort- und Dingbildern, das Spiel mit solchen unschaubaren, unhörbaren, unfühlbaren Wesen wurde wie ein Leben in einer anderen höheren Welt empfunden, aus der tiefen Verachtung der sinnlich tastbaren verführerischen und bösen Welt heraus. "Diese Abstracta verführen nicht mehr, aber sie können uns führen!" – dabei schwang man sich wie aufwärts. Nicht der Inhalt dieser Spiele der Geistigkeit, sie selber sind "das Höhere" in den Vorzeiten der Wissenschaft gewesen. Daher Plato's Bewunderung der Dialektik und sein begeisterter Glaube an ihre notwendige

Beziehung zu dem guten entsinnlichten Menschen. Nicht nur die Erkenntnisse sind einzeln und allmählich entdeckt worden, sondern auch die Mittel der Erkenntnis überhaupt, die Zustände und Operationen, die im Menschen dem Erkennen vorausgehen. Und jedes Mal schien es, als ob die neu entdeckte Operation oder der neu empfundene Zustand nicht ein Mittel zu allem Erkennen, sondern schon Inhalt, Ziel und Summe alles Erkennenswerten sei. Der Denker hat die Phantasie, den Aufschwung, die Abstraction, die Entsinnlichung, die Erfindung, die Ahnung, die Induktion, die Dialektik, die Deduktion, die Kritik, die Materialsammlung, die unpersönliche Denkweise, die Beschaulichkeit und die Zusammenschauung und nicht am Wenigsten Gerechtigkeit und Liebe gegen Alles, was da ist, nötig, – aber alle diese Mittel haben einzeln in der Geschichte der Vita contemplativa einmal als Zwecke und letzte Zwecke gegolten und jene Seligkeit ihren Erfindern gegeben, welche beim Aufleuchten eines letzten Zweckes in die menschliche Seele kommt.

44.

Ursprung und Bedeutung. – Warum kommt mir dieser Gedanke immer wieder und leuchtet mir in immer bunteren Farben? – dass ehemals die Forscher, wenn sie auf dem Wege zum Ursprung der Dinge waren, immer Etwas von dem zu finden meinten, was von unschätzbarer Bedeutung für alles Handeln und Urteilen sei, ja, dass man stets voraussetzte, von der Einsicht in den Ursprung der Dinge müsse des Menschen Heil abhängen: dass wir jetzt hingegen, je weiter wir dem Ursprunge nachgehen, umso weniger mit unseren Interessen beteiligt sind; ja, dass alle unsere Werthschätzungern und "Interessiertheit", die wir in die Dinge gelegt haben, anfangen ihren Sinn zu verlieren, je mehr wir mit unserer Erkenntnis zurück und an die Dinge selbst heran gelangen. Mit der Einsicht in den Ursprung nimmt die Bedeutungslosigkeit des Ursprungs zu: während das Nächste, das Um-uns und In-uns allmählich Farben und Schönheiten und Rätsel und Reichtümer von Bedeutung aufzuzeigen beginnt, von denen sich die ältere Menschheit nichts träumen lies. Ehemals gingen die Denker gleich eingefangenen Tieren ingrimmig herum, immer nach den Stäben ihres Käfigs spähend und gegen diese anspringend, um sie zu zerbrechen: und selig schien der, welcher durch eine Lücke Etwas von dem Draußen, von dem Jenseits und der Ferne zu sehen glaubte.

45.

Ein Tragödien – Ausgang der Erkenntnis. – Von allen Mitteln der Erhebung sind es die Menschenopfer gewesen, welche zu allen Zeiten den Menschen am meisten erhoben und gehoben haben. Und vielleicht könnte mit Einem ungeheuren Gedanken immer noch jede andere Bestrebung niedergerungen werden, sodass ihm der Sieg über den Siegreichsten gelänge, – mit dem Gedanken der sich opfernden Menschheit. Wem aber sollte sie sich opfern? Man kann bereits darauf schwören, dass, wenn jemals das Sternbild dieses Gedankens am Horizonte erscheint, die Erkenntnis der Wahrheit als das einzige ungeheure Ziel übrig geblieben sein wird, dem ein solches Opfer angemessen wäre, weil ihm kein Opfer zu groß ist. Inzwischen ist das Problem noch nie aufgestellt worden, inwiefern der Menschheit, als einem Ganzen, Schritte möglich sind, die Erkenntnis zu fördern; geschweige denn, welcher Erkenntnistrieb die Menschheit so weit treiben könnte, sich selber darzubringen, um mit dem Leuchten einer vorwegnehmenden Weisheit im Auge zu sterben. Vielleicht, wenn einmal eine Verbrüderung mit Bewohnern anderer Sterne zum Zweck der Erkenntnis hergestellt ist, und man einige Jahrtausende lang sich sein Wissen von Stern zu Stern mitgeteilt hat: vielleicht, dass dann die Begeisterung der Erkenntnis auf eine solche Flut-Höhe kommt!

46.

Zweifel am Zweifel. – "Welch' gutes Kopfkissen ist der Zweifel für einen wohlgebauten Kopf!" – dies Wort Montaignes hat Pascal immer erbittert, denn es verlangte Niemanden gerade so stark nach einem guten Kopfkissen, als ihn. Woran fehlte es doch? –

47.

Die Worte liegen uns im Wege! – Überall, wo die Uralten ein Wort hinstellten, da glaubten sie eine Entdeckung gemacht zu haben. Wie anders stand es in Wahrheit! – sie hatten an ein Problem gerührt und indem sie wähnten, es gelöst zu haben, hatten sie ein Hemmnis der Lösung geschaffen. – Jetzt muss man bei jeder Erkenntnis über steinharte verewigte Worte stolpern, und wird dabei eher ein Bein brechen, als ein Wort.

48.

"Erkenne dich selbst" ist die ganze Wissenschaft. – Erst am Ende der Erkenntnis aller Dinge wird der Mensch sich selber erkannt haben. Denn die Dinge sind nur die Grenzen des Menschen.

49.

Das neue Grundgefühl: unsere endgültige Vergänglichkeit. – Ehemals suchte man zum Gefühl der Herrlichkeit des Menschen zu kommen, indem man auf seine göttliche Abkunft hinzeigte: dies ist jetzt ein verbotener Weg geworden, denn an seiner Thür steht der Affe, nebst anderem gräulichen Getier, und fletscht verständnisvoll die Zähne, wie um zu sagen: nicht weiter in dieser Richtung! So versucht man es jetzt in der entgegengesetzten Richtung: der Weg, wohin die Menschheit geht, soll zum Beweise ihrer Herrlichkeit und Gottverwandtschaft dienen. Ach, auch damit ist es Nichts! Am Ende dieses Weges steht die Graburne des letzten Menschen und Totengräbers (mit der Aufschrift "nihil humani a me alienum puto"). Wie hoch die Menschheit sich entwickelt haben möge – und vielleicht wird sie am Ende gar tiefer, als am Anfang stehen! – es gibt für sie keinen Übergang in eine höhere Ordnung, so wenig die Ameise und der Ohrwurm am Ende ihrer "Erdenbahn" zur Gottverwandtschaft und Ewigkeit emporsteigen. Das Werden schleppt das Gewesen sein hinter sich her: warum sollte es von diesem ewigen Schauspiele eine Ausnahme für irgend ein

Sternchen und wiederum für ein Gattungchen auf ihm geben! Fort mit solchen Sentimentalitäten!

50.

Der Glaube an den Rausch. – Die Menschen der erhabenen und verzückten Augenblicke, denen es für gewöhnlich, um des Gegensatzes willen und wegen der verschwenderischen Abnützung ihrer Nervenkräfte, elend und trostlos zu Mute ist, betrachten jene Augenblicke als das eigentliche Selbst, als "sich", das Elend und die Trostlosigkeit als die Wirkung des "Außer-sich"; und deshalb denken sie an ihre Umgebung, ihre Zeit, ihre ganze Welt mit rachsüchtigen Gefühlen. Der Rausch gilt ihnen als das wahre Leben, als das eigentliche Ich: in allem Anderen sehen sie die Gegner und Verhinderer des Rausches, sei dieser nun geistiger, sittlicher, religiöser oder künstlerischer Natur. Diesen schwärmer-ischen Trunkenbolden verdankt die Menschheit viel übles: denn sie sind die unersättlichen Unkraut-Aussäer der Unzufriedenheit mit sich und den Nächsten, der Zeit- und Weltverachtung und namentlich der Welt-Müdigkeit. Vielleicht könnte eine ganze Hölle von Verbrechern nicht diese drückende, land- und luftverderbende, unheimliche Nachwirkung in die fernste Ferne hin haben, wie jene kleine edle Gemeinde von Unbändigen, Phantasten, Halbver-rückten, von Genie's, die sich nicht beherrschen können und allen möglichen Genuss an sich erst dann haben, wenn sie sich völlig verlieren: während der Verbrecher sehr oft noch einen Beweis von ausgezeichneter Selbstbeherrschung, Aufopferung und Klugheit gibt und diese Eigenschaften bei Denen, welche ihn fürchten, wach erhält. Durch ihn wird der Himmel über dem Leben vielleicht gefährlich und düster, aber die Luft bleibt kräftig und streng. – Zu alledem pflanzen jene Schwärmer mit allen ihren Kräften den Glauben an den Rausch als an das Leben im Leben: einen furchtbaren Glauben! Wie die Wilden jetzt schnell durch das "Feuer-wasser" verdorben werden und zu Grunde gehen, so ist die Menschheit im Ganzen und Großen langsam und gründlich durch die geistigen Feuerwässer trunken machender Gefühle und durch

Die, welche die Begierde darnach lebendig erhielten, verdorben worden: vielleicht geht sie noch daran zu Grunde.

51.

So wie wir noch sind! – "Seien wir nachsichtig gegen die großen Einäugigen!" – hat Stuart Mill gesagt: als ob Nachsicht zu erbitten nötig wäre, wo man gewöhnt ist, ihnen Glauben und beinahe Anbetung zu zollen! Ich sage: seien wir nachsichtig gegen die Zweiäugigen, große und kleine, – denn höher, als bis zur Nachsicht werden wir, so wie wir sind, es doch nicht bringen!

52.

Wo sind die neuen Arzte der Seele? – Die Mittel des Trostes sind es gewesen, durch welche das Leben erst jenen leidvollen Grundcharakter, an den man jetzt glaubt, bekommen hat; die größte Krankheit der Menschen ist aus der Bekämpfung ihrer Krankheiten entstanden, und die anscheinenden Heilmittel haben auf die Dauer Schlimmeres erzeugt, als Das war, was mit ihnen beseitigt werden sollte. Aus Unkenntnis hielt man die augenblicklich wirkenden, betäubenden und berauschenden Mittel, die sogenannten Tröstungen, für die eigentlichen Heilkräfte, ja, man merkte es nicht einmal, dass man diese sofortigen Erleichterungen oft mit der allgemeinen und tiefen Verschlechterung des Leidens bezahlte, dass die Kranken an der Nachwirkung des Rausches, später an der Entbehrung des Rausches und noch später an einem drückenden Gesamtgefühl von Unruhe, Nervenzittern und Ungesundheit zu leiden hatten. Wenn man bis zu einem gewissen Grade erkrankt war, genas man nicht mehr, – dafür sorgten die Arzte der Seele, die allgemein beglaubigten und angebeteten. – Man sagt Schopenhauern nach, und mit Recht, dass er die Leiden der Menschheit endlich einmal wieder ernst genommen habe: wo ist Der, welcher endlich auch einmal die Gegenmittel gegen diese Leiden ernst nimmt und die unerhörte Quacksalberei an den Pranger stellt, mit der, unter den herrlichsten Namen, bis jetzt die Menschheit ihre Seelenkrankheiten zu behandeln gewöhnt ist?

53.

Missbrauch der Gewissenhaften. – Die Gewissenhaften und nicht die Gewissenlosen waren es, die so furchtbar unter dem Druck von Bußpredigten und Höllenängsten zu leiden hatten, zumal wenn sie zugleich Menschen der Phantasie waren. Also ist gerade Denen das Leben am meisten verdüstert worden, welche Heiterkeit und anmutige Bilder nötig hatten – nicht nur zu ihrer Erholung und Genesung von sich selber, sondern damit die Menschheit sich ihrer erfreuen könne und von ihrer Schönheit einen Strahl in sich hinüber nehme. Oh, wie viel überflüssige Grausamkeit und Tierquälerei ist von jenen Religionen ausgegangen, welche die Sünde erfunden haben! Und von den Menschen, welche durch sie den höchsten Genuss ihrer Macht haben wollten!

54.

Die Gedanken über die Krankheit! – Die Phantasie des Kranken beruhigen, dass er wenigstens nicht, wie bisher, mehr von seinen Gedanken über seine Krankheit zu leiden hat, als von der Krankheit selber, – ich denke, das ist Etwas! Und es ist nicht Wenig! Versteht ihr nun unsere Aufgabe?

55.

Die "Wege". – Die angeblichen "kürzeren Wege" haben die Menschheit immer in große Gefahr gebracht; sie verlässt immer bei der frohen Botschaft, dass ein solcher kürzerer Weg gefunden sei, ihren Weg – und verliert den Weg.

56.

Der Apostat des freien Geistes. – Wer hat denn gegen fromme glaubensstarke Menschen eine Abneigung? Umgekehrt, sehen wir sie nicht mit stiller Hochachtung an und freuen uns ihrer, mit einem gründlichen Bedauern, dass diese trefflichen Menschen nicht mit uns zusammenempfinden? Aber woher stammt jener tiefe plötzliche Widerwille ohne Gründe gegen Den, der einmal alle Freiheit des Geistes hatte und am Ende "gläubig" wurde? Denken wir daran, so ist es uns, als hätten wir einen ekelhaften Anblick gehabt, den wir schnell von der Seele wegwischen müssten! Würden wir nicht dem verehrtesten Menschen den Rücken drehen, wenn er in dieser Beziehung uns verdächtig würde? Und zwar nicht aus einer moralischen Verurteilung, sondern aus einem plötzlichen Ekel und Grausen! Woher diese Schärfe der Empfindung! Vielleicht wird uns Dieser oder Jener zu verstehen geben, dass wir im Grunde unser selber nicht ganz sicher seien? Dass wir bei Zeiten Dornenhecken der spitzesten Verachtung um uns pflanzten, damit wir im entscheidenden Augenblicke, wo das Alter uns schwach und vergesslich mache, über unsere eigene Verachtung nicht hinwegkönnten? – Aufrichtig: diese Vermutung greift fehl, und wer sie macht, weiß Nichts von dem, was den freien Geist bewegt und bestimmt: wie wenig erscheint ihm das Verändern seiner Meinungen an sich als verächtlich! Wie verehrt er umgekehrt in der Fähigkeit, seine Meinungen zu wechseln, eine seltene und hohe Auszeichnung, namentlich wenn sie bis ins Alter hineinreicht! Und selbst zu den verbotenen Früchten des spernere se sperni und des spernere se ipsum greift sein Ehrgeiz hinauf (und nicht sein Kleinmuth): geschweige dass er die Angst des Eitlen und Bequemen davor hätte! Zu alledem gilt ihm die Lehre von der Unschuld aller Meinungen so sicher wie die Lehre von der Unschuld aller Handlungen: wie könnte er vor dem Apostaten der geistigen Freiheit zum Richter und Henker werden! Vielmehr berührt ihn sein Anblick, wie der Anblick eines widerlich Erkrankten den Arzt berührt: der physische Ekel vor dem Schwammigen, Erweichten, Überwuchernden, Eiternden siegt einen Augenblick über die Vernunft und den Willen, zu helfen. So wird unser guter Wille von der Vorstellung der ungeheuren Unredlichkeit überwältigt, welche im Apostaten des freien Geistes gewaltet haben muss: von der Vorstellung einer allgemeinen und bis ins Knochengerüste des Charakters greifenden Entartung. –

57.

Andere Furcht, andere Sicherheit. – Das Christentum hatte dem Leben eine ganz neue und unbegrenzte Gefährlichkeit beigelegt, und damit ebenfalls ganz neue Sicherheiten, Genüsse, Erholungen und Abschätzungen aller Dinge geschaffen. Diese Gefährlichkeit leugnet unser Jahrhundert, und mit gutem Gewissen: und doch schleppt es die alten Gewohnheiten der christlichen Sicherheit, des christlichen Genießens, Sich-Erholens, Abschätzens noch mit sich fort! Und bis in seine edelsten Künste und Philosophien hinein! Wie matt und verbraucht, wie halb und linkisch, wie willkürlich-fanatisch und vor Allem: wie unsicher muss das Alles sich ausnehmen, jetzt, da jener furchtbare Gegensatz dazu, die allgegenwärtige Furcht des Christen für sein ewiges Heil verloren gegangen ist!

58.

Das Christentum und die Affekte. – Aus dem Christentum ist auch ein großer volkstümlicher Protest gegen die Philosophie herauszuhören: die Vernunft der alten Weisen hatte den Menschen die Affekte widerraten, das Christentum will dieselben ihnen wiedergeben. Zu diesem Zwecke spricht es der Tugend, so wie sie von den Philosophen gefasst war, – als Sieg der Vernunft über den Affekt – allen moralischen Werth ab, verurteilt überhaupt die Vernünftigkeit und fordert die Affekte heraus, sich in ihrer äußersten Stärke und Pracht zu offenbaren: als Liebe zu Gott, Furcht vor Gott, als fanatischen Glauben an Gott, als blindestes Hoffen auf Gott.

59.

Irrtum als Labsal. – Man mag sagen, was man will: das Christentum hat die Menschen von der Last der moralischen Anforderungen befreien wollen, dadurch, dass es einen kürzeren Weg zur Vollkommenheit zu zeigen meinte: ganz so, wie einige Philosophen sich der mühseligen und langwierigen Dialektik und der Sammlung streng geprüfter Tatsachen entschlagen zu können wähnten und auf einen "königlichen Weg zur Wahrheit" verwiesen. Es war beide Male ein Irrtum, – aber doch ein Großes Labsal für Übermüde und Verzweifelnde in der Wüste.

60.

Aller Geist wird endlich leiblich sichtbar. – Das Christentum hat den gesamten Geist zahlloser Unterwerfungslustiger, aller jener feinen und groben Enthusiasten der Demütigung und Anbetung in sich geschlungen, es ist damit aus einer ländlichen Plumpheit – an welche man zum Beispiel bei dem ältesten Bilde des Apostels Petrus stark erinnert wird – eine sehr geistreiche Religion geworden, mit Tausenden von Falten, Hintergedanken und Ausflüchten im Gesichte; es hat die Menschheit Europas gewitzigt und nicht nur theologisch verschlagen gemacht. In diesem Geiste und im Bunde mit der Macht und sehr oft mit der tiefsten Überzeugung und Ehrlichkeit der Hingebung hat es vielleicht die feinsten Gestalten der menschlichen Gesellschaft ausgemeißelt, die es bisher gegeben hat: die Gestalten der höheren und höchsten katholischen Geistlichkeit, namentlich wenn diese einem vornehmen Geschlechte entsprossen waren und von vornherein angeborene Anmut der Gebärden, herrschende Augen und schöne Hände und Füße hinzubrachten. Hier erreicht das menschliche Antlitz jene Durchgeistigung, die durch die beständige Ebbe und Flut der zwei Arten des Glückes (des Gefühls der Macht und des Gefühls der Ergebung) hervorgebracht wird, nachdem eine ausgedachte Lebensweise das Tier im Menschen gebändigt hat; hier hält eine Tätigkeit, die im Segnen, Sündenvergeben und Repräsentieren der Gottheit besteht, fortwährend das Gefühl einer übermenschlichen Mission in der Seele, ja auch im Leibe wach; hier herrscht jene vornehme Verachtung gegen die Gebrechlichkeit von Körper und Wohlfahrt des Glückes, wie sie geborenen Soldaten zu eigen ist; man hat im Gehorchen seinen Stolz, was das Auszeichnende aller Aristokraten ausmacht; man hat in der ungeheuren Unmöglichkeit seiner Aufgabe seine Entschuldigung und seine Idealität. Die mächtige Schönheit und Feinheit der

Kirchenfürsten hat immerdar für das Volk die Wahrheit der Kirche bewiesen; eine zeitweilige Brutalisierung der Geistlichkeit (wie zu Zeiten Luthers) führte immer den Glauben an das Gegenteil mit sich. – Und dies Ergebnis menschlicher Schönheit und Feinheit in der Harmonie von Gestalt, Geist und Aufgabe wäre, mit dem Ende der Religionen, auch zu Grabe getragen? Und Höheres ließe sich nicht erreichen, nicht einmal ersinnen?

61.

Das Opfer, das nottut. – Diese ernsten, tüchtigen, rechtlichen, tief empfindenden Menschen, welche jetzt noch von Herzen Christen sind: sie sind es sich schuldig, einmal auf längere Zeit versuchsweise ohne Christentum zu leben, sie sind es ihrem Glauben schuldig, einmal auf diese Art einen Aufenthalt "in der Wüste" zu nehmen, – nur damit sie sich das Recht erwerben, in der Frage, ob das Christentum nötig sei, mitzureden. Einstweilen kleben sie an ihrer Scholle und lästern von da aus die Welt jenseits der Scholle: ja, sie sind böse und erbittert, wenn Jemand zu verstehen gibt, dass jenseits der Scholle eben noch die ganze, ganze Welt liegt! dass das Christentum, Alles in Allem, eben nur ein Winkel ist! Nein, euer Zeugnis wiegt nicht eher Etwas, als bis ihr Jahre lang ohne Christentum gelebt habt, mit einer ehrlichen Inbrunst darnach, es im Gegenteile des Christentums auszuhalten: bis ihr weit, weit von ihm fortgewandert seid. Nicht wenn das Heimweh euch zurücktreibt, sondern das Urteil auf Grund einer strengen Vergleichung, so hat euer Heimkehren Etwas zu bedeuten! – Die zukünftigen Menschen werden es einmal so mit allen Wertschätzungen der Vergangenheit machen; man muss sie freiwillig noch einmal durchleben, und ebenso ihr Gegenteil, – um schließlich das Recht zu haben, sie durch das Sieb fallen zu lassen.

62.

Vom Ursprunge der Religionen. – Wie kann Einer seine eigene Meinung über die Dinge als eine Offenbarung empfinden? Diess ist das Problem von der Entstehung der Religionen: jedes Mal hat es einen Menschen dabei gegeben, in welchem jener Vorgang möglich war. Die Voraussetzung ist, dass er vorher schon an Offenbarungen glaubte. Nun gewinnt er eines Tages plötzlich seinen neuen Gedanken, und das Beseligende einer eigenen großen Welt und Dasein umspannenden Hypothese tritt so gewaltig in sein Bewusstsein, dass er sich nicht als Schöpfer einer solchen Seligkeit zu fühlen wagt und die Ursache davon und wieder die Ursache der Ursache jenes neuen Gedankens seinem Gotte zuschreibt: als dessen Offenbarung. Wie sollte ein Mensch der Urheber eines so großen Glückes sein können! – lautet sein pessimistischer Zweifel. Dazu wirken nun im Verborgenen andere Hebel: zum Beispiele man bekräftigt eine Meinung vor sich dadurch, dass man sie als Offenbarung empfindet, man streicht damit das Hypothetische weg, man entzieht sie der Kritik, ja dem Zweifel, man macht sie heilig. So erniedrigt man sich zwar selber zum Organon, aber unser Gedanke siegt zuletzt als Gottesgedanke, – dieses Gefühl, damit am Ende Sieger zu bleiben, erringt die Oberhand über jenes Gefühl der Erniedrigung. Auch ein anderes Gefühl spielt im Hintergrunde: wenn man sein Erzeugnis über sich selber erhebt und scheinbar vom eigenen Werte absieht, so gibt es doch dabei ein Frohlocken von Vaterliebe und Vaterstolz, das Alles ausgleicht und mehr als ausgleicht.

63.

Nächsten-Hass. – Gesetzt, wir empfänden den Anderen so, wie er sich selber empfindet – Das, was Schopenhauer Mitleid nennt und was richtiger Ein-Leid, Einleidigkeit hieße –, so würden wir ihn hassen müssen, wenn er sich selber, gleich Pascal, hassenswert findet. Und so empfand wohl auch Pascal im Ganzen gegen die Menschen, und ebenso das alte Christentum, das man, unter Nero, des odium generis humani "überführte", wie Tacitus meldet.

64.

Die Verzweifelnden. – Das Christentum hat den Instinct des Jägers für alle Die, welche irgend wodurch überhaupt zur Verzweiflung zu bringen sind, – nur eine Auswahl der Menschheit ist deren fähig.

Hinter ihnen ist es immer her, ihnen lauert es auf. Pascal machte den Versuch, ob nicht mit Hülfe der schneidendsten Erkenntnis Jedermann zur Verzweiflung gebracht werden könnte; – der Versuch misslang, zu seiner zweiten Verzweiflung.

65.

Brahmanen – und Christentum. – Es gibt Rezepte zum Gefühle der Macht, einmal für Solche, welche sich selber beherrschen können und welche bereits dadurch in einem Gefühle der Macht zu Hause sind: sodann für Solche, welchen gerade dies fehlt. Für Menschen der ersten Gattung hat das Brahmanentum Sorge getragen, für Menschen der zweiten Gattung das Christentum.

66.

Fähigkeit der Vision. – Durch das ganze Mittelalter hindurch galt als das eigentliche und entscheidende Merkmal des höchsten Menschentums: dass man der Vision – das heißt einer tiefen geistigen Störung! – fähig sei. Und im Grunde gehen die mittelalterlichen Lebensvorschriften aller höheren Naturen (der religiös) darauf hinaus, den Menschen der Vision fähig zu machen! Was Wunder, wenn noch in unsere Zeit hinein eine Überschätzung halbgestörter, phantastischer, fanatischer, sogenannter genialer Personen überströmte; "sie haben Dinge gesehen, die Andere nicht sehen" – gewiss! und dies sollte uns vorsichtig gegen sie stimmen, aber nicht gläubig!

67.

Preis der Gläubigen. – Wer solchen Wert darauf legt, dass an ihn geglaubt werde, dass er den Himmel für diesen Glauben gewährleistet, und Jedermann, sei es selbst ein Schächer am Kreuze, – der muss an einem furchtbaren Zweifel gelitten und jede Art von Kreuzigung kennen gelernt haben: er würde sonst seine Gläubigen nicht so teuer kaufen.

68.

Der erste Christ. – Alle Welt glaubt noch immer an die Schriftstellerei des "heiligen Geistes" oder steht unter der Nachwirkung dieses Glaubens: wenn man die Bibel aufmacht, so geschieht es, um sich zu "erbauen", um in seiner eigenen, persönlichen grossen oder kleinen Noth einen Fingerzeig des Trostes zu finden, – kurz, man liest sich hinein und sich heraus. Dass in ihr auch die Geschichte einer der ehrgeizigsten und aufdringlichsten Seelen und eines ebenso abergläubischen als verschlagenen Kopfes beschrieben steht, die Geschichte des Apostels Paulus, – wer weiß das, einige Gelehrte abgerechnet? Ohne diese merkwürdige Geschichte aber, ohne die Verwirrungen und Stürme eines solchen Kopfes, einer solchen Seele, gäbe es keine Christenheit; kaum würden wir von einer kleinen jüdischen Sekte erfahren haben, deren Meister am Kreuze starb. Freilich: hätte man eben diese Geschichte zur rechten Zeit begriffen, hätte man die Schriften des Paulus nicht als die Offenbarungen des "heiligen Geistes", sondern mit einem redlichen und freien eigenen Geiste, und ohne an alle unsere persönliche Noth dabei zu denken, gelesen, wirklich gelesen – es gab anderthalb Jahrtausend keinen solchen Leser –, so würde es auch mit dem Christentum längst vorbei sein: so sehr legen diese Blätter des jüdischen Pascal den Ursprung des Christentums blos, wie die Blätter des französischen Pascal sein Schicksal und Das, woran es zu Grunde gehen wird, bloßlegen. Dass das Schiff des Christentums einen guten Theil des jüdischen Ballastes über Bord warf, dass es unter die Heiden ging und gehen konnte, – das hängt an der Geschichte dieses Einen Menschen, eines sehr gequälten, sehr bemitleidenswerten, sehr unangenehmen und sich selber unangenehmen Menschen. Er litt an einer fixen Idee, oder deutlicher: an einer fixen, stets gegenwärtigen, nie zur Ruhe kommenden Frage: welche Bewandtniss es mit dem jüdischen Gesetze habe? Und zwar mit der Erfüllung dieses Gesetzes? In seiner Jugend hatte er ihm selber genugtun wollen, heißhungrig nach dieser höchsten Auszeichnung, welche die Juden zu denken vermochten, – dieses Volk, welches die Phantasie der sittlichen Erhabenheit höher als irgend ein anderes Volk getrieben hat und welchem allein die Schöpfung eines heiligen Gottes, nebst dem Gedanken der Sünde als eines Vergehens an dieser Heiligkeit, gelungen ist. Paulus war zugleich der fanatische Verteidiger und Ehrenwächter dieses Gottes und seines Gesetzes geworden und fortwährend im Kampfe und auf der Lauer gegen die Übertreter und Anzweifler desselben, hart und böse gegen sie und zum Äußersten der Strafen geneigt. Und nun erfuhr er an sich, dass er – hitzig, sinnlich, melancholisch, bösartig im Hass, wie er war – das Gesetz selber nicht erfüllen konnte, ja, was ihm das Seltsamste schien: dass seine ausschweifende Herrschsucht fortwährend gereizt wurde, es zu übertreten, und dass er diesem Stachel nachgeben musste. Ist es wirklich die "Fleischlichkeit", welche ihn immer wieder zum Übertreter macht? Und nicht vielmehr, wie er später argwöhnte, hinter ihr das Gesetz selber, welches sich fortwährend als unerfüllbar beweisen muss und mit unwiderstehlichem Zauber zur Übertretung lockt? Aber damals hatte er diesen Ausweg noch nicht. Vielerlei lag ihm auf dem Gewissen – er deutet hin auf Feindschaft, Mord, Zauberei, Bilderdienst, Unzucht, Trunkenheit und Lust an ausschweifenden Gelagen – und wie sehr er auch diesem Gewissen, und noch mehr seiner Herrschsucht, durch den äußersten Fanatismus der Gesetzes-Verehrung und – Verteidigung wieder Luft zu machen suchte: es kamen Augenblicke, wo er sich sagte "Es ist Alles umsonst! die Marter des unerfüllten Gesetzes ist nicht zu überwinden." Ähnlich mag Luther empfunden haben, als er der vollkommene Mensch des geistlichen Ideals in seinem Kloster werden wollte: und ähnlich wie Luther, der eines Tages das geistliche Ideal und den Papst und die Heiligen und die ganze Clerisei zu hassen begann, mit einem wahren tödlichen Hass, je weniger er ihn sich eingestehen durfte, – ähnlich erging es Paulus. Das Gesetz war das Kreuz, an welches er sich geschlagen fühlte: wie hasste er es! wie trug er es ihm nach! wie suchte er herum, um ein Mittel zu finden, es zu vernichten, – nicht mehr es für seine Person zu erfüllen! Und endlich leuchtete ihm der rettende Gedanke auf, zugleich mit einer Vision, wie es bei diesem Epileptiker nicht anders zugehen konnte: ihm, dem wütenden Eiferer des Gesetzes, der innerlich dessen todmüde war, erschien auf einsamer Straße jener Christus, den Lichtglanz Gottes auf seinem Gesichte, und Paulus hörte die Worte: "warum verfolgst du mich?" Das Wesentliche, was da geschah, ist aber dies: sein Kopf war auf einmal hell geworden; "es ist unvernünftig, hatte er sich gesagt, gerade diesen Christus zu verfolgen! Hier ist ja der Ausweg, hier ist ja die vollkommene Rache, hier und nirgends sonst habe und halte ich ja den Vernichter des Gesetzes!" Der Kranke des gequältesten Hochmutes fühlt sich mit Einem Schlage wieder hergestellt, die moralische Verzweiflung ist wie fortgeblasen, denn die Moral ist fortgeblasen, vernichtet, – nämlich erfüllt, dort am Kreuze! Bisher hatte ihm jener schmähliche Tod als Hauptargument gegen die "Messianität", von der die Anhänger der neuen Lehre sprachen, gegolten: wie aber, wenn er nötig war, um das Gesetz abzutun! – Die ungeheuren Folgen dieses Einfalls, dieser Räthsellösung wirbeln vor seinem Blicke, er wird mit Einem Male der glücklichste Mensch, – das Schicksal der Juden, nein, aller Menschen scheint ihm an diesen Einfall, an diese Secunde seines plötzlichen Aufleuchtens gebunden, er hat den Gedanken der Gedanken, den Schlüssel der Schlüssel, das Licht der Lichter; um ihn selber dreht sich fürderhin die Geschichte! Denn er ist von jetzt ab der Lehrer der Vernichtung des Gesetzes! Dem Bösen absterben – das heißt, auch dem Gesetz absterben; im Fleische sein – das heißt, auch im Gesetze sein! Mit Christus Eins geworden – das heißt, auch mit ihm der Vernichter des Gesetzes geworden; mit ihm gestorben – das heißt, auch dem Gesetze abgestorben! Selbst wenn es noch möglich wäre, zu sündigen, so doch nicht mehr gegen das Gesetz, "ich bin außerhalb desselben". "Wenn ich jetzt das Gesetz wieder aufnehmen und mich ihm unterwerfen wollte, so würde ich Christus zum Mithelfer der Sünde machen"; denn das Gesetz war dazu da, dass gesündigt werde, es trieb die Sünde immer hervor, wie ein scharfer Saft die Krankheit; Gott hätte den Tod Christi nie beschließen können, wenn überhaupt ohne diesen Tod eine Erfüllung des Gesetzes möglich gewesen wäre; jetzt ist nicht nur alle Schuld abgetragen, sondern die Schuld an sich vernichtet; jetzt ist das Gesetz tot, jetzt ist die Fleischlichkeit, in der es wohnt, tot – oder wenigstens in fort-während Absterben, gleichsam verwesend. Noch kurze Zeit inmitten dieser Verwesung! – das ist das Loos des Christen, bevor er, Eins geworden mit Christus, aufersteht mit Christus, an der göttlichen Herrlichkeit teilnimmt mit Christus und "Sohn Gottes" wird, gleich Christus. – Damit ist der Rausch des Paulus auf seinem Gipfel, und ebenfalls die Zudringlichkeit seiner Seele, – mit dem Gedanken des Einswerdens ist jede Scham, jede Unterordnung, jede Schranke von ihr genommen, und der unbändige Wille der Herrschsucht offenbart sich als ein vorwegnehmendes Schwelgen in göttlichen Herrlichkeiten. – Diess ist der erste Christ, der Erfinder der Christlichkeit! Bis dahin gab es nur einige jüdische Sektierer. –

69.

Unnachahmlich. – Es gibt eine ungeheure Spannung und Spannweite zwischen Neid und Freundschaft, zwischen Selbstverachtung und Stolz: in der ersten lebte der Grieche, in der zweiten der Christ.

70.

Wozu ein grober Intellect nütze ist. – Die christliche Kirche ist eine Encyklopädie von vorzeitlichen Culten und Anschauungen der verschiedensten Abkunft und deshalb so missionsfähig: sie mochte ehemals, sie mag jetzt kommen, wohin sie will, sie fand und findet etwas Ähnliches vor, dem sie sich anpassen und dem sie allmählich ihren Sinn unterschieben kann. Nicht das Christliche an ihr, sondern das Universal-Heidnische ihrer Gebräuche ist der Grund für die Ausbreitung dieser Weltreligion; ihre Gedanken, die zugleich im Jüdischen und im Hellenischen wurzeln, haben von Anbeginn an über die nationalen und rassemässigen Absonderungen und Feinheiten, gleich als über Vorurteile, sich zu erheben gewusst. Mag man diese Kraft, das Verschiedenste in einander wachsen zu lassen, immerhin bewundern: nur vergesse man auch die verächtliche Eigenschaft dieser Kraft nicht, – die erstaunliche Grobheit und Genügsamkeit ihres Intellektes in der Zeit der Kirchenbildung, um dergestalt mit jeder Kost fürlieb zu nehmen und Gegensätze wie Kieselsteine zu verdauen.

71.

Die christliche Rache an Rom. – Nichts ermüdet vielleicht so sehr als der Anblick eines beständigen Siegers, man hatte Rom zweihundert Jahre lang ein Volk nach dem andern sich unterwerfen sehen, der Kreis war umspannt, alle Zukunft schien am Ende, alle Dinge wurden auf einen ewigen Zustand eingerichtet, – ja wenn das Reich baute, so baute man mit dem Hintergedanken des "aere perennius"; – wir, die wir nur die "Melancholie der Ruinen" kennen, können kaum jene ganz andersartige Melancholie der ewigen Bauten verstehen, gegen welche man sich zu retten suchen musste, wie es gehen wollte, zum Beispiel mit dem Leichtsinne Horazens. Andere suchten andere Trostmittel gegen die an Verzweiflung gränzende Müdigkeit, gegen das tötende Bewusstsein, dass alle Gedanken- und Herzensgänge nunmehr ohne Hoffnung seien, dass überall die große Spinne sitze, dass sie unerbittlich alles Blut trinken werde, wo es auch noch quelle. – Dieser jahrhundertalte wortlose Hass der ermüdeten Zuschauer gegen Rom, soweit nur Rom herrschte, entlud sich endlich im Christentum, indem es Rom, die "Welt" und die "Sünde" in Eine Empfindung zusammen-fasste: man rächte sich an ihm, indem man den plötzlichen Untergang der Welt sich in der Nähe dachte: man rächte sich an ihm, indem man wieder eine Zukunft vor sich stellte – Rom hatte Alles zu seiner Vorgeschichte und Gegenwart zu machen gewusst – und eine Zukunft, in Vergleich zu welcher Rom nicht mehr als das Wichtigste erschien; man rächte sich an ihm, indem man vom letzten Gericht träumte, – und der gekreuzigte Jude als Symbol des Heils war der tiefste Spott auf die prachtvollen römischen Prätoren in der Provinz, denn nun erschienen sie als die Symbole des Unheils und der zum Untergange reifen "Welt". –

Das "Nach – dem – Tode". – Das Christentum fand die Vorstellung von Höllenstrafen im ganzen römischen Reiche vor: über ihr haben die zahlreichen geheimen Culte mit besonderem Wohlgefallen gebrütet, als über dem fruchtbarsten Ei ihrer Macht. Epikur hatte für seines Gleichen nichts Größeres zu thun geglaubt, als die Wurzeln dieses Glaubens auszureißen: sein Triumph, der am schönsten im Munde des düsteren und doch hell gewordenen Jüngers seiner Lehre, des Römers Lucretius, ausklingt, kam zu früh, – das Christentum nahm den bereits verwelkenden Glauben an die unterirdischen Schrecknisse in seinen besonderen Schutz, und tat klug daran! Wie hätte es ohne diesen kühnen Griff ins volle Heidentum den Sieg über die Popularität der Mithras- und Isisculte davontragen können! So brachte es die Furchtsamen auf seine Seite, – die stärksten Anhänger eines neuen Glaubens! Die Juden, als ein Volk, welches am Leben hing und hängt, gleich den Griechen und mehr als die Griechen, hatten jene Vorstellungen wenig angebaut: der endgültige Tod als die Strafe des Sünders und niemals wieder auferstehen, als Äußerste Drohung, – das wirkte schon stark genug auf diese sonderbaren Menschen, welche ihren Leib nicht loswerden wollten, sondern ihn, mit ihrem verfeinerten Agypticismus, in alle Ewigkeit zu retten hofften. (Ein jüdischer Märtyrer, von dem im zweiten Buche der Makkabäer zu lesen ist, denkt nicht daran, auf seine herausgerissenen Eingeweide Verzicht zu leisten: bei der Auferstehung will er sie haben, – so ist es jüdisch!) Den ersten Christen lag der Gedanke an ewige Qualen ganz fern, sie dachten "vom Tode" erlöst zu sein und erwarteten von Tag zu Tage eine Verwandlung und nicht mehr ein Sterben. (Wie seltsam muss der erste Todesfall unter diesen Wartenden gewirkt haben! Wie mischten sich da Verwunderung, Frohlocken, Zweifel, Scham, Inbrunst! – wahrlich ein Vorwurf für große Künstler!) Paulus wusste nichts Besseres seinem Erlöser nachzusagen, als dass er den Zugang zur Unsterblichkeit für Jedermann eröffnet habe, – er glaubt noch nicht an die Auferstehung der Unerlösten, ja, in Folge seiner Lehre vom unerfüllbaren Gesetze und vom Tode als Folge der Sünde argwöhnt er, im Grunde sei bisher Niemand (oder sehr Wenige, und dann aus Gnade und ohne Verdienst) unsterblich geworden; jetzt erst beginne die Unsterblichkeit ihre Thore aufzutun, – und zuletzt seien auch für sie sehr Wenige auserwählt: wie der Hochmuth des Auserwählten nicht unterlassen kann hinzuzufügen. – Anderwärts, wo der Trieb nach Leben nicht gleich groß war, wie unter Juden und Judenchristen, und die Aussicht auf Unsterblichkeit nicht ohne Weiteres wertvoller erschien, als die Aussicht auf einen endgültigen Tod, wurde jener heidnische und doch auch nicht ganz unjüdische Zusatz von der Hölle ein erwünschtes Werkzeug in der Hand der Missionäre: es erhob sich die neue Lehre, dass auch der Sünder und Unerlöste unsterblich sei, die Lehre vom Ewig-Verdammten, und sie war mächtiger, als der nunmehr ganz verbleichende Gedanke vom endgültigen Tode. Erst die Wissenschaft hat ihn sich wieder zurückerobern müssen, und zwar indem sie zugleich jede andere Vorstellung vom Tode und jedes jenseitige Leben ablehnte. Wir sind um Ein Interesse ärmer geworden: das "Nach-dem-Tode" geht uns Nichts mehr an! – eine unsägliche Wohltat, welche nur noch zu jung ist, um als solche weit- und breithin empfunden zu werden. – Und von Neuem triumphiert Epikur!

73.

Für die "Wahrheit"! – "Für die Wahrheit des Christentums sprach der tugendhafte Wandel der Christen, ihre Standhaftigkeit im Leiden, der feste Glaube und vor Allem die Verbreitung und das Wachstum trotz aller Trübsal", – so redet ihr auch heute noch! Es ist zum Erbarmen! So lernt doch, dass dies Alles nicht für und nicht gegen die Wahrheit spricht, dass die Wahrheit anders bewiesen wird, als die Wahrhaftigkeit, und dass letztere durchaus kein Argument für die erstere ist!

74.

Christlicher Hintergedanke. – Sollte dies nicht der gewöhnlichste Hintergedanke des Christen des ersten Jahrhunderts gewesen sein:

"es ist besser, sich seine Schuld einzureden, als seine Unschuld, denn man weiß nicht genau, wie ein so mächtiger Richter gesinnt ist, – fürchten aber muss man, dass er lauter Schuldbewusste zu finden hofft! Bei seiner großen Macht wird er leichter einen Schuldigen begnadigen, als zugestehen, dass einer vor ihm im Rechte sei." – So empfanden die armen Leute in der Provinz vor dem römischen Prätor: "er ist zu stolz, als dass wir unschuldig sein dürften," – wie sollte sich nicht gerade diese Empfindung bei der christlichen Vergegenwärtigung des höchsten Richters wieder eingestellt haben!

75.

Nicht europäisch und nicht vornehm. – Es ist etwas Orientalisches und etwas Weibliches im Christentum: das verrät sich in dem Gedanken "wen Gott lieb hat, den züchtigt er;" denn die Frauen im Orient betrachten Züchtigungen und strenge Abschliessung ihrer Person gegen die Welt als ein Zeichen der Liebe ihres Mannes und beschweren sich, wenn diese Zeichen ausbleiben.

76.

Böse denken heißt böse machen. – Die Leidenschaften werden böse und tückisch, wenn sie böse und tückisch betrachtet werden. So ist es dem Christentum gelungen, aus Eros und Aphrodite – großen idealfähigen Mächten – höllische Kobolde und Truggeister zu schaffen, durch die Martern, welche es in dem Gewissen der Gläubigen bei allen geschlechtlichen Erregungen entstehen ließ. Ist es nicht schrecklich, notwendige und regelmäßige Empfindungen zu einer Quelle des inneren Elends zu machen und dergestalt das innere Elend bei jedem Menschen notwendig und regelmäßig machen zu wollen! Noch dazu bleibt es ein geheim gehaltenes und dadurch tiefer wurzelndes Elend: denn nicht Alle haben den Muth Shakespeares, ihre christliche Verdüsterung in diesem Punkte so zu bekennen, wie er es in seinen Sonetten getan hat. – Muss denn Etwas, gegen das man zu kämpfen, das man in Schranken zu halten oder sich unter Umständen ganz aus dem Sinne zu schlagen hat, immer böse heißen! Ist es nicht gemeiner Seelen Art, sich einen Feind immer böse zu denken! Und darf man Eros einen Feind nennen! An sich ist den geschlechtlichen wie den mitleidenden und anbetenden Empfindungen gemeinsam, dass hier der eine Mensch durch sein Vergnügen einem anderen Menschen wohltut, – man trifft derartige wohlwollende Veranstaltungen nicht zu häufig in der Natur! Und gerade eine solche verlästern und sie durch das böse Gewissen verderben! Die Zeugung des Menschen mit dem bösen Gewissen verschwistern! – Zuletzt hat diese Verteufelung des Eros einen Komödien-Ausgang bekommen: der "Teufel" Eros ist allmählich den Menschen interessanter als alle Engel und Heiligen geworden, Dank der Munkelei und Geheimtuerei der Kirche in allen erotischen Dingen: sie hat bewirkt, bis in unsere Zeiten hinein, dass die Liebes-geschichte das einzige wirkliche Interesse wurde, das allen Kreisen gemein ist, – in einer dem Altertum unbegreiflichen Übertreibung, der später einmal auch noch das Gelächter nachfolgen wird. Unsere ganze Dichterei und Denkerei, vom Größten bis zum Niedrigsten, ist durch die ausschweifende Wichtigkeit, mit der die Liebes-geschichte darin als Hauptgeschichte auftritt, gezeichnet und mehr als gezeichnet: vielleicht dass ihrethalben die Nachwelt urteilt, auf der ganzen Hinterlassenschaft der christlichen Kultur liege etwas Kleinliches und Verrücktes.

77.

Von den Seelen – Martern. – Bei irgend welchen Martern, die Einer einem fremden Leibe zufügt, schreit jetzt Jedermann laut auf; die Ernpörung gegen einen Menschen, der dessen fähig ist, bricht sofort los; ja, wir zittern schon bei der Vorstellung einer Marter, welche einem Menschen oder Tiere zugefügt werden könnte, und leiden ganz unerträglich, von einer fest bewiesenen Tatsache dieser Art zu vernehmen. Aber man ist noch weit entfernt, in Betreff der Seelen-Martern und der Entsetzlichkeit ihrer Zufügung ebenso allgemein und bestimmt zu empfinden. Das Christentum hat sie in einem unerhörten Maßen zur Anwendung gebracht und predigt diese Art Folter noch fortwährend, ja, es klagt ganz unschuldig über Abfall und Lauwerden, wenn es einen Zustand ohne solche Martern antrifft, – Alles mit dem Ergebnis, dass die Menschheit sich gegen den geistigen Feuertod, die geistigen Foltern und Folterwerkzeuge heute noch mit der gleichen ängstlichen Geduld und Unentschlossenheit benimmt, wie ehemals gegen die Grausamkeit am Leibe von Mensch und Tier. Die Hölle ist wahrlich kein bloses Wort geblieben: und den neu geschaffenen wirklichen Höllenängsten hat auch eine neue Gattung des Mitleidens entsprochen, ein grässliches zentnerschweres, früheren Zeiten unbekanntes Erbarmen mit solchen "unwiderruflich zur Hölle Verdammten", wie es zum Beispiel der steinerne Gast gegen Don Juan zu erkennen gibt und welches in den christlichen Jahrhunderten wohl zum Öfteren schon Steine zum Wehklagen gebracht hat. Plutarch gibt ein düsteres Bild vom Zustand eines Abergläubischen innerhalb des Heidentums: dies Bild wird harmlos, wenn man den Christen des Mittelalters dagegen hält, welcher mutmaßt, er möchte der "ewigen Qual" nicht mehr entrinnen können. Ihm zeigen sich entsetzliche Ankündiger: vielleicht ein Storch, der eine Schlange im Schnabel hält und noch zögert, sie zu verschlucken. Oder die Natur wird plötzlich bleich, oder es fliegen glühende Farben über den Boden hin. Oder die Gestalten von verstorbenen Anverwandten nahen, mit Gesichtern, welche Spuren furchtbarer Leiden tragen. Oder die dunklen Wände im Zimmer des Schlafenden erhellen sich und auf ihnen zeigen sich in gelbem Qualme Marterwerkzeuge und ein Gewirr von Schlangen und Teufeln. Ja, welche entsetzliche Stätte hat das Christentum schon dadurch aus der Erde zu machen gewusst, dass es überall das Crucifix aufrichtete und dergestalt die Erde als den Ort bezeichnete, "wo der Gerechte zu Tode gemartert wird"! Und wenn die Gewalt großer Bußprediger einmal all das heimliche Leiden der Einzelnen, die Marter des Kämmerleins" in die Öffentlichkeit trieb, wenn zum Beispiel ein Whitefield predigte "wie ein Sterbender zu Sterbenden", bald heftig weinend, bald laut stampfend und leiden-schaftlich, mit den einschneidendsten und plötzlichsten Tönen, und ohne Scheu davor, die ganze Wucht eines Angriffs auf eine einzelne anwesende Person zu richten und sie auf eine furchtbare Weise aus der Gemeinde auszusondern, – wie schien sich da jedes Mal die Erde wirklich in die "Wiese des Unheils" umwandeln zu wollen! Man sah dann ganze zusammengeströmte Massen wie unter dem Anfall Eines Wahnsinns; Viele in Krämpfen der Angst; Andre lagen da, ohne Bewusstsein, bewegungslos: Einige zitterten heftig oder durchschnitten die Luft mit durchdringendem, stundenlang anhaltendem Geschrei. überall ein lautes Atmen, wie von Leuten, die halberwürgt nach Lebensluft schnappten. "Und wirklich, sagt ein Augenzeuge einer solchen Predigt, waren fast alle zu Gehör kommenden Laute diejenigen von Menschen, die in bitterer Qual sterben." – Vergessen wir nie, wie erst das Christentum es war, das aus dem Sterbebett ein Marterbett gemacht hat, und dass mit den Scenen, welche auf ihm zeither gesehen wurden, mit den entsetzlichen Tönen, welche hier zum ersten Male möglich erschienen, die Sinne und das Blut zahlloser Zeugen für ihr Leben und das ihrer Nachkommen vergiftet worden sind! Man denke sich einen harmlosen Menschen, der es nicht verwinden kann, einmal solche Worte gehört zu haben: "Oh Ewigkeit! Oh dass ich keine Seele hätte! Oh dass ich nie geboren wäre! Ich bin verdammt, verdammt, auf immer verloren. Vor sechs Tagen hättet ihr mir helfen können. Aber es ist vorbei. Ich gehöre jetzt dem Teufel, ich will mit ihm zur Hölle gehen. Brechet, brechet, arme steinerne Herzen! Wollt ihr nicht brechen? Was kann noch mehr geschehen für steinerne Herzen? Ich bin verdammt, damit ihr gerettet werdet! Da ist er! Ja, da ist er! Komm, guter Teufel! Komm!"

78.

Die strafende Gerechtigkeit. – Unglück und Schuld, – diese beiden Dinge sind durch das Christentum auf Eine Wage gesetzt worden: sodass, wenn das Unglück groß ist, das auf eine Schuld folgt, jetzt immer noch unwillkürlich die Größe der Schuld selber darnach zurückbemessen wird. Diess aber ist nicht antik, und deshalb gehört die griechische Tragödie, in der so reichlich und doch in so anderem Sinne von Unglück und Schuld die Rede ist, zu den großen Befreierinnen des Gemüts, in einem Maße, wie es die Alten selber nicht empfinden konnten. Sie waren so harmlos geblieben, zwischen Schuld und Unglück keine "adäquate Relation" anzusetzen. Die Schuld ihrer tragischen Heroen ist wohl der kleine Stein, über welchen diese stolpern und deswegen sie wohl den Arm brechen oder sich ein Auge ausschlagen: die antike Empfindung sagte dazu: "Ja, er hätte etwas bedachtsamer und weniger übermütig seinen Weg machen sollen!" Aber erst dem Christentum war es vorbehalten, zu sagen: "Hier ist ein schweres Unglück, und hinter ihm muss eine schwere, gleichschwere Schuld verborgen liegen, ob wir sie schon nicht deutlich sehen! Empfindest du Unglücklicher nicht so, so bist du verstockt, – du wirst noch Schlimmeres zu erleben haben!" – Sodann gab es im Altertum wirklich noch Unglück, reines, unschuldiges Unglück; erst im Christentum wird alles Strafe, wohlverdiente Strafe: es macht die Phantasie des Leidenden auch noch leidend, sodass er bei allem Übel-ergehen sich moralisch verwerflich und verworfen fühlt. Arme Menschheit! – Die Griechen haben ein eigenes Wort für die Empörung über das Unglück des Andern: dieser Affekt war unter christlichen Völkern unstatthaft und hat sich wenig entwickelt, und so fehlt ihnen auch der Name für diesen männlicheren Bruder des Mitleidens.

79.

Ein Vorschlag. – Wenn unser Ich, nach Pascal und dem Christentum, immer hassenswert ist, wie dürften wir es auch nur gestatten und annehmen, dass Andre es liebten – sei es Gott oder Mensch! Es wäre wider allen guten Anstand, sich lieben zu lassen und dabei recht wohl zu wissen, dass man nur Hass verdiene, – um von anderen, abwehrenden Empfindungen zu schweigen. – "Aber dies ist eben das Reich der Gnade." – So ist euch eure Nächstenliebe eine Gnade? Euer Mitleid eine Gnade? Nun, wenn euch dies möglich ist, so tut noch einen Schritt weiter: liebt euch selber aus Gnade, – dann habt ihr euren Gott gar nicht mehr nötig, und das ganze Drama von Sündenfall und Erlösung spielt sich in euch selber zu Ende!

80.

Der mitleidige Christ. – Die Kehrseite des christlichen Mitleidens am Leiden des Nächsten ist die tiefe Beargwöhnung aller Freude des Nächsten, seiner Freude an Allem, was er will und kann.

81.

Humanität des Heiligen. – Ein Heiliger war unter die Gläubigen geraten und konnte ihren beständigen Hass auf die Sünde nicht mehr aushalten. Zuletzt sagte er: "Gott hat alle Dinge geschaffen, nur die Sünde nicht: was Wunder, dass er ihr nicht gewogen ist? – Aber der Mensch hat die Sünde geschaffen – und er sollte dies sein einziges Kind verstoßen, blos weil es Gott, dem Grossvater der Sünde, missfällt! Ist das human? Alle Ehre Dem, dem Ehre gebührt! – aber Herz und Pflicht sollten doch zuerst für das Kind sprechen – und zu zweit erst für die Ehre des Großvaters!"

82.

Der geistliche Überfall. – "Das musst du mit dir selber ausmachen, denn es gilt dein Leben," mit diesem Zurufe springt Luther heran und meint, wir fühlten uns das Messer an den Hals gelegt. Wir aber wehren ihn mit den Worten eines Höheren und Bedachtsameren von uns ab: "Es steht bei uns, über Diess und Das keine Meinung zu bilden und so unsrer Seele die Unruhe zu ersparen. Denn die Dinge selbst können ihrer Natur nach uns keine Urteile abnötigen."

83.

Arme Menschheit! – Ein Tropfen Blut zu viel oder zu wenig im Gehirn kann unser Leben unsäglich elend und hart machen, dass wir mehr an diesem Tropfen zu leiden haben, als Prometheus an seinem Geier. Aber zum Schrecklichsten kommt es erst, wenn man nicht einmal weiß, dass jener Tropfen die Ursache ist. Sondern "der Teufel"! Oder "die Sünde"! –

84.

Die Philologie des Christentums. – Wie wenig das Christentum den Sinn für Redlichkeit und Gerechtigkeit erzieht, kann man ziemlich gut nach dem Charakter der Schriften seiner Gelehrten abschätzen: sie bringen ihre Mutmaßungen so dreist vor wie Dogmen und sind über der Auslegung einer Bibelstelle selten in einer redlichen Verlegenheit. Immer wieder heißt es "ich habe Recht, denn es steht geschrieben –" und nun folgt eine unverschämte Willkürlichkeit der Auslegung, dass ein Philologe, der es hört, mitten zwischen Ingrimm und Lachen stehen bleibt und sich immer wieder fragt: ist es möglich! ist dies ehrlich? Ist es auch nur anständig? – Was in dieser Hinsicht immer noch auf protestantischen Kanzeln an Unredlichkeit verübt wird, wie plump der Prediger den Vorteil ausbeutet, dass ihm hier Niemand ins Wort fällt, wie hier die Bibel gezwickt und gezwackt und die Kunst des Schlecht-Lesens dem Volke in aller Form beigebracht wird: das unterschätzt nur Der, welcher nie oder immer in die Kirche geht. Zuletzt aber: was soll man von den Nachwirkungen einer Religion erwarten, welche in den Jahrhunderten ihrer Begründung jenes unerhörte philologische Possenspiel um das Alte Testament aufgeführt hat: ich meine den Versuch, das Alte Testament den Juden unter dem Leibe wegzuziehen, mit der Behauptung, es enthalte Nichts als christliche Lehren und gehöre den Christen als dem wahren Volke Israel: während die Juden es sich nur angemaßt hätten. Und nun ergab man sich einer Wut der Ausdeutung und Unterschiebung, welche unmöglich mit dem guten Gewissen verbunden gewesen sein kann: wie sehr auch die jüdischen Gelehrten protestierten; überall sollte im Alten Testament von Christus und nur von Christus die Rede sein, überall namentlich von seinem Kreuze, und wo nur ein Holz, eine Ruthe, eine Leiter, ein Zweig, ein Baum, eine Weide, ein Stab genannt wird, da bedeute dies eine Prophezeiung auf das Kreuzesholz: selbst die Aufrichtung des Einhorns und der ehernen

Schlange, selbst Moses, wenn er die Arme zum Gebet ausbreitet, ja selbst die Spieße, an denen das Passahlamm gebraten wird, – alles Anspielungen und gleichsam Vorspiele des Kreuzes! Hat dies jemals Jemand geglaubt, der es behauptete? Man erwäge, dass die Kirche nicht davor erschrak, den Text der Septuaginta zu bereichern (z. B. bei Psalm 961 V. 10), um die eingeschmuggelte Stelle nachher im Sinne der christlichen Prophezeiung auszunützen. Man war eben im Kampfe und dachte an die Gegner, und nicht an die Redlichkeit.

85.

Feinheit im Mangel. – Spottet nur nicht über die Mythologie der Griechen, weil sie so wenig eurer tiefsinnigen Metaphysik gleicht! Ihr solltet ein Volk bewundern, das seinem scharfen Verstande hier gerade Halt gebot und lange Zeit Tact genug hatte, der Gefahr der Scholastik und des spitzfindigen Aberglaubens auszuweichen!

86.

Die christlichen Interpreten des Leibes. – Was nur immer von dem Magen, den Eingeweiden, dem Herzschlage, den Nerven, der Galle, dem Samen herkomme – alle jene Verstimmungen, Entkräftungen, Überreizungen, die ganze Zufälligkeit der uns so unbekannten Maschine! – Alles das muss so ein Christ wie Pascal als ein moralisches und religiöses Phänomen nehmen, mit der Frage, ob Gott oder Teufel, ob gut oder böse, ob Heil oder Verdammnis darin ruhen! Oh über den unglücklichen Interpreten! Wie er sein System winden und quälen muss! Wie er sich selber winden und quälen muss, um Recht zu behalten!

87.

Das sittliche Wunder. – Das Christentum kennt im Sittlichen nur das Wunder: die plötzliche Veränderung aller Werturteile, das plötzliche Aufgeben aller Gewohnheiten, die plötzliche unwiderstehliche Neigung zu neuen Gegenständen und Personen. Es fasst dieses Phänomen als die Wirkung Gottes und nennt es den

Act der Wiedergeburt, es gibt ihm einen einzigen unvergleichlichen Wert, – Alles, was sonst Sittlichkeit heißt und ohne Bezug zu jenem Wunder ist, wird dem Christen damit gleichgültig, ja vielleicht sogar, als Wohlgefühl, Stolzgefühl, ein Gegenstand der Furcht. Im neuen Testament ist der Kanon der Tugend, des erfüllten Gesetzes aufgestellt: aber so, dass es der Kanon der unmöglichen Tugend ist: die sittlich noch strebenden Menschen sollen sich im Angesichte eines solchen Kanons ihrem Ziele immer ferner fühlen lernen, sie sollen an der Tugend verzweifeln und sich endlich dem Erbarmenden an's Herz werfen, – nur mit diesem Abschlusse konnte das sittliche Bemühen bei einem Christen noch als wertvoll gelten, vorausgesetzt also, dass es immer ein erfolgloses, unlustiges, melancholisches Bemühen bleibe; so konnte es noch dazu dienen, jene ekstatische Minute herbeizuführen, wo der Mensch den Durchbruch der Gnade" und das sittliche Wunder erlebt: – aber notwendig ist dieses Ringen nach Sittlichkeit nicht, denn jenes Wunder überfällt nicht selten gerade den Sünder, wenn er gleichsam vom Aussatze der Sünde blüht; ja, es scheint selber der Sprung aus der tiefsten und gründlichsten Sündhaftigkeit in ihr Gegenteil etwas Leichteres und, als sinnfälliger Beweis des Wunders, auch etwas Wünschbareres zu sein. – Was übrigens ein solcher plötzlicher vernunftloser und unwiderstehlicher Umschlag, ein solcher Wechsel von tiefstem Elend und tiefstem Wohlgefühl physiologisch zu bedeuten habe (ob vielleicht eine maskierte Epilepsie?), – das mögen die Irrenärzte erwägen, welche ja dergleichen "Wunder" (zum Beispiel als Mordmanie, Manie des Selbstmordes) reichlich zu beobachten haben. Der verhältnissmässig "angenehmere Erfolg" im Falle des Christen macht keinen wesentlichen Unterschied. –

88.

Luther der große Wohltäter. – Das Bedeutendste, was Luther gewirkt hat, liegt in dem Misstrauen, welches er gegen die Heiligen und die ganze christliche vita contemplativa geweckt hat: seitdem erst ist der Weg zu einer unchristlichen vita contemplativa in Europa wieder zugänglich geworden und der Verachtung der weltlichen Tätigkeit und der Laien ein Ziel gesetzt. Luther, der ein wackerer Bergmannssohn blieb, als man ihn ins Kloster gesperrt hatte und hier, in Ermangelung anderer Tiefen und "Teufen", in sich einstieg und schreckliche dunkle Gänge bohrte, – er merkte endlich, dass ein beschauliches heiliges Leben ihm unmöglich sei und dass seine angeborene "Aktivität" in Seele und Leib ihn zu Grunde richten werde. Allzulange versuchte er mit Kasteiungen den Weg zum Heiligen zu finden, – endlich fasste er seinen Entschluss und sagte bei sich: "es gibt gar keine wirkliche vita contemplativa! Wir haben uns betrügen lassen! Die Heiligen sind nicht mehr werth gewesen, als wir Alle." – Das war freilich eine bäuerische Art, Recht zu behalten, – aber für Deutsche jener Zeit die rechte und einzige: wie erbaute es sie, nun in ihrem Lutherischen Katechismus zu lesen: "außer den zehn Geboten gibt es kein Werk, das Gott gefallen könnte, – die gerühmten geistlichen Werke der Heiligen sind selbsterdachte."

89.

Zweifel als Sünde. – Das Christentum hat das Äußerste getan, um den Cirkel zu schließen und schon den Zweifel für Sünde erklärt. Man soll ohne Vernunft, durch ein Wunder, in den Glauben hineingeworfen werden und nun in ihm wie im hellsten und unzweideutigsten Elemente schwimmen: schon der Blick nach einem Festlande, schon der Gedanke, man sei vielleicht nicht zum Schwimmen allein da, schon die leise Regung unserer amphibischen Natur – ist Sünde! Man merke doch, dass damit die Begründung des Glaubens und alles Nachdenken über seine Herkunft ebenfalls schon als sündhaft ausgeschlossen sind. Man will Blindheit und Taumel und einen ewigen Gesang über den Wellen, in denen die Vernunft ertrunken ist!

90.

Egoismus gegen Egoismus. – Wie Viele schließen immer noch: "es wäre das Leben nicht auszuhalten, wenn es keinen Gott gäbe!" (oder, wie es in den Kreisen der Idealisten heißt: "es wäre das Leben nicht auszuhalten, wenn ihm die ethische Bedeutsamkeit seines Grundes fehlte!") – folglich müsse es einen Gott (oder eine ethische Bedeutsamkeit des Daseins) geben! In Wahrheit steht es nur so, dass, wer sich an diese Vorstellungen gewöhnt hat, ein Leben ohne sie nicht wünscht: dass es also für ihn und seine Erhaltung notwendige Vorstellungen sein mögen, – aber welche Anmaßung, zu dekretieren, dass Alles, was für meine Erhaltung notwendig ist, auch wirklich das ein müsse! Als ob meine Erhaltung etwas Notwendiges sei! Wie, wenn Andere umgekehrt empfänden! wenn sie gerade unter den Bedingungen jener beiden Glaubensartikel nicht leben möchten und das Leben dann nicht mehr lebenswert fänden! – Und so steht es jetzt!

91.

Die Redlichkeit Gottes. – Ein Gott, der allwissend und allmächtig ist und der nicht einmal dafür sorgt, dass seine Absicht von seinen Geschöpfen verstanden wird, – sollte das ein Gott der Güte sein? Der die zahllosen Zweifel und Bedenken fortbestehen lässt, Jahrtausende lang, als ob sie für das Heil der Menschheit unbe-denklich wären, und der doch wieder die entsetzlichsten Folgen bei einem Sich-vergreifen an der Wahrheit in Aussicht stellt? Würde es nicht ein grausamer Gott sein, wenn er die Wahrheit hätte und es ansehen könnte, wie die Menschheit sich jämmerlich um sie quält? – Aber vielleicht ist es doch ein Gott der Güte, – und er konnte sich nur nicht deutlicher ausdrücken! So fehlte es ihm vielleicht an Geist dazu? Oder an Beredsamkeit? Umso schlimmer! Dann irrte er sich vielleicht auch in dem, was er seine "Wahrheit" nennt, und er ist selber dem "armen betrogenen Teufel" nicht so fern! Muss er dann nicht beinahe Höllenqualen ausstehen, seine Geschöpfe um seiner Erkenntnis willen so, und in alle Ewigkeit fort noch schlimmer, leiden zu sehen und nicht raten und helfen zu können, außer wie ein Taubstummer, der allerhand vieldeutige Zeichen macht, wenn seinem Kinde oder Hunde die schrecklichste Gefahr auf dem Nacken sitzt? – Einem derartig schließenden und bedrängten Gläubigen wäre wahrlich zu verzeihen, wenn ihm das Mitleiden mit dem leidenden Gott näher läge, als das Mitleiden mit den "Nächsten", – denn es sind nicht mehr seine Nächsten, wenn jener Einsamste, Uranfänglichste auch der Leidendste, Trostbedürftigste von Allen ist. – Alle Religionen zeigen ein Merkmal davon, dass sie einer frühen unreifen Intellektualität der Menschheit ihre Herkunft verdanken, – sie alle nehmen es erstaunlich leicht mit der Verpflichtung, die Wahrheit zu sagen: sie wissen noch Nichts von einer Pflicht Gottes, gegen die Menschheit wahrhaftig und deutlich in der Mittheilung zu sein. – über den "verborgenen Gott" und über die Gründe, sich so verborgen zu halten und immer nur halb mit der Sprache ins Licht zu kommen, ist Niemand beredter gewesen, als Pascal, zum Zeichen, dass er sich nie darüber hat beruhigen können: aber seine Stimme klingt so zuversichtlich, als ob er einmal mit hinter dem Vorhang gesessen hätte. Er hatte die Witterung einer Unmoralität in dem "deus absconditus" und die größte Scham und Scheu davor, sich dies einzugestehen: und so redete er, wie Einer, der sich fürchtet, so laut als er konnte.

92.

Am Sterbebette des Christentums. – Die wirklich aktiven Menschen sind jetzt innerlich ohne Christentum, und die mäßigeren und betrachtsameren Menschen des geistigen Mittelstandes besitzen nur noch ein zurechtgemachtes, nämlich ein wunderlich vereinfachtes Christentum. Ein Gott, der in seiner Liebe Alles so fügt, wie es uns schließlich am besten sein wird, ein Gott, der uns unsere Tugend wie unser Glück gibt und nimmt, sodass es im Ganzen immer recht und gut zugeht und kein Grund bleibt, das Leben schwer zu nehmen oder gar zu verklagen, kurz, die Resignation und Bescheidenheit zur Gottheit erhoben, – das ist das Beste und Lebendigste, was vom Christentum noch übrig geblieben ist. Aber man sollte doch merken, dass damit das Christentum in einen sanften Moralismus übergetreten ist: nicht sowohl "Gott, Freiheit und Unsterblichkeit" sind übrig geblieben, als Wohlwollen und anständige Gesinnung und der Glaube, dass auch im ganzen All Wohlwollen und anständige Gesinnung herrschen werden: es ist die Euthanasie des Christentums.

93.

Was ist Wahrheit? – Wer wird sich den Schluss der Gläubigen nicht gefallen lassen, welchen sie gern machen: "die Wissenschaft kann nicht wahr sein, denn sie leugnet Gott. Folglich ist sie nicht aus Gott; folglich ist sie nicht wahr, – denn Gott ist die Wahrheit." Nicht der Schluss, sondern die Voraussetzung enthält den Fehler: wie, wenn Gott eben nicht die Wahrheit wäre, und eben dies bewiesen würde? wenn er die Eitelkeit, das Machtgelüst, die Ungeduld, der Schrecken, der entzückte und entsetzte Wahn der Menschen wäre?

94.

Heilmittel der Verstimmten. – Schon Paulus meinte, ein Opfer sei nötig, damit die tiefe Verstimmung Gottes über die Sünde aufgehoben werde: und seitdem haben die Christen nicht aufgehört, ihr Missbehagen über sich selber an einem Opfer auszulassen, – sei dies nun die "Welt" oder die "Geschichte" oder die "Vernunft" oder die Freude oder die friedliche Ruhe anderer Menschen, – irgendetwas Gutes muss für ihre Sünde sterben (wenn auch nur in effigie)!

95.

Die historische Widerlegung als die endgültige. – Ehemals suchte man zu beweisen, dass es keinen Gott gebe, heute zeigt man, wie der Glaube, dass es einen Gott gebe, entstehen konnte und wodurch dieser Glaube seine Schwere und Wichtigkeit erhalten hat: dadurch wird ein Gegenbeweis, dass es keinen Gott gebe, überflüssig. – Wenn man ehemals die vorgebrachten "Beweise vom Dasein Gottes" widerlegt hatte, blieb immer noch der Zweifel, ob nicht noch bessere Beweise aufzufinden seien, als die eben widerlegten: damals verstanden die Atheisten sich nicht darauf, reinen Tisch zu machen.

96.

"In hoc signo vinces." – So vorgeschritten Europa auch sonst sein mag: in religiösen Dingen hat es noch nicht die freisinnige Naivität der alten Brahmanen erreicht, zum Zeichen, dass in Indien vor vier Jahrtausenden mehr gedacht wurde und mehr Lust am Denken vererbt zu werden pflegte, als jetzt unter uns. Jene Brahmanen nämlich glaubten erstens, dass die Priester mächtiger seien, als die Götter, und zweitens, dass die Bräuche es seien, worin die Macht der Priester begriffen liege: weshalb ihre Dichter nicht müde wurden, die Bräuche (Gebete, Ceremonien, Opfer, Lieder, Metren) als die eigentlichen Geber alles Guten zu preisen. Wie viel Dichterei und Aberglaube hier auch immer dazwischengelaufen sein mag: die Sätze sind wahr! Einen Schritt weiter: und man warf die Götter bei Seite, – was Europa auch einmal thun muss! Noch einen Schritt weiter: und man hatte auch die Priester und Vermittler nicht mehr nötig, und der Lehrer der Religion der Selbsterlösung, Buddha, trat auf: – wie ferne ist Europa noch von dieser Stufe der Kultur! Wenn endlich auch alle Bräuche und Sitten vernichtet sind, auf welche die Macht der Götter, der Priester und Erlöser sich stützt, wenn also die Moral im alten Sinne gestorben sein wird: dann kommt – ja was kommt dann? Doch raten wir nicht herum, sondern sehen wir zunächst zu, dass Europa nachholt, was in Indien, unter dem Volke der Denker, schon vor einigen Jahrtausenden als Gebot des Denkens getan wurde! Es gibt jetzt vielleicht zehn bis zwanzig Millionen Menschen unter den verschiedenen Völkern Europas, welche nicht mehr "an Gott glauben", – ist es zu viel gefordert, dass sie einander ein Zeichen geben? Sobald sie sich derartig erkennen, werden sie sich auch zu erkennen geben, – sie werden sofort eine Macht in Europa sein und, glücklicherweise, eine Macht zwischen den Völkern! Zwischen den Ständen! Zwischen Arm und Reich! Zwischen Befehlenden und Unterworfenen! Zwischen den unruhigsten und den ruhigsten, beruhigendsten Menschen!

Zweites Buch.

97.

Man wird moralisch, - nicht weil man moralisch ist! – Die Unterwerfung unter die Moral kann sclavenhaft oder eitel oder eigennützig oder resigniert oder dumpf-schwärmerisch oder gedankenlos oder ein Act der Verzweiflung sein, wie die Unterwerfung unter einen Fürsten: an sich ist sie nichts Moralisches.

98.

Wandel der Moral. – Es gibt ein fortwährendes Umwandeln und Arbeiten an der Moral, – das bewirken die Verbrechen mit glücklichem Ausgange (wozu zum Beispiel alle Neuerungen des moralischen Denkens gehören).

99.

Worin wir Alle unvernünftig sind. – Wir ziehen immer noch die Folgerungen von Urteilen, die wir für falsch halten, von Lehren, an die wir nicht mehr glauben, – durch unsere Gefühle.

100.

Vom Traume erwachen. – Edle und weise Menschen haben einmal an die Musik der Sphären geglaubt: edle und weise Menschen glauben noch immer an die "sittliche Bedeutung des Daseins". Aber eines Tages wird auch diese Sphärenmusik ihrem Ohre nicht mehr vernehmbar sein! Sie erwachen und merken, dass ihr Ohr geträumt hatte.

101.

Bedenklich. – Einen Glauben annehmen, blos weil er Sitte ist, – das heißt doch: unredlich sein, feige sein, faul sein! – Und so wären Unredlichkeit, Feigheit und Faulheit die Voraussetzungen der Sittlichkeit?

102.

Die ältesten moralischen Urteile. – Wie machen wir es doch bei der Handlung eines Menschen in unsrer Nähe? – Zunächst sehen wir darauf hin, was aus ihr für uns herauskommt, – wir sehen sie nur unter diesem Gesichtspunkt. Diese Wirkung nehmen wir als die Absicht der Handlung – und endlich legen wir ihm das Haben solcher Absichten als dauernde Eigenschaft bei und nennen ihn zum Beispiel von nun an "einen schädlichen Menschen". Dreifache Irrung! Dreifacher uralter Fehlgriff! Vielleicht unsre Erbschaft von den Tieren und ihrer Urteilskraft her! Ist nicht der Ursprung aller Moral in den abscheulichen kleinen Schlüssen zu suchen: "was mir schadet, das ist etwas Böses (an sich Schädigendes); was mir nützt, das ist etwas Gutes (an sich Wohltuendes und Nutzenbringendes); was mir einmal oder einige Male schadet, das ist das Feindliche an sich und in sich; was mir einmal oder einige Male nützt, das ist das Freundliche an sich und in sich." O pudenda origo! Heißt das nicht: die erbärmliche, gelegentliche, oft zufällige Relation eines Anderen zu uns als sein Wesen und Wesentlichstes auszudichten, und zu behaupten, er sei gegen alle Welt und gegen sich selber eben nur solcher Relationen fähig, dergleichen wir ein- oder einige Mal erlebt haben? Und sitzt hinter dieser wahren Narrheit nicht noch der unbescheidenste aller Hintergedanken, dass wir selber das Princip des Guten sein müssen, weil sich Gutes und Böses nach uns bemisst? –

103.

Es gibt zwei Arten von Leugnern der Sittlichkeit. – "Die Sittlichkeit leugnen" – das kann einmal heißen: leugnen, dass die sittlichen Motive, welche die Menschen angeben, wirklich sie zu ihren Handlungen getrieben haben, – es ist also die Behauptung, dass die Sittlichkeit in Worten bestehe und zur groben und feinen Betrügerei (namentlich Selbstbetrügerei) der Menschen gehöre, und vielleicht gerade bei den durch Tugend Berühmtesten am meisten. Sodann kann es heißen: leugnen, dass die sittlichen Urteile auf Wahrheiten beruhen. Hier wird zugegeben, dass sie Motive des

Handelns wirklich sind, dass aber auf diese Weise Irrtümer, als Grund alles sittlichen Urteilens, die Menschen zu ihren moralischen Handlungen treiben. Diess ist mein Gesichtspunct: doch möchte ich am wenigsten verkennen, dass in sehr vielen Fällen ein feines Misstrauen nach Art des ersten Gesichtspunktes, also im Geiste des La Rochefoucauld, auch im Rechte und jedenfalls vom höchsten allgemeinen Nutzen ist. – Ich leugne also die Sittlichkeit wie ich die Alchymie leugne, das heißt, ich leugne ihre Voraussetzungen: nicht aber, dass es Alchimisten gegeben hat, welche an diese Voraussetzungen glaubten und auf sie hin handelten. – Ich leugne auch die Unsittlichkeit: nicht, dass zahllose Menschen sich unsittlich fühlen, sondern dass es einen Grund in der Wahrheit gibt, sich so zu fühlen. Ich leugne nicht, wie sich von selber versteht – vorausgesetzt, dass ich kein Narr bin –, dass viele Handlungen, welche unsittlich heißen, zu vermeiden und zu bekämpfen sind; ebenfalls, dass viele, die sittlich heißen, zu thun und zu fördern sind, – aber ich meine: das Eine wie das Andere aus anderen Gründen, als bisher. Wir haben umzulernen, – um endlich, vielleicht sehr spät, noch mehr zu erreichen: um zu fühlen.

104.

Unsere Werthschätzungen. – Alle Handlungen gehen auf Werthschätzungen zurück, alle Werthschätzungen sind entweder eigene oder angenommene, – letztere bei Weitem die meisten. Warum nehmen wir sie an? Aus Furcht, – das heißt: wir halten es für ratsamer, uns so zu stellen, als ob sie auch die unsrigen wären – und gewöhnen uns an diese Verstellung, sodass sie zuletzt unsere Natur ist. Eigene Werthschätzung: das will besagen, eine Sache in Bezug darauf messen, wie weit sie gerade uns und niemandem Anderen Lust oder Unlust macht, – etwas äußerst Seltenes! – Aber wenigstens muss doch unsere Werthschätzung des Anderen, in der das Motiv dafür liegt, dass wir uns in den meisten Fällen seiner Werthschätzung bedienen, von uns ausgehen, unsere eigene Bestimmung sein? Ja, aber als Kinder machen wir sie, und lernen selten wiederum; wir sind meist zeitlebens die Narren kindlicher angewöhnter Urteile, in der Art, wie wir über unsre Nächsten (deren Geist, Rang, Moralität, Vorbildlichkeit, Verwerflichkeit) urteilen und es nötig finden, vor ihren Werthschätzungen zu huldigen.

105.

Der Schein – Egoismus. – Die Allermeisten, was sie auch immer von ihrem "Egoismus" denken und sagen mögen, thun trotzdem ihr Lebenslang Nichts für ihr ego, sondern nur für das Phantom von ego, welches sich in den Köpfen ihrer Umgebung über sie gebildet und sich ihnen mitgeteilt hat, – in Folge dessen leben sie Alle zusammen in einem Nebel von unpersönlichen, halbpersönlichen Meinungen und willkürlichen, gleichsam dichterischen Wertschätzungen, Einer immer im Kopfe des Andern, und dieser Kopf wieder in anderen Köpfen: eine wunderliche Welt der Phantasmen, welche sich dabei einen so nüchternen Anschein zu geben weiß! Dieser Nebel von Meinungen und Gewöhnungen wächst und lebt fast unabhängig von den Menschen, die er einhüllt; in ihm liegt die ungeheure Wirkung allgemeiner Urteile über "den Menschen" – alle diese sich selber unbekannten Menschen glauben an das blutlose Abstractum "Mensch", das heißt, an eine Fiction; und jede Veränderung, die mit diesem Abstractum vorgenommen wird, durch die Urteile einzelner Mächtiger (wie Fürsten und Philosophen), wirkt außerordentlich und in unvernünftigem Maße auf die große Mehrzahl, – Alles aus dem Grunde, dass jeder Einzelne in dieser Mehrzahl kein wirkliches, ihm zugängliches und von ihm ergründetes ego der allgemeinen blassen Fiction entgegenzustellen und sie damit zu vernichten vermag.

106.

Gegen die Definitionen der moralischen Ziele. – Man hört allerwärts jetzt das Ziel der Moral ungefähr so bestimmt: es sei die Erhaltung und Förderung der Menschheit; aber das heißt eine Formel haben wollen und weiter Nichts. Erhaltung, worin? muss man sofort dagegen fragen, Förderung wohin? Ist nicht gerade das Wesentliche, die Antwort auf dieses Worin? und Wohin? in der Formel ausgelassen? Was lässt sich also mit ihr für die Pflichtenlehre festsetzen, was nicht Schon, stillschweigend und gedankenlos, jetzt als festgesetzt gilt! Kann man aus ihr genügend absehen, ob man eine möglichst lange Existenz der Menschheit ins Auge zu fassen habe? Oder die möglichste Enttierung der Menschheit? Wie verschieden würden in beiden Fällen die Mittel, das heißt die praktische Moral, sein müssen! Gesetzt, man wollte der Menschheit die höchste ihr mögliche Vernünftigkeit geben: dies hieße gewiss nicht ihr die höchste ihr mögliche Dauer verbürgen! Oder gesetzt, man dächte an ihr "höchstes Glück" als das Wohin und Worin: meint man dann den höchsten Grad, den allmählich einzelne Menschen erreichen könnten? Oder eine, übrigens gar nicht zu berechnende letztens erreichbare Durchschnitts-Glückseligkeit Aller? Und warum wäre die Moralität gerade der Weg dahin? Ist nicht durch sie, im Großen gesehen, eine solche Fülle von Unlust-Quellen aufgetan worden, dass man eher urteilen könnte, mit jeder Verfeinerung der Sittlichkeit sei der Mensch bisher mit sich, mit seinem Nächsten und mit seinem Loose des Daseins unzufriedener geworden? Ist nicht der bisher moralischste Mensch des Glaubens gewesen, der einzig berechtigte Zustand des Menschen im Angesichte der Moral sei die tiefste Unseligkeit?

107.

Unser Anrecht auf unsere Torheit. – Wie soll man handeln? Wozu soll man handeln? – Bei den nächsten und gröbsten Bedürfnissen des Einzelnen beantworten sich diese Fragen leicht genug, aber in je feinere, umfänglichere und wichtigere Gebiete des Handelns man aufsteigt, um so unsicherer, folglich umso willkürlicher wird die Beantwortung sein. Nun aber soll hier gerade die Willkürlichkeit der Entscheidungen ausgeschlossen sein! – so heischt es die Autorität der Moral: eine unklare Angst und Ehrfurcht soll den Menschen unverzüglich gerade bei jenen Handlungen leiten, deren Zwecke und Mittel ihm am wenigsten sofort deutlich sind! Diese Autorität der Moral unterbindet das Denken, bei Dingen, wo es gefährlich sein könnte, falsch zu denken –: dergestalt pflegt sie sich vor ihren Anklägern zu rechtfertigen. Falsch: das heißt hier "gefährlich", – aber gefährlich für wen? Gewöhnlich ist es eigentlich nicht die Gefahr des Handelnden, welche die Inhaber der autoritativen Moral im Auge haben, sondern ihre Gefahr, ihre mögliche Einbuße an Macht und Geltung, sobald das Recht, willkürlich und töricht, nach eigener, kleiner oder großer Vernunft zu handeln, Allen zugestanden wird: für sich selber nämlich machen sie unbedenklich Gebrauch von dem Rechte der Willkürlichkeit und Torheit, – sie befehlen, auch wo die Fragen "wie soll ich handeln? wozu soll ich handeln?" kaum oder schwierig genug zu beantworten sind. – Und wenn die Vernunft der Menschheit so außerordentlich langsam wächst, dass man dieses Wachstum für den ganzen Gang der Menschheit oft geleugnet hat: was trägt mehr die Schuld daran, als diese feierliche Anwesenheit, ja Allgegenwart moralischer Befehle, welche der individuellen Frage nach dem Wozu? und dem Wie? gar nicht gestattet, laut zu werden? Sind wir nicht daraufhin erzogen, gerade dann pathetisch zu fühlen und uns ins Dunkle zu flüchten, wenn der Verstand so klar und kalt wie möglich blicken sollte! Nämlich bei allen höheren und wichtigeren Angelegenheiten.

108.

Einige Thesen. – Dem Individuum, sofern es sein Glück will, soll man keine Vorschriften über den Weg zum Glück geben: denn das individuelle Glück quillt aus eigenen, Jedermann unbekannten Gesetzen, es kann mit Vorschriften von außen her nur verhindert, gehemmt werden. – Die Vorschriften, welche man "moralisch" nennt, sind in Wahrheit gegen die Individuen gerichtet und wollen durchaus nicht deren Glück. Ebenso wenig beziehen sich diese Vorschriften auf das "Glück und die Wohlfahrt der Menschheit," – mit welchen Worten strenge Begriffe zu verbinden überhaupt nicht möglich ist, geschweige dass man sie als Leitsterne auf dem dunklen Ozean moralischer Bestrebungen gebrauchen könnte. – Es ist nicht wahr, dass die Moralität, wie das Vorurteil will, der Entwickelung der Vernunft günstiger sei als die Unmoralität. – Es ist nicht wahr, dass das unbewusste Ziel in der Entwickelung jedes bewussten Wesens (Thier, Mensch, Menschheit u. s. w.) sein "höchstes Glück" sei: vielmehr gibt es auf allen Stufen der Entwickelung ein besonderes und unvergleichbares, weder höheres noch niederes, sondern eben eigentümliches Glück zu erlangen. Entwickelung will nicht Glück, sondern Entwickelung und weiter Nichts. – Nur wenn die Menschheit ein allgemein anerkanntes Ziel hätte, könnte man vorschlagen "so und so soll gehandelt werden": einstweilen gibt es kein solches Ziel. Also soll man die Forderungen der Moral nicht in Beziehung zur Menschheit setzen, es ist dies Unvernunft und Spielerei. – Der Menschheit ein Ziel anempfehlen ist etwas ganz Anderes: dann ist das Ziel als Etwas gedacht, das in unserem Belieben ist ; gesetzt, es beliebte der Menschheit so wie vorgeschlagen wird, so könnte sie sich daraufhin auch ein Moralgesetz geben, ebenfalls aus ihrem Belieben heraus. Aber bisher sollte das Moralgesetz über dem Belieben stehen: man wollte dies Gesetz sich nicht eigentlich geben, sondern es irgendwoher nehmen oder irgendwo es auffinden oder irgend- woher es sich befehlen lassen.

109.

Selbst-Beherrschung und Mäßigung und ihr letztes Motiv. – Ich finde nicht mehr als sechs wesentlich verschiedene Methoden, um die Heftigkeit eines Triebes zu bekämpfen. Einmal kann man den Anlässen zur Befriedigung des Triebes ausweichen und durch lange und immer längere Zeitstrecken der Nichtbefriedigung ihn schwächen und abdorren machen. Sodann kann man eine strenge regelmäßige Ordnung in seiner Befriedigung sich zum Gesetz machen; indem man in ihn selber auf diese Weise eine Regel bringt und seine Flut und Ebbe in feste Zeitgrenzen einschließt, hat man Zwischenzeiten gewonnen, wo er nicht mehr stört, – und von da aus kann man vielleicht zur ersten Methode übergehen. Drittens kann man sich absichtlich einer wilden und unbändigen Befriedigung eines Triebes überlassen, um den Ekel davon einzuernten und mit dem Ekel eine Macht über den Trieb zu erlangen: vorausgesetzt, dass man es nicht dem Reiter gleich tut, der sein Pferd zu Tode hetzt und selber dabei den Hals bricht, – was leider die Regel bei diesem Versuche ist. Viertens gibt es einen intellektuellen Kunstgriff, nämlich mit der Befriedigung überhaupt irgend einen sehr peinlichen Gedanken so fest zu verbinden, dass, nach einiger Übung, der Gedanke der Befriedigung immer sogleich selber als sehr peinlich empfunden wird (zum Beispiel wenn der Christ sich gewöhnt, an die Nähe und den Hohn des Teufels beim Geschlechtsgenusse, oder an ewige Höllenstrafen für einen Mord aus Rache, oder auch nur an die Verächtlichkeit zu denken, welche zum Beispiel einem Geld-Diebstahl im Auge der von ihm verehrtesten Menschen folgt, oder wenn Mancher schon zu hundert Malen einem heftigen Verlangen nach dem Selbstmord die Vorstellung des Jammers und der Selbstvorwürfe von Verwandten und Freunden entgegengestellt und damit sich auf der Schwebe des Lebens erhalten hat: – jetzt folgen diese Vorstellungen in ihm auf einander, wie Ursache und Wirkung). Hierhin gehört es auch, wenn der Stolz des Menschen, wie zum Beispiel bei Lord Byron und Napoleon, sich aufbäumt, und das Übergewicht eines einzelnen Affektes über die gesamte Haltung und die Ordnung der Vernunft als Beleidigung empfindet: woraus dann die Gewohnheit und die Lust entsteht, den Trieb zu tyrannisieren und ihn gleichsam knirschen zu machen. ("Ich will nicht der Sklave irgend eines Appetites sein" – schrieb Byron in sein Tagebuch.) Fünftens: man nimmt eine Dislocation seiner Kraftmengen vor, indem man sich irgend eine besonders schwere und anstrengende Arbeit auferlegt oder sich absichtlich einem neuen Reize und Vergnügen unterwirft und dergestalt Gedanken und physisches Kräftespiel in andere Bahnen lenkt. Eben darauf läuft es auch hinaus, wenn man einen anderen Trieb zeitweilig begünstigt, ihm reiche Gelegenheit der Befriedigung gibt und ihn so zum Verschwender jener Kraft macht, über welche sonst der durch seine Heftigkeit lästig gewordene Trieb gebieten würde. Dieser oder Jener versteht es wohl auch, den einzelnen Trieb, der den Gewaltherrn spielen möchte, dadurch im Zaume zu halten, dass er allen seinen ihm bekannten anderen

Trieben eine zeitweilige Aufmunterung und Festzeit gibt und sie das Futter aufzehren heißt, welches der Tyrann für sich allein haben will. Endlich sechstens: wer es aushält und vernünftig findet, seine gesamte leibliche und seelische Organisation zu schwächen und niederzudrücken, der erreicht natürlich das Ziel der Schwächung eines einzelnen heftigen Triebes ebenfalls damit: wie zum Beispiel Der tut, welcher seine Sinnlichkeit aushungert und dabei freilich auch seine Rüstigkeit und nicht selten seinen Verstand mit aushungert und zu Schanden macht, gleich dem Asketen. – Also: den Anlässen ausweichen, Regel in den Trieb hineinpflanzen, Übersättigung und Ekel an ihm erzeugen, und die Assoziation eines quälenden Gedankens (wie den der Schande, der bösen Folgen oder des beleidigten Stolzes) zu Stande bringen, sodann die Dislokation der Kräfte und endlich die allgemeine Schwächung und Erschöpfung, – das sind die sechs Methoden: dass man aber überhaupt die Heftigkeit eines Triebes bekämpfen will, steht nicht in unserer Macht, ebenso wenig, auf welche Methode man verfällt, ebenso wenig, ob man mit dieser Methode Erfolg hat. Vielmehr ist unser Intellekt bei diesem ganzen Vorgange ersichtlich nur das blinde Werkzeug eines anderen Triebes, welcher ein Rivale dessen ist, der uns durch seine Heftigkeit quält: sei es der Trieb nach Ruhe oder die Furcht vor Schande und anderen bösen Folgen oder die Liebe. Während "wir" uns also über die Heftigkeit eines Triebes zu beklagen meinen, ist es im Grunde ein Trieb, weicher über einen anderen klagt; das heißt: die Wahrnehmung des Leidens an einer solchen Heftigkeit setzt voraus, dass es einen ebenso heftigen oder noch heftigeren anderen Trieb gibt, und dass ein Kampf bevorsteht, in welchem unser Intellekt Partei nehmen muss.

110.

Das, was sich widersetzt. – Man kann folgenden Vorgang an sich beobachten, und ich wollte, er würde oft beobachtet und bestätigt. Es entsteht in uns die Witterung einer Art von Lust, die wir noch nicht kannten, und folglich entsteht ein neues Verlangen. Nun kommt es darauf an, was diesem Verlangen sich widersetzt: sind es

Dinge und Rücksichten gemeinerer Art, auch Menschen, welche wenig in unserer Achtung gelten, – so umkleidet sich das Ziel des neuen Verlangens mit der Empfindung "edel, gut, lobenswert, opferwürdig," die ganze vererbte moralische Anlage nimmt es nunmehr in sich auf, legt es zu ihren als moralisch empfundenen Zielen – und jetzt meinen wir nicht mehr nach einer Lust, sondern nach einer Moralität zu streben: was die Zuversichtlichkeit unseres Strebens sehr vermehrt.

111.

An die Bewunderer der Objektivität. – Wer als Kind mannichfaltige und starke Gefühle, aber wenig feines Urteil und Lust an der intellektuellen Gerechtigkeit, bei den Verwandten und Bekannten, unter denen er aufwuchs, wahrgenommen und folglich im Nachbilden von Gefühlen seine beste Kraft und Zeit verbraucht hat: bemerkt als Erwachsener an sich, dass jedes neue Ding, jeder neue Mensch sofort Zuneigung oder Abneigung oder Neid oder Verachtung in ihm rege macht; unter dem Drucke dieser Erfahrung, gegen den er sich ohnmächtig fühlt, bewundert er die Neutralität der Empfindung, oder die "Objektivität", wie ein Wunderding, als Sache des Genies oder der seltensten Moralität, und will nicht daran glauben, dass auch sie nur das Kind der Zucht und Gewohnheit ist.

112.

Zur Naturgeschichte von Pflicht und Recht. – Unsere Pflichten – das sind die Rechte anderer auf uns. Wodurch haben sie diese erworben? Dadurch, dass sie uns für vertrags- und vergeltungsfähig nahmen, für gleich und ähnlich mit sich ansetzten, dass sie uns daraufhin Etwas anvertrauten, uns erzogen, zurechtwiesen, unterstützten. Wir erfüllen unsre Pflicht – das heißt: wir rechtfertigen jene Vorstellung von unserer Macht, auf welche hin uns Alles erwiesen wurde, wir geben zurück, in dem Maße, als man uns gab. So ist es unser Stolz, der die Pflicht zu thun gebeut, – wir wollen unsre Selbstherrlichkeit wiederherstellen, wenn wir dem, was Andre für uns taten, Etwas entgegenstellen, das wir für sie thun, –

denn Jene haben damit in die Sphäre unserer Macht eingegriffen und würden dauernd ihre Hand in ihr haben, wenn wir nicht mit der "Pflicht" eine Wiedervergeltung übten, das heißt in ihre Macht eingriffen. Nur auf Das, was in unsrer Macht steht, können sich die Rechte anderer beziehen; es wäre unvernünftig, wenn sie Etwas von uns wollten, das uns selber nicht gehört. Genauer muss man sagen: nur auf Das, was sie meinen, dass es in unserer Macht steht, voraussetzend, dass es das Selbe ist, von dem wir meinen, es stehe in unserer Macht. Es könnte leicht auf beiden Seiten der gleiche Irrtum sein: das Gefühl der Pflicht hängt daran, dass wir in Bezug auf den Umkreis unserer Macht denselben Glauben haben, wie die Anderen: nämlich dass wir bestimmte Dinge versprechen, uns zu ihnen verpflichten können ("Freiheit des Willens"). – Meine Rechte: das ist jener Theil meiner Macht, den mir die Anderen nicht nur zugestanden haben, sondern in welchem sie mich erhalten wollen. Wie kommen diese Anderen dazu? Einmal: durch ihre Klugheit und Furcht und Vorsicht: sei es, dass sie etwas Ähnliches von uns zurückerwarten (Schutz ihrer Rechte), dass sie einen Kampf mit uns für gefährlich oder unzweckmäßig halten, dass sie in jeder Verringerung unserer Kraft einen Nachtheil für sich erblicken, weil wir dann zum Bündnis mit ihnen im Gegensatz zu einer feindseligen dritten Macht ungeeignet werden. Sodann: durch Schenkung und Abtretung. In diesem Falle haben die Anderen Macht genug und übergenug, um davon abgeben zu können und das abgegebene Stück Dem, welchem sie es schenkten, zu verbürgen: wobei ein geringes Machtgefühl bei Dem, der sich beschenken lässt, vorausgesetzt wird. So entstehen Rechte: anerkannte und gewährleistete Machtgrade. Verschieben sich die Machtver-hältnisse wesentlich, so vergehen Rechte und es bilden sich neue, – dies zeigt das Völkerrecht in seinem fortwährenden Vergehen und Entstehen. Nimmt unsere Macht wesentlich ab, so verändert sich das Gefühl Derer, welche bisher unser Recht gewährleisteten: sie ermessen, ob sie uns wieder in den alten Vollbesitz bringen können, – fühlen sie sich hierzu außer Stande, so leugnen sie von da an unsere "Rechte". Ebenso, wenn unsere Macht erheblich zunimmt, verändert sich das Gefühl Derer, welche sie bisher anerkannten und deren Anerkennung wir nun nicht mehr brauchen: sie versuchen wohl, dieselbe auf das frühere Maß herabzudrücken, sie werden eingreifen wollen und sich auf ihre "Pflicht" dabei berufen, – aber dies ist nur ein unnützes Wortemachen. Wo Recht herrscht, da wird ein Zustand und Grad von Macht aufrecht erhalten, eine Verminderung und Vermehrung abgewehrt. Das Recht Anderer ist die Concession unseres Gefühls von Macht an das Gefühl von Macht bei diesen Anderen. Wenn sich unsere Macht tief erschüttert und gebrochen zeigt, so hören unsere Rechte auf: dagegen hören, wenn wir sehr viel mächtiger geworden sind, die Rechte anderer für uns auf, wie wir sie bis jetzt ihnen zugestanden. – Der "billige Mensch" bedarf fortwährend des feinen Taktes einer Wage: für die Macht- und Rechtsgrade, welche, bei der vergänglichen Art der menschlichen Dinge, immer nur eine kurze Zeit im Gleichgewichte schweben werden, zumeist aber sinken oder steigen: – billig sein ist folglich schwer und erfordert viel Übung, <viel> guten Willen und sehr viel sehr guten Geist. –

113.

Das Streben nach Auszeichnung. – Das Streben nach Auszeichnung hat fortwährend ein Augenmerk auf den Nächsten und will wissen, wie es ihm zu Mute ist: aber die Mitempfindung und das Mitwissen, welche dieser Trieb zu seiner Befriedigung nötig hat, sind weit davon entfernt, harmlos oder mitleidig oder gütig zu sein. Man will vielmehr wahrnehmen oder erraten, wie der Nächste an uns äußerlich oder innerlich leidet, wie er die Gewalt über sich verliert und dem Eindrucke nachgibt, den unsere Hand oder auch nur unser Anblick auf ihn machen; und selbst wenn der nach Auszeichnung Strebende einen freudigen, erhebenden oder erheiternden Eindruck macht und machen wollte, so genießt er diesen Erfolg doch nicht, insofern er dabei den Nächsten erfreute, erhob, erheiterte, sondern insofern er sich der fremden Seele eindrückte, deren Form veränderte und nach seinem Willen über ihr waltete. Das Streben nach Auszeichnung ist das Streben nach Überwältigung des

Nächsten, sei es auch eine sehr mittelbare und nur gefühlte oder gar erträumte. Es gibt eine lange Reihe von Graden dieser heimlich begehrten Überwältigung, und ein vollständiges Verzeichnis derselben käme beinahe einer Geschichte der Kultur gleich, von der ersten noch fratzenhaften Barbarei an bis zur Fratze der Überfeinerung und der krankhaften Idealität hinauf. Das Streben nach Auszeichnung bringt für den Nächsten mit sich – um nur einige Stufen dieser langen Leiter mit Namen zu nennen –: Martern, dann Schläge, dann Entsetzen, dann angstvolles Erstaunen, dann Verwunderung, dann Neid, dann Bewunderung, dann Erhebung, dann Freude, dann Heiterkeit, dann Lachen, dann Verlachen, dann Verspotten, dann Verhöhnen, dann Schläge-austeilen, dann Martern-antun: – hier am Ende der Leiter steht der Asket und Märtyrer, er empfindet den höchsten Genuss dabei, eben Das als Folge seines Triebes nach Auszeichnung selber davon zu tragen, was sein Gegenbild auf der ersten Sprosse der Leiter, der Barbar, dem Anderen zu leiden gibt, an dem und vor dem er sich auszeichnen will. Der Triumph des Asketen über sich selber, sein dabei nach Innen gewendetes Auge, welches den Menschen zu einem Leidenden und zu einem Zuschauenden zerspalten sieht und fürderhin in die Außenwelt nur hineinblickt, um aus ihr gleichsam Holz zum eigenen Scheiterhaufen zu sammeln, diese letzte Tragödie des Triebes nach Auszeichnung, bei der es nur noch Eine Person gibt, welche in sich selber verkohlt, – das ist der würdige Abschluss, der zu dem Anfange gehört: beide mal ein unsägliches Glück beim Anblick von Martern! In der Tat, das Glück, als das lebendigste Gefühl der Macht gedacht, ist vielleicht auf der Erde nirgendwo grösser gewesen, als in den Seelen abergläubischer Asketen. Diess drücken die Brahmanen in der Geschichte vom König Viçvamitra aus, der aus tausendjährigen Bußübungen eine solche Kraft Schöpfte, dass er es unternahm, einen neuen Himmel zu erbauen. Ich glaube, in dieser ganzen Gattung innerer Erlebnisse sind wir jetzt grobe Neulinge und tastende Rätselrater; vier Jahrtausende früher wusste man mehr von diesen verruchten Verfeinerungen des Selbstgenusses. Die Schöpfung der Welt: vielleicht, dass sie damals von einem indischen Träumer als eine asketische Prozedur gedacht worden ist, welche ein Gott mit sich vornimmt! Vielleicht, dass der Gott sich in die bewegte Natur wie in ein Marterwerkzeug bannen wollte, um dabei seine Seligkeit und Macht verdoppelt zu fühlen! Und gesetzt, es wäre gar ein Gott der Liebe: welcher Genuss für einen solchen, leidende Menschen zu schaffen, an der ungestillten Marter im Anblick derselben recht göttlich und übermenschlich zu leiden und sich dergestalt selber zu tyrannisieren! Und gar gesetzt, es wäre nicht nur ein Gott der Liebe, sondern auch ein Gott der Heiligkeit und Sündlosigkeit: welche Delirien des göttlichen Asketen sind zu ahnen, wenn er Sünde und Sünder und ewige Verdammnisse und unter seinem Himmel und Throne eine ungeheure Stätte der ewigen Qual und des ewigen Stöhnens und Seufzens schafft! – Es ist nicht ganz unmöglich, dass auch die Seelen des Paulus, des Dante, des Calvin und ihres Gleichen einmal in die schauerlichen Geheimnisse solcher Wollüste der Macht eingedrungen sind; – und angesichts solcher Seelen kann man fragen: ja, ist denn wirklich der Kreislauf im Streben nach Auszeichnung mit dem Asketen am letzten Ende angelangt und in sich abgerollt? Könnte dieser Kreis nicht noch einmal von Anfang an durchlaufen werden, mit der festgehaltenen Grundstimmung des Asketen und zugleich des mitleidenden Gottes? Also Anderen wehe tun, um sich dadurch wehe zu tun, um damit wiederum über sich und sein Mitleiden zu triumphieren und in der äußersten Macht zu schwelgen! – Verzeihung für die Ausschweifung im Nachdenken über Alles, was in der seelischen Ausschweifung des Machtgelüstes auf Erden schon möglich gewesen sein kann!

114.

Von der Erkenntnis des Leidenden. – Der Zustand kranker Menschen, die lange und furchtbar von ihren Leiden gemartert werden und deren Verstand trotzdem dabei sich nicht trübt, ist nicht ohne Wert für die Erkenntnis, – noch ganz abgesehen von den intellektuellen Wohltaten, welche jede tiefe Einsamkeit, jede plötzliche und erlaubte Freiheit von allen Pflichten und

Gewohnheiten mit sich bringen. Der Schwerleidende sieht aus seinem Zustande mit einer entsetzlichen Kälte hinaus auf die Dinge: alle jene kleinen lügnerischen Zaubereien, in denen für gewöhnlich die Dinge schwimmen, wenn das Auge des Gesunden auf sie blickt, sind ihm verschwunden: ja, er selber liegt vor sich da ohne Flaum und Farbe. Gesetzt, dass er bisher in irgend einer gefährlichen Phantasterei lebte: diese höchste Ernüchterung durch Schmerzen ist das Mittel, ihn herauszureißen: und vielleicht das einzige Mittel. (Es ist möglich, dass dies dem Stifter des Christentums am Kreuze begegnete: denn die bittersten aller Worte "mein Gott, warum hast du mich verlassen!" enthalten, in aller Tiefe verstanden, wie sie verstanden werden dürfen, das Zeugnis einer allgemeinen Enttäuschung und Aufklärung über den Wahn seines Lebens; er wurde in dem Augenblicke der höchsten Qual hellsichtig über sich selber, so wie der Dichter es von dem armen sterbenden Don Quixote erzählt.) Die ungeheure Spannung des Intellektes, welcher dem Schmerz Widerpart halten will, macht, dass Alles, worauf er nun blickt, in einem neuen Lichte leuchtet: und der unsägliche Reiz, den alle neuen Beleuchtungen geben, ist oft mächtig genug, um allen Anlockungen zum Selbstmorde Trotz zu bieten und das Fortleben dem Leidenden als höchst begehrenswert erscheinen zu lassen. Mit Verachtung gedenkt er der gemütlichen warmen Nebelwelt, in der der Gesunde ohne Bedenken wandelt; mit Verachtung gedenkt er der edelsten und beliebtesten Illusionen, in denen er früher mit sich selber spielte; er hat einen Genuss daran, diese Verachtung wie aus der tiefsten Hölle heraufzubeschwören und der Seele so das bitterste Leid zu machen: durch dieses Gegengewicht hält er eben dem physischen Schmerze Stand, – er fühlt es, dass gerade dies Gegengewicht jetzt nottut! In einer schauerlichen Hellsichtigkeit über sein Wesen ruft er sich zu: "sei einmal dein eigener Ankläger und Henker, nimm einmal dein Leiden als die von dir über dich verhängte Strafe! Genieß deine Überlegenheit als Richter; mehr noch: genieß dein Belieben, deine tyrannische Willkür! Erhebe dich über dein Leben wie über dein Leiden, sieh hinab in die Gründe und die Grundlosigkeit!" Unser Stolz bäumt sich auf, wie noch nie: es hat für ihn einen Reiz ohne Gleichen, gegen einen solchen Tyrannen wie der Schmerz ist, und gegen alle die Einflüsterungen, die er uns macht, damit wir gegen das Leben Zeugnis ablegen, – gerade das Leben gegen den Tyrannen zu vertreten. In diesem Zustande wehrt man sich mit Erbitterung gegen jeden Pessimismus, damit er nicht als Folge unseres Zustandes erscheine und uns als Besiegte demütige. Nie ist ebenfalls der Reiz, Gerechtigkeit des Urteils zu üben, grösser, als jetzt, denn jetzt ist es ein Triumph über uns und den reizbarsten aller Zustände, der jede Ungerechtigkeit des Urteils entschuldbar machen würde; – aber wir wollen nicht entschuldigt sein, gerade jetzt wollen wir zeigen, dass wir "ohne Schuld" sein können. Wir befinden uns in förmlichen Krämpfen des Hochmuths. – Und nun kommt der erste Dämmerschein der Milderung, der Genesung – und fast die erste Wirkung ist, dass wir uns gegen die Übermacht unseres Hochmutes wehren: wir nennen uns darin albern und eitel, – als ob wir Etwas erlebt hätten, das einzig wäre! Wir demütigen ohne Dankbarkeit den allmächtigen Stolz, durch den wir eben den Schmerz ertrugen und verlangen heftig nach einem Gegengift des Stolzes: wir wollen uns entfremdet und entpersönlicht werden, nachdem der Schmerz uns zu gewaltsam und zu lange persönlich gemacht hatte. "Weg, weg mit diesem Stolze! rufen wir, er war eine Krankheit und ein Krampf mehr!" Wir sehen wieder hin auf Menschen und Natur – mit einem verlangenden Auge: wir erinnern uns wehmütig lächelnd, dass wir Einiges in Bezug auf sie jetzt neu und anders wissen, als vorher, dass ein Schleier gefallen ist, – aber es erquickt uns so, wieder die gedämpften Lichter des Lebens zu sehen und aus der furchtbaren nüchternen Helle herauszutreten, in welcher wir als Leidende die Dinge und durch die Dinge hindurch sahen. Wir zürnen nicht, wenn die Zaubereien der Gesundheit wieder zu spielen beginnen, – wir sehen wie umgewandelt zu, milde und immer noch müde. In diesem Zustande kann man nicht Musik hören, ohne zu weinen. –

Das sogenannte "Ich". – Die Sprache und die Vorurteile, auf denen die Sprache aufgebaut ist, sind uns vielfach in der Ergründung innerer Vorgänge und Triebe hinderlich: zum Beispiel dadurch, dass eigentlich Worte allein für superlativische Grade dieser Vorgänge und Triebe da sind –; nun aber sind wir gewohnt, dort, wo uns Worte fehlen, nicht mehr genau zu beobachten, weil es peinlich ist, dort noch genau zu denken; ja, ehedem schloss man unwillkürlich, wo das Reich der Worte aufhöre, höre auch das Reich des Daseins auf. Zorn, Hass, Liebe, Mitleid, Begehren, Erkennen, Freude, Schmerz, – das sind Alles Namen für extreme Zustände: die milderen mittleren und gar die immerwährend spielenden niederen Grade entgehen uns, und doch weben sie gerade das Gespinst unseres Charakters und Schicksals. Jene extremen Ausbrüche – und selbst das mäßigste uns bewusste Wohlgefallen oder Missfallen beim Essen einer Speise, beim Hören eines Tones ist vielleicht immer noch, richtig abgeschätzt, ein extremer Ausbruch – Zerreißen sehr oft das Gespinst und sind dann gewalttätige Ausnahmen, zumeist wohl in Folge von Aufstauungen: – und wie vermögen sie als solche den Beobachter irre zu führen! Nicht weniger, als sie den handelnden Menschen in die Irre führen. Wir sind Alle nicht Das, als was wir nach den Zuständen erscheinen, für die wir allein Bewusstsein und Worte – und folglich Lob und Tadel – haben; wir verkennen uns nach diesen gröberen Ausbrüchen, die uns allein bekannt werden, wir machen einen Schluss aus einem Material, in welchem die Ausnahmen die Regel überwiegen, wir verlesen uns in dieser scheinbar deutlichsten Buchstabenschrift unseres Selbst. Unsere Meinung über uns aber, die wir auf diesem falschen Wege gefunden haben, das sogenannte "Ich", arbeitet fürderhin mit an unserem Charakter und Schicksal. –

Die unbekannte Welt des "Subjekts". – Das, was den Menschen so schwer zu begreifen fällt, ist ihre Unwissenheit über sich selber, von den ältesten Zeiten bis jetzt! Nicht nur in Bezug auf Gut und Böse, sondern in Bezug auf viel Wesentlicheres! Noch immer lebt der uralte Wahn, dass man wisse, ganz genau wisse, wie das menschliche Handeln zu Stande komme, in jedem Falle. Nicht nur "Gott, der ins Herz sieht"., nicht nur der Täter, der seine Tat überlegt, – nein, auch jeder Andere zweifelt nicht, das Wesentliche im Vorgange der Handlung jedes Andern zu verstehen. "Ich weiß, was ich will, was ich getan habe, ich bin frei und verantwortlich dafür, ich mache den Andern verantwortlich, ich kann alle sittlichen Möglichkeiten und alle inneren Bewegungen, die es vor einer Handlung gibt, beim Namen nennen; ihr mögt handeln, wie ihr wollt, – ich verstehe darin mich und euch Alle!" – so dachte ehemals Jeder, so denkt fast noch Jeder. Sokrates und Plato, in diesem Stücke große Zweifler und bewunderungswürdige Neuerer, waren doch harmlos gläubig in Betreff jenes verhängnisvollsten Vorurteils, jenes tiefsten Irrtums, dass "der richtigen Erkenntnis die richtige Handlung folgen müsse", – sie waren in diesem Grundsatze immer noch die Erben des allgemeinen Wahnsinns und Dünkels: dass es ein Wissen um das Wesen einer Handlung gebe. "Es wäre ja schrecklich, wenn der Einsicht in das Wesen der rechten Tat nicht die rechte Tat folgte", – dies ist die einzige Art, wie jene Großen diesen Gedanken zu beweisen für nötig hielten, das Gegenteil schien ihnen undenkbar und toll – und doch ist dies Gegenteil gerade die nackte, seit Ewigkeiten täglich und stündlich bewiesene Wirklichkeit! Ist es nicht gerade die "schreckliche" Wahrheit: dass, was man von einer Tat überhaupt wissen kann, niemals ausreicht, sie zu tun, dass die Brücke von der Erkenntnis zur Tat in keinem einzigen Falle bisher geschlagen worden ist? Die Handlungen sind niemals Das, als was sie uns erscheinen! Wir haben so viel Mühe gehabt, zu lernen, dass die Äußeren Dinge nicht so sind, wie sie uns erscheinen, – nun wohlan! mit der inneren Welt steht es ebenso! Die moralischen Handlungen sind in Wahrheit "etwas Anderes", – mehr können wir nicht sagen: und alle Handlungen sind wesentlich unbekannt. Das Gegenteil war und ist der allgemeine Glaube: wir haben den ältesten Realismus gegen uns; bis jetzt dachte die Menschheit: "eine Handlung ist Das, als was sie uns erscheint." (Beim

Wiederlesen dieser Worte kommt mir eine sehr ausdrückliche Stelle Schopenhauers ins Gedächtnis, welche ich anführen will, zum Beweise, dass auch er noch, und zwar ohne jeden Skrupel, in diesem moralischen Realismus hängt und hängen geblieben ist: "Wirklich ist Jeder von uns ein kompetenter und vollkommen moralischer Richter, Gutes und Böses genau kennend, heilig, indem er das Gute liebt und das Böse verabscheut, – dies Alles ist Jeder, insofern nicht seine eigenen, sondern fremde Handlungen untersucht werden und er blos zu billigen und zu missbilligen hat, die Last der Ausführung aber von fremden Schultern getragen wird. Jeder kann demnach als Beichtiger ganz und gar die Stelle Gottes vertreten.")

117.

Im Gefängnis. – Mein Auge, wie stark oder schwach es nun ist, sieht nur ein Stück weit, und in diesem Stück webe und lebe ich, diese Horizont-Linie ist mein nächstes großes und kleines Verhängnis, dem ich nicht entlaufen kann. Um jedes Wesen legt sich derart ein concentrischer Kreis, der einen Mittelpunkt hat und der ihm eigentümlich ist. Ähnlich schließt uns das Ohr in einen kleinen Raum ein, ähnlich das Getast. Nach diesen Horizonten, in welche, wie in Gefängnismauern, Jeden von uns unsere Sinne Einschließen, messen wir nun die Welt, wir nennen Dieses nah und Jenes fern, Dieses groß und Jenes klein, Dieses hart und Jenes weich: dies Messen nennen wir Empfinden, – es sind Alles, Alles Irrtümer an sich! Nach der Menge von Erlebnissen und Erregungen, die uns durchschnittlich in einem Zeitpunkte möglich sind, misst man sein Leben, als kurz oder lang, arm oder reich, voll oder leer: und nach dem durchschnittlichen menschlichen Leben misst man das aller anderen Geschöpfe, – es sind Alles, Alles Irrtümer an sich! Hätten wir hundertfach schärfere Augen für die Nähe, so würde uns der Mensch ungeheuer lang erscheinen; ja, es sind Organe denkbar, vermöge deren er als unermesslich empfunden würde. Andererseits könnten Organe so beschaffen sein, dass ganze Sonnensysteme verengt und zusammengeschnürt gleich einer einzigen Zelle empfunden werden: und vor Wesen entgegengesetzter Ordnung könnte Eine Zelle des menschlichen Leibes sich als ein Sonnensystem in Bewegung, Bau und Harmonie darstellen. Die Gewohnheiten unserer Sinne haben uns in Lug und Trug der Empfindung eingesponnen: diese wieder sind die Grundlagen aller unserer Urtheile und "Erkenntnisse", – es gibt durchaus kein Entrinnen, keine Schlupf- und Schleichwege in die wirkliche Welt! Wir sind in unserem Netze, wir Spinnen, und was wir auch darin fangen, wir können gar Nichts fangen, als was sich eben in unsere in Netze fangen lässt.

118.

Was ist denn der Nächste! – Was begreifen wir denn von unserem Nächsten, als seine Grenzen, ich meine, Das, womit er sich auf und an uns gleichsam einzeichnet und eindrückt? Wir begreifen Nichts von ihm, als die Veränderungen an uns, deren Ursache er ist, – unser Wissen von ihm gleicht einem hohlen geformten Raume. Wir legen ihm die Empfindungen bei, die seine Handlungen in uns hervorrufen, und geben ihm so eine falsche umgekehrte Positivität. Wir bilden ihn nach unserer Kenntnis von uns, zu einem Satelliten unseres eigenen Systems: und wenn er uns leuchtet oder sich verfinstert, und wir von Beidem die letzte Ursache sind, – so glauben wir doch das Gegenteil! Welt der Phantome, in der wir leben! Verkehrte, umgestülpte, leere, und doch voll und gerade geträumte Welt!

119.

Erleben und Erdichten. – Wie weit Einer seine Selbstkenntniss auch treiben mag, Nichts kann doch unvollständiger sein, als das Bild der gesamten Triebe, die sein Wesen konstituieren. Kaum dass er die gröberen beim Namen nennen kann: ihre Zahl und Stärke, ihre Ebbe und Flut, ihr Spiel und Widerspiel unter einander, und vor Allem die Gesetze ihrer Ernährung bleiben ihm ganz unbekannt. Diese Ernährung wird also ein Werk des Zufalls: unsere täglichen Erlebnisse werfen bald diesem, bald jenem Triebe eine Beute zu, die er gierig erfasst, aber das ganze Kommen und Gehen dieser Ereignisse steht Außer allem vernünftigen Zusammenhang mit den Nahrungs-bedürfnissen der gesamten Triebe: sodass immer Zweierlei eintreten wird, das Verhungern und Verkümmern der einen und die Überfütterung der anderen. Jeder Moment unseres Lebens lässt einige Polypenarme unseres Wesens wachsen und einige andere verdorren, je nach der Nahrung, die der Moment in sich oder nicht in sich trägt. Unsere Erfahrungen, wie gesagt, sind alle in diesem Sinne Nahrungsmittel, aber ausgestreut mit blinder Hand, ohne Wissen um den, der hungert, und den, der schon Überfluss hat. Und in Folge dieser zufälligen Ernährung der Theile wird der ganze ausgewachsene Polyp etwas ebenso Zufälliges sein, wie es sein Werden ist. Deutlicher gesprochen: gesetzt, ein Trieb befindet sich in dem Punkte, wo er Befriedigung begehrt – oder Übung seiner Kraft, oder Entladung derselben oder Sättigung einer Leere – es ist Alles Bilderrede –: so sieht er jedes Vorkommnis des Tages darauf an, wie er es zu seinem Zwecke brauchen kann; ob der Mensch nun läuft oder ruht oder zürnt oder liest oder spricht oder kämpft oder jubelt, der Trieb in seinem Durste betastet gleichsam jeden Zustand, in den der Mensch gerät, und durchschnittlich findet er Nichts für sich daran, er muss warten und weiter dürsten: eine Weile noch und dann wird er matt, und noch ein paar Tage oder Monate der Nicht-Befriedigung, dann dorrt er ab, wie eine Pflanze ohne Regen. Vielleicht würde diese Grausamkeit des Zufalls noch greller in die Augen fallen, wenn alle Triebe es so gründlich nehmen wollten, wie der Hunger: der sich nicht mit geträumter Speise zufrieden gibt; aber die meisten Triebe, namentlich die soge-nannten moralischen, thun gerade dies, – wenn meine Vermutung erlaubt ist, dass unsere Träume eben den Wert und Sinn haben, bis zu einem gewissen Grade jenes zufällige Ausbleiben der "Nahrung" während des Tages zu kompensieren. Warum war der Traum von gestern voller Zärtlichkeit und Tränen, der von vorgestern scherzhaft und übermütig, ein früherer abenteuerlich und in einem beständigen düsteren Suchen? Weshalb genieß ich in diesem unbeschreibliche Schönheiten der Musik, weshalb schwebe und fliege ich in einem anderen mit der Wonne eines Adlers hinauf nach fernen Bergspitzen? Diese Erdichtungen, welche unseren Trieben der Zärtlichkeit oder des Scherzes oder der Abenteuerlichkeit oder unserm Verlangen nach Musik und Gebirge Spielraum und Entladung geben – und Jeder wird seine schlagenderen Beispiele zur Hand haben –, sind Interpretationen unserer Nervenreize während des Schlafens, sehr freie, sehr willkürliche Interpretationen von Bewegungen des Blutes und der Eingeweide, vom Druck des Armes und der Decken, von den Tönen der Turmglocken, der Wetterhähne, der Nachtschwärmer und anderer Dinge der Art. Dass dieser Text, der im Allgemeinen doch für eine Nacht wie für die andere sehr ähnlich bleibt, so verschieden kommentiert wird, dass die dichtende Vernunft heute und gestern so verschiedene Ursachen für dieselben Nervenreize sich vorstellt: das hat darin seinen Grund, dass der Souffleur dieser Vernunft heute ein anderer war, als er gestern war, – ein anderer Trieb wollte sich befriedigen, betätigen, üben, erquicken, entladen, – gerade er war in seiner hohen Flut, und gestern war ein anderer darin. – Das wache Leben hat nicht diese Freiheit der Interpretation wie das träumende, es ist weniger dichterisch und zügellos, – muss ich aber ausführen, dass unsere Triebe im Wachen ebenfalls nichts Anderes thun, als die Nervenreize interpretieren und nach ihrem Bedürfnisse deren "Ursachen" ansetzen? dass es zwischen Wachen und Träumen keinen wesentlichen Unterschied gibt? dass selbst bei einer Vergleichung sehr verschiedener Kulturstufen die Freiheit der wachen Interpretation in der einen der Freiheit der anderen im Träumen Nichts nachgibt? dass auch unsere moralischen Urteile und Werthschätzungen nur Bilder und Phantasien über einen uns unbekannten physiologischen Vorgang sind, eine Art angewöhnter Sprache, gewisse Nervenreize zu bezeichnen? dass all unser sogenanntes Bewusstsein ein mehr oder weniger phantastischer Commentar über einen ungewussten, vielleicht unwissbaren, aber gefühlten Text ist? – Man nehme ein kleines Erlebnis. Gesetzt, wir bemerken eines Tages, dass Jemand auf dem Markte über uns lacht, da wir vorübergehen: jenachdem dieser oder jener Trieb in uns gerade auf seiner Höhe ist, wird dies Ereignis für uns dies oder das bedeuten, – und je nach der Art Mensch, die wir sind, ist es ein ganz verschiedenes Ereignis. Der Eine nimmt es hin wie einen Regentropfen, der Andere schüttelt es von sich wie ein Insect, Einer sucht daraus Händel zu machen, Einer prüft seine Kleidung, ob sie Anlass zum Lachen gebe, Einer denkt über das Lächerliche an sich in Folge davon nach, Einem tut es wohl, zur Heiterkeit und zum Sonnenschein der Welt, ohne zu wollen, einen Strahl gegeben zu haben – und in jedem Falle hat ein Trieb seine Befriedigung daran, sei es der des Ärgers oder der Kampflust oder des Nachdenkens oder des Wohlwollens. Dieser Trieb ergriff das Vorkommnis wie seine Beute: warum er gerade? Weil er durstig und hungernd auf der Lauer lag. – Neulich Vormittags um elf Uhr fiel unmittelbar und senkrecht vor mir ein Mann plötzlich zusammen, wie vom Blitz getroffen, alle Weiber der Umgebung schrien laut auf; ich selber stellte ihn auf seine Füße und wartete ihn ab, bis die Sprache sich wieder einstellte, – während dem regte sich bei mir kein Muskel des Gesichts und kein Gefühl, weder das des Schreckens, noch das des Mitleidens, sondern ich tat das Nächste und Vernünftigste und ging kalt fort. Gesetzt, man hätte mir Tags vorher angekündigt, dass morgen um elf Uhr Jemand neben mir in dieser Weise nieder-stürzen werde, – ich hätte Qualen aller Art vorher gelitten, die Nacht nicht geschlafen und wäre vielleicht im entscheidenden Augenblick dem Manne gleich geworden, anstatt ihm zu helfen. Inzwischen hätten nämlich alle möglichen Triebe Zeit gehabt, das Erlebnis sich vorzustellen und zu kommentieren. – Was sind denn unsere Erlebnisse? Vielmehr Das, was wir hineinlegen, als Das, was darin liegt! Oder muss es gar heißen: an sich liegt Nichts darin? Erleben ist ein Erdichten? –

120.

Zur Beruhigung des Skeptikers. – "Ich weiß durchaus nicht, was ich tue! Ich weiß durchaus nicht, was ich tun soll!" – Du hast Recht, aber zweifle nicht daran: du wirst getan! in jedem Augenblicke! Die

Menschheit hat zu allen Zeiten das Aktivum und das Passivum verwechselt, es ist ihr ewiger grammatikalischer Schnitzer.

121.

"Ursache und Wirkung"! – Auf diesem Spiegel – und unser Intellekt ist ein Spiegel – geht Etwas vor, das Regelmäßigkeit zeigt, ein bestimmtes Ding folgt jedes Mal wieder auf ein anderes bestimmtes Ding, – das nennen wir, wenn wir es wahrnehmen und nennen wollen, Ursache und Wirkung, wir Thoren! Als ob wir da irgend Etwas begriffen hätten und begreifen könnten! Wir haben ja Nichts gesehen, als die Bilder von "Ursachen und Wirkungen"! Und eben diese Bildlichkeit macht ja die Einsicht in eine wesentlichere Verbindung, als die der Aufeinanderfolge ist, unmöglich!

122.

Die Zwecke in der Natur. – Wer, als unbefangener Forscher, der Geschichte des Auges und seiner Formen bei den niedrigsten Geschöpfen nachgeht und das ganze schrittweise Werden des Auges zeigt, muss zu dem großen Ergebnis kommen: dass das Sehen nicht die Absicht bei der Entstehung des Auges gewesen ist, vielmehr sich eingestellt hat, als der Zufall den Apparat zusammen-gebracht hatte. Ein einziges solches Beispiel: und die "Zwecke" fallen uns wie Schuppen von den Augen!

123.

Vernunft. – Wie die Vernunft in die Welt gekommen ist? Wie billig, auf eine unvernünftige Weise, durch einen Zufall. Man wird ihn erraten müssen, wie ein Rätsel.

124.

Was ist Wollen! – Wir lachen über Den, welcher aus seiner Kammer tritt, in der Minute, da die Sonne aus der ihren tritt, und sagt: "ich will, dass die Sonne aufgehe"; und über Den, welcher ein Rad nicht aufhalten kann und sagt: "ich will, dass es rolle"; und über Den, welcher im Ringkampf niedergeworfen wird und sagt: "hier liege ich, aber ich will hier liegen!" Aber, trotz allem Gelächter! Machen wir es denn jemals anders, als einer von diesen Dreien, wenn wir das Wort gebrauchen: "ich will"?

125.

Vom "Reiche der Freiheit". – Wir können viel, viel mehr Dinge denken, als thun und erleben, – das heißt, unser Denken ist oberflächlich und zufrieden mit der Oberfläche, ja, es merkt sie nicht. Wäre unser Intellekt streng nach dem Maße unserer Kraft und unserer Übung der Kraft entwickelt, so würden wir den Grundsatz zu oberst in unserem Denken haben, dass wir nur begreifen können, was wir tun können, – wenn es überhaupt ein Begreifen gibt. Der Durstige entbehrt des Wassers, aber seine Gedankenbilder führen ihm unaufhörlich das Wasser vor die Augen, wie als ob Nichts leichter zu beschaffen wäre, – die oberflächliche und leicht zufriedengestellte Art des Intellektes kann das eigentliche notleidende Bedürfnis nicht fassen und fühlt sich dabei überlegen: er ist stolz darauf, mehr zu können, schneller zu laufen, im Augenblick fast am Ziele zu sein, – und so erscheint das Reich der Gedanken im Vergleich mit dem Reiche des Thuns, Wollens und Erlebens als ein Reich der Freiheit: während es, wie gesagt, nur ein Reich der Oberfläche und der Genügsamkeit ist.

126.

Vergessen. – Dass es ein Vergessen gibt, ist noch nicht bewiesen; was wir wissen, ist allein, dass die Wiedererinnerung nicht in unserer Macht steht. Vorläufig haben wir in diese Lücke unserer Macht jenes Wort "Vergessen" gesetzt: gleich als ob es ein Vermögen mehr im Register sei. Aber was steht zuletzt in unserer Macht! – Wenn jenes Wort in einer Lücke unserer Macht steht, sollten nicht die anderen Worte in einer Lücke unseres Wissens um unsere Macht stehen?

127.

Nach Zwecken. – Von allen Handlungen werden wohl am wenigsten die nach Zwecken verstanden, weil sie immer als die verständlichsten gegolten haben und für unser Bewusstsein das Alltäglichste sind. Die großen Probleme liegen auf der Gasse.

128.

Der Traum und die Verantwortlichkeit. – In Allem wollt ihr verantwortlich sein! Nur nicht für eure Träume! Welche elende Schwächlichkeit, welcher Mangel an folgerichtigem Mute! Nichts ist mehr euer Eigen, als eure Träume! Nichts mehr euer Werk! Stoff, Form, Dauer, Schauspieler, Zuschauer, – in diesen Komödien seid ihr Alles ihr selber! Und hier gerade scheut und schämt ihr euch vor euch, und schon Ödipus, der weise Ödipus wusste sich Trost aus dem Gedanken zu schöpfen, dass wir Nichts für Das können, was wir träumen! Ich schließe daraus: dass die große Mehrzahl der Menschen sich abscheulicher Träume bewusst sein muss. Wäre es anders: wie sehr würde man seine nächtliche Dichterei für den Hochmuth des Menschen ausgebeutet haben! – Muss ich hinzufügen, dass der weise Ödipus Recht hatte, dass wir wirklich nicht für unsere Träume, – aber ebenso wenig für unser Wachen verantwortlich sind, und dass die Lehre von der Freiheit des Willens im Stolz und Machtgefühl des Menschen ihren Vater und ihre Mutter hat? Ich sage dies vielleicht zu oft: aber wenigstens wird es dadurch noch nicht zum Irrtum.

129.

Der angebliche Kampf der Motive. – Man redet vom "Kampf der Motive", aber bezeichnet damit einen Kampf, der nicht der Kampf der Motive ist. Nämlich: in unserm überlegenden Bewusstsein treten vor einer Tat der Reihe nach die Folgen verschiedener Taten hervor, welche alle wir meinen thun zu können, und wir vergleichen diese Folgen. Wir meinen, zu einer Tat entschieden zu sein, wenn wir festgestellt haben, dass ihre Folgen die überwiegend günstigeren sein werden; ehe es zu diesem Abschluss unserer Erwägung kommt, quälen wir uns oft redlich, wegen der großen Schwierigkeit, die Folgen zu erraten, sie in ihrer ganzen Stärke zu sehen und zwar alle, ohne Fehler der Auslassung zu machen: wobei die Rechnung überdies noch mit dem Zufalle dividiert werden muss. Ja, um das Schwierigste zu nennen: alle die Folgen, die einzeln so schwer festzustellen sind, müssen nun mit einander auf Einer Wage gegen einander abgewogen werden; und so häufig fehlt uns für diese Kasuistik des Vorteils die Wage nebst den Gewichten, wegen der Verschiedenheit in der Qualität aller dieser möglichen Folgen. Gesetzt aber, auch damit kämen wir ins Reine, und der Zufall hätte uns gegenseitig abwägbare Folgen auf die Waage gelegt: so haben wir jetzt in der Tat im Bilde der Folgen Einer bestimmten Handlung ein Motiv, gerade diese Handlung zu tun, – ja! Ein Motiv! Aber im Augenblicke, da wir schließlich handeln, werden wir häufig genug von einer anderen Gattung Motiven bestimmt, als es die hier besprochene Gattung, die des "Bildes der Folgen", ist. Da wirkt die Gewohnheit unseres Kräftespiels, oder ein kleiner Anstoß von einer Person, die wir fürchten oder ehren oder lieben, oder die Bequemlichkeit, welche vorzieht, was vor der Hand liegt zu tun, oder die Erregung der Phantasie, durch das nächste beste kleinste Ereignis im entscheidenden Augenblick herbeigeführt, es wirkt Körperliches, das ganz unberechenbar auftritt, es wirkt die Laune, es wirkt der Sprung irgend eines Affektes, der gerade zufällig bereit ist, zu springen: kurz, es wirken Motive, die wir zum Theil gar nicht, zum Theil sehr schlecht kennen und die wir nie vorher gegen einander in Rechnung setzen können. Wahrscheinlich, dass auch unter ihnen ein Kampf stattfindet, ein Hin- und Wegtreiben, ein Aufwiegen und Niederdrücken von Gewichtsteilen – und dies wäre der eigentliche "Kampf der Motive": – etwas für uns völlig Unsichtbares und Unbewusstes. Ich habe die Folgen und Erfolge berechnet und damit Ein sehr wesentliches Motiv in die Schlachtreihe der Motive eingestellt, – aber diese Schlachtreihe selber stelle ich ebenso wenig auf, als ich sie sehe: der Kampf selber ist mir verborgen, und der Sieg als Sieg ebenfalls; denn wohl erfahre ich, was ich schließlich tue, – aber welches Motiv damit eigentlich gesiegt hat, erfahre ich nicht. Wohl aber sind wir gewohnt, alle diese unbewussten Vorgänge nicht in Anschlag zu bringen und uns die Vorbereitung einer Tat nur so weit zu denken, als sie bewusst ist: und so verwechseln wir den Kampf der Motive mit der Vergleichung der möglichen Folgen verschiedener Handlungen, – eine der folgenreichsten und für die Entwickelung der Moral verhängnisvollsten Verwechselungen!

130.

Zwecke? Willen? – Wir haben uns gewöhnt an zwei Reiche zu glauben, an das Reich der Zwecke und des Willens und an das Reich der Zufälle ; in letzterem geht es sinnlos zu, es geht, steht und fällt darin, ohne dass Jemand sagen könnte weshalb? wozu? – Wir fürchten uns vor diesem mächtigen Reiche der großen kosmischen Dummheit, denn wir lernen es meistens so kennen, dass es in die andere Welt, in die der Zwecke und Absichten, hineinfällt wie ein Ziegelstein vom Dache, und uns irgend einen schönen Zweck totschlägt. Dieser Glaube an die zwei Reiche ist eine uralte Romantik und Fabel: wir klugen Zwerge, mit unserem Willen und unseren Zwecken, werden durch die dummen, erzdummen Riesen, die Zufälle, belästigt, über den Haufen gerannt, oft tot getreten, – aber trotz alledem möchten wir nicht ohne die schauerliche Poesie dieser Nachbarschaft sein, denn jene Untiere kommen oft, wenn uns das Leben im Spinnennetze der Zwecke zu langweilig oder zu ängstlich geworden ist und geben eine erhabene Diversion, dadurch dass ihre Hand einmal das ganze Netz zerreißt, – nicht dass sie es gewollt hätten, diese Unvernünftigen! Nicht dass sie es nur merkten! Aber ihre groben Knochenhände greifen durch unser Netz hindurch, wie als ob es Luft wäre. – Die Griechen nannten dies Reich des Unberechenbaren und der erhabenen ewigen Borniertheit Moira und stellten es als den Horizont um ihre Götter, über den sie weder hinauswirken, noch -sehen können: mit jenem heimlichen Trotz gegen die Götter, welcher bei mehreren Völkern sich vorfindet, in der Gestalt, dass man sie zwar anbetet, aber einen letzten Trumpf gegen sie in der Hand behält, zum Beispiel wenn man als Inder oder Perser sie sich abhängig vom Opfer der Sterblichen denkt, sodass die Sterblichen schlimmsten Falls die Götter hungern und verhungern lassen können; oder wenn man wie der harte melancholische Skandinavier mit der Vorstellung einer einstmaligen Götter-Dämmerung sich den Genuss der stillen Rache schafft, zum Entgelt für die beständige Furcht, welche seine bösen Götter ihm machen. Anders das Christentum mit seinem weder indischen, noch persischen, noch griechischen, noch skandinavischen Grundgefühle, welches den Geist der Macht im Staube anbeten und den Staub noch küssen hieß: dies gab zu verstehen, dass jenes allmächtige "Reich der Dummheit" nicht so dumm sei wie es aussehe, dass wir vielmehr die Dummen seien, die nicht merkten, dass hinter ihm – der liebe Gott stehe, er, der zwar die dunklen, krummen und wunderbaren Wege liebe, aber zuletzt doch Alles "herrlich hinausführe". Diese neue Fabel vom lieben Gott, der bisher als Riesengeschlecht oder Moira verkannt worden sei und der Zwecke und Netze selber spinne, feiner noch als die unseres Verstandes – sodass sie demselben unverständlich, ja unverständig erscheinen müssten – diese Fabel war eine so kühne Umkehrung und ein so gewagtes Paradoxum, dass die zu fein gewordene alte Welt nicht zu widerstehen vermochte, so toll und widerspruchsvoll die Sache auch klang; – denn, im Vertrauen gesagt, es war ein Widerspruch darin: wenn unser Verstand den Verstand und die Zwecke Gottes nicht erraten kann, woher erriet er diese Beschaffenheit seines Verstandes? und diese Beschaffenheit von Gottes Verstande? – In der neueren Zeit ist in der Tat das Misstrauen groß geworden, ob der Ziegelstein, der vom Dache fällt, wirklich von der ",göttlichen Liebe" herabgeworfen werde – und die Menschen fangen wieder an, in die alte Spur der Riesen- und Zwergen-Romantik zurückzugeraten. Lernen wir also, weil es hohe Zeit dazu ist: in unserm vermeintlichen Sonderreiche der Zwecke und der Vernunft regieren ebenfalls die Riesen! Und unsere Zwecke und unsere Vernunft sind keine Zwerge, sondern Riesen! Und unsere eigenen Netze werden durch uns selber ebenso oft und ebenso plump zerrissen wie von dem Ziegelsteine! Und es ist nicht Alles Zweck, was so genannt wird, und noch weniger Alles Wille, was Wille heißt! Und, wenn ihr schließen wolltet: "es gibt also nur Ein Reich, das der Zufälle und der Dummheit?" – so ist hinzuzufügen: ja, vielleicht gibt es nur Ein Reich, vielleicht gibt es weder Willen noch Zwecke, und wir haben sie uns eingebildet. Jene eisernen Hände der Notwendigkeit, welche den Würfelbecher des Zufalls schütteln, spielen ihr Spiel unendliche Zeit: da müssen Würfe vorkommen, die der Zweckmäßigkeit und Vernünftigkeit jedes Grades vollkommen ähnlich sehen. Vielleicht sind unsere Willens-akte, unsere Zwecke nichts Anderes, als eben solche Würfe – und wir sind nur zu beschränkt und zu eitel dazu, unsere äußerste Beschränktheit zu begreifen: die nämlich, dass wir selber mit eisernen Händen den Würfelbecher schütteln, dass wir selber in unseren absichtlichsten Handlungen Nichts mehr tun, als das Spiel der Notwendigkeit zu spielen. Vielleicht! – Um über dies Vielleicht hinauszukommen, müsste man schon in der Unterwelt und jenseits aller Oberflächen zu Gaste gewesen sein und am Tische der Persephone mit ihr selber gewürfelt und gewettet haben.

131.

Die moralischen Moden. – Wie sich die moralischen Gesamt-Urteile verschoben haben! Diese größten Wunder der antiken Sittlichkeit, zum Beispiel Epiktet, wussten Nichts von der jetzt üblichen Verherrlichung des Denkens an Andere, des Lebens für Andere; man würde sie nach unserer moralischen Mode geradezu un-moralisch nennen müssen, denn sie haben sich mit allen Kräften für ihr ego und gegen die Mitempfindung mit den Anderen (namentlich mit deren Leiden und sittlichen Gebrechen) gewehrt. Vielleicht dass sie uns antworten würden: "habt ihr an euch selber einen so lang-weiligen oder hässlichen Gegenstand, so denkt doch ja an Andere mehr, als an euch! Ihr tut gut daran!"

Die ausklingende Christlichkeit in der Moral. – "On n'est bon que par la pitié: il faut donc qu'il y ait quelque pitié dans tous nos sentiments" – so klingt jetzt die Moral! Und woher kommt das? – Dass der Mensch der sympathischen, uninteressierten, gemeinnützigen, gesellschaftlichen Handlungen jetzt als der moralische empfunden wird, – das ist vielleicht die allgemeinste Wirkung und Umstimmung, welche das Christentum in Europa hervorgebracht hat: obwohl sie weder seine Absicht, noch seine Lehre gewesen ist. Aber es war das residuum christlicher Stimmungen, als der sehr entgegengesetzte, streng egoistische Grundglaube an das "Eins ist not", an die absolute Wichtigkeit des ewigen persönlichen Heils, mit den Dogmen, auf denen er ruhte, allmählich zurücktrat, und der Nebenglaube an die "Liebe", an die "Nächstenliebe", zusammenstimmend mit der ungeheuren Praxis der kirchlichen Barmherzigkeit, dadurch in den Vordergrund gedrängt wurde. Je mehr man sich von den Dogmen loslöste, umso mehr suchte man gleichsam die Rechtfertigung dieser Loslösung in einem Cultus der Menschenliebe: hierin hinter dem christlichen Ideale nicht zurückzubleiben, sondern es womöglich zu überbieten, war ein geheimer Sporn bei allen französischen Freidenkern, von Voltaire bis auf Auguste Comte: und Letzterer hat mit seiner berühmten Moralformel vivre pour autrui in der Tat das Christentum über-christlicht. Auf deutschem Boden hat Schopenhauer, auf englischem John Stuart Mill der Lehre von den sympathischen Affektionen und vom Mitleiden oder vom Nutzen Anderer als dem Príncipe des Handelns die meiste Berühmtheit gegeben: aber sie selber waren nur ein Echo, – jene Lehren sind mit einer gewaltigen Triebkraft überall und in den gröbsten und feinsten Gestalten zugleich aufgeschossen, ungefähr von der Zeit der französischen Revolution an, und alle sozialistischen Systeme haben sich wie unwillkürlich auf den gemeinsamen Boden dieser Lehren gestellt. Es gibt vielleicht jetzt kein besser geglaubtes Vorurteil, als dies: dass man wisse, was eigentlich das Moralische ausmache. Es scheint jetzt Jedermann wohlzutun, wenn er hört, dass die Gesellschaft auf dem Wege sei, den Einzelnen den allgemeinen Bedürfnissen anzupassen und dass das Glück und zugleich das Opfer des Einzelnen darin liege, sich als ein nützliches Glied und Werkzeug des Ganzen zu fühlen: nur dass man gegenwärtig noch sehr schwankt, worin dieses Ganze zu suchen sei, ob in einem bestehenden oder zu begründenden Staate, oder in der Nation oder in einer Völker-Verbrüderung oder in kleinen neuen wirtschaftlichen Gemeinsam-keiten. Hierüber gibt es jetzt viel Nachdenken, Zweifeln, Kämpfen, viel Aufregung und Leidenschaft; aber wundersam und wohltönend ist die Eintracht in der Forderung, dass das ego sich zu verleugnen habe, bis es, in der Form der Anpassung an das Ganze, auch wieder seinen festen Kreis von Rechten und Pflichten bekomme, – bis es etwas ganz Neues und Anderes geworden sei. Man will nichts Geringeres – ob man es sich nun eingesteht oder nicht –, als eine gründliche Umbildung, ja Schwächung und Aufhebung des Individuums: man wird nicht müde, alles das Böse und Feindselige, das Verschwenderische, das Kostspielige, das Luxushafte in der bisherigen Form des indi-viduellen Daseins aufzuzählen und anzuklagen, man hofft wohl-feiler, ungefährlicher, gleichmäßiger, einheitlicher zu wirtschaften, wenn es nur noch große Körper und deren Glieder gibt. Als gut wird Alles empfunden, was irgendwie diesem körper- und gliederbilden-den Triebe und seinen Hülfstrieben entspricht, dies ist der moral-ische Grundstrom in unserem Zeitalter; Mitempfindung und soziale Empfindung spielen dabei in einander über. (Kant steht noch außerhalb dieser Bewegung: er lehrt ausdrücklich, dass wir gegen fremde Leiden unempfindlich sein müssen, wenn unser Wohltun moralischen Wert haben soll, – was Schopenhauer, sehr ergrimmt, wie man begreifen wird, die Kantische Abgeschmacktheit nennt.)

133.

"Nicht mehr an sich denken." – Man überlege es sich doch recht gründlich: warum springt man Einem, der vor uns ins Wasser fällt, nach, obschon man ihm gar nicht geneigt ist? Aus Mitleid: man denkt da nur noch an den Anderen, – sagt die Gedankenlosigkeit. Warum empfindet man Schmerz und Unbehagen mit Einem, der

Blut speit, während man ihm sogar böse und feindlich gesinnt ist? Aus Mitleid: man denkt dabei eben nicht mehr an sich, – sagt die selbe Gedankenlosigkeit. Die Wahrheit ist: im Mitleid – ich meine in dem, was irreführender Weise gewöhnlich Mitleid genannt zu werden pflegt, – denken wir zwar nicht mehr bewusst an uns, aber sehr stark unbewusst, wie wenn wir beim Ausgleiten eines Fußes, für uns jetzt unbewusst, die zweckmäßigsten Gegenbewegungen machen und dabei ersichtlich allen unseren Verstand gebrauchen. Der Unfall des Andern beleidigt uns, er würde uns unserer Ohnmacht, vielleicht unserer Feigheit überführen, wenn wir ihm nicht Abhülfe brächten. Oder er bringt schon an sich eine Verringerung unsrer Ehre vor Anderen oder vor uns selber mit sich. Oder es liegt im Unfalle und Leiden eines Anderen ein Fingerzeig der Gefahr für uns; und schon als Merkmale der menschlichen Gefährdetheit und Gebrechlichkeit überhaupt können sie auf uns peinlich wirken. Diese Art Pein und Beleidigung weisen wir zurück und vergelten sie durch eine Handlung des Mitleidens, in ihr kann eine feine Notwehr oder auch Rache sein. Dass wir im Grunde stark an uns denken, lässt sich aus der Entscheidung erraten, welche wir in allen den Fällen treffen, wo wir dem Anblicke des Leidenden, Darbenden, Jammernden aus dem Wege gehen können: wir entschließen uns, es nicht zu tun, wenn wir als die Mächtigeren, Helfenden hinzukommen können, des Beifalls sicher sind, unsern Glücks-Gegensatz empfinden wollen oder auch uns durch den Anblick aus der Langenweile herauszureißen hoffen. Es ist irreführend, das Leid, welches uns bei einem solchen Anblick angetan wird und das sehr verschiedener Art sein kann, Mit-Leid zu benennen, denn unter allen Umständen ist es ein Leid, von dem der vor uns Leidende frei ist: es ist uns zu eigen, wie ihm sein Leiden zu eigen ist. Nur dieses eigne Leid aber ist es, welches wir von uns abtun, wenn wir Handlungen des Mitleidens verüben. Doch thun wir Etwas der Art nie aus Einem Motive; so gewiss wir uns dabei von einem Leiden befreien wollen, so gewiss geben wir bei der gleichen Handlung einem Antriebe der Lust nach, – Lust entsteht beim Anblick eines Gegensatzes unsrer Lage, bei der Vorstellung, helfen zu können,

wenn wir nur wollten, bei dem Gedanken an Lob und Erkenntlichkeit, im Falle wir hälfen, bei der Tätigkeit der Hülfe selber, insofern
der Act gelingt und als etwas schrittweise Gelingendes dem
Ausführenden an sich Ergötzen macht, nament-lich aber in der
Empfindung, dass unsere Handlung einer empörenden Ungerechtigkeit ein Ziel setzt (schon das Auslassen seiner Empörung
erquickt). Diess Alles, Alles, und noch viel Feineres hinzugerechnet,
ist Mitleid": – wie plump fällt die Sprache mit ihrem Einen Worte
über so ein polyphones Wesen her! – Dass dagegen das Mitleiden
einartig mit dem Leiden sei, bei dessen Anblick es entsteht, oder
dass es ein besonders feines durchdringendes Verstehen für
dasselbe habe, dies Beides widerspricht der Erfahrung, und wer es
gerade in diesen beiden Hinsichten verherrlicht hat, dem fehlte
eben auf diesem Bereiche des Moralischen die ausreichende
Erfahrung. Das ist mein Zweifel bei all den unglaublichen Dingen,
welche Schopenhauer vom Mitleide zu berichten weiß: er, der uns
damit zum Glauben an seine große Neuigkeit bringen möchte, das
Mitleiden – eben das von ihm so mangelhaft beobachtete, so
schlecht beschriebene Mitleiden – sei die Quelle aller und jeder
ehemaligen und zukünftigen moralischen Handlung – und gerade
um der Fähigkeiten willen, die er ihm erst angedichtet hat. – Was
unterscheidet schließlich die Menschen ohne Mitleid von den
mitleidigen? Vor Allem – um auch hier nur im Groben zu zeichnen –
haben sie nicht die reizbare Phantasie der Furcht, das feine Vermögen der Witterung für Gefahr; auch ist ihre Eitelkeit nicht so
schnell beleidigt, wenn Etwas geschieht, das sie verhindern
könnten (ihre Vorsicht des Stolzes gebietet ihnen, sich nicht unnütz
in fremde Dinge zu mischen, ja sie lieben es von sich selbst aus, dass
jeder sich selber helfe und seine eigenen Karten spiele). Zudem sind
sie an das Ertragen von Schmerzen meistens gewöhnter, als die
Mitleidigen; auch will es ihnen nicht so unbillig dünken, dass Andere
leiden, da sie selber gelitten haben. Zuletzt ist ihnen der Zustand
der Weichherzigkeit peinlich, wie den Mitleidigen der Zustand des
stoischen Gleichmutes; sie belegen ihn mit herabsetzenden Worten
und meinen, dass ihre Männlichkeit und kalte Tapferkeit dabei in

Gefahr sei, – sie verheimlichen die Träne vor Anderen und wischen sie ab, unwillig über sich selber. Es ist eine andere Art von Egoisten, als die Mitleidigen; – sie aber im ausgezeichneten Sinne böse, und die Mitleidigen gut zu nennen, ist Nichts, als eine moralische Mode, welche ihre Zeit hat: wie auch die umgekehrte Mode ihre Zeit gehabt hat, und eine lange Zeit!

134.

In wie fern man sich vor dem Mitleiden zu hüten hat. – Das Mitleiden, sofern es wirklich Leiden schafft – und dies sei hier unser einziger Gesichtspunkt –, ist eine Schwäche, wie jedes Sich-verlieren an einen schädigenden Affekt. Es vermehrt das Leiden in der Welt: mag mittelbar auch hie und da in Folge des Mitleidens ein Leiden verringert oder gehoben werden, so darf man diese gelegentlichen und im Ganzen unbedeutenden Folgen nicht benutzen, um sein Wesen zu rechtfertigen, welches, wie gesagt, schädigend ist. Gesetzt, es herrschte auch nur einen Tag: so ginge die Menschheit an ihm sofort zu Grunde. An sich hat es so wenig einen guten Charakter, wie irgend ein Trieb: erst dort, wo es gefordert und gelobt wird – und dies geschieht dort, wo man das Schädigende in ihm nicht begreift, aber eine Quelle der Lust darin entdeckt –, hängt sich ihm das gute Gewissen an, erst dann gibt man sich ihm gern hin und scheut nicht seine Kundgebung. Unter anderen Verhältnissen, wo begriffen wird, dass es schädigend ist, gilt es als Schwäche: oder, wie bei den Griechen, als ein krankhafter periodischer Affekt, dem man durch zeitweilige willkürliche Entladungen seine Gefährlichkeit nehmen könne. – Wer einmal, versuchsweise, den Anlässen zum Mitleiden im praktischen Leben eine Zeitlang absichtlich nachgeht und sich alles Elend, dessen er in seiner Umgebung habhaft werden kann, immer vor die Seele stellt, wird unvermeidlich krank und melancholisch. Wer aber gar als Arzt in irgend einem Sinne der Menschheit dienen will, wird gegen jene Empfindung sehr vorsichtig werden müssen, – sie lähmt ihn in allen entscheidenden Augenblicken und unterbindet sein Wissen und seine hülfreiche feine Hand.

135.

Das Bemitleidet werden. – Unter Wilden denkt man mit moralischem Schauder an's Bemitleidetwerden: da ist man aller Tugend bar. Mitleid-gewähren heißt so viel wie Verachten: ein verächtliches Wesen will man nicht leiden sehen, es gewährt dies keinen Genuss. Dagegen einen Feind leiden zu sehen, den man als ebenbürtig-stolz anerkennt und der unter Martern seinen Stolz nicht preisgibt, und überhaupt jedes Wesen, welches sich nicht zum Mitleid-Anrufen, das heißt zur schmählichsten und tiefsten Demütigung verstehen will, – das ist ein Genuss der Genüsse, dabei erhebt sich die Seele des Wilden zur Bewunderung: er tötet zuletzt einen solchen Tapferen, wenn er es in der Hand hat, und gibt ihm, dem Ungebrochenen, seine letzte Ehre: hätte er gejammert, den Ausdruck des kalten Hohnes aus dem Gesichte verloren, hätte er sich verächtlich gezeigt, – nun, so hätte er leben bleiben dürfen, wie ein Hund, – er hätte den Stolz des Zuschauenden nicht mehr gereizt und an Stelle der Bewunderung wäre Mitleiden getreten.

136.

Das Glück im Mitleiden. – Wenn man, wie die Inder, als Ziel der ganzen intellektuellen Tätigkeit die Erkenntnis des menschlichen Elendes aufstellt und durch viele Geschlechter des Geistes hindurch einem solchen entsetzlichen Vorsatze treu bleibt: so bekommt endlich, im Auge solcher Menschen des erblichen Pessimismus', das Mitleiden einen neuen Wert, als leben erhaltende Macht, um das Dasein doch auszuhalten, ob es gleich Werth erscheint, vor Ekel und Grausen weggeworfen zu werden. Mitleiden wird das Gegenmittel gegen den Selbstmord, als eine Empfindung, welche Lust enthält und Überlegenheit in kleinen Dosen zu kosten gibt: es zieht von uns ab, macht das Herz voll, verscheucht die Furcht und die Erstarrung, regt zu Worten, Klagen und Handlungen an, – es ist verhältnismäßig ein Glück, gemessen am Elende der Erkenntnis, welche das Individuum von allen Seiten in die Enge und Dunkelheit treibt und ihm den Atem nimmt. Glück aber, welches es auch sei, gibt Luft, Licht und freie Bewegung.

Warum das "Ich" verdoppeln! – Unsere eigenen Erlebnisse mit dem Auge ansehen, mit dem wir sie anzusehen pflegen, wenn es die Erlebnisse Anderer sind, – dies beruhigt sehr und ist eine ratsame Medicin. Dagegen die Erlebnisse Anderer so ansehen und aufnehmen, wie als ob sie die unseren wären – die Forderung einer Philosophie des Mitleidens –, dies würde uns zu Grunde richten, und in sehr kurzer Zeit: man mache doch nur den Versuch damit und phantasiere nicht länger! Gewiss ist außerdem jene erste Maxime der Vernunft und dem guten Willen zur Vernünftigkeit gemäßer, denn wir urteilen über den Wert und Sinn eines Ereignisses objektiver, wenn es an Anderen hervortritt und nicht an uns: zum Beispiel über den Wert eines Sterbefalles, eines Geldverlustes, einer Verleumdung. Mitleiden als Princip des Handelns, mit der Forderung: "leide so an dem übel des Andern, wie er selber leidet", brächte dagegen mit sich, dass der Ich-Gesichtspunkt, mit seiner Übertreibung und Ausschweifung, auch noch der Gesichtspunkt des Anderen, des Mitleidenden, werden müsste: sodass wir an unserem Ich und am Ich des Anderen zugleich zu leiden hätten und uns derart freiwillig mit einer doppelten Unvernunft beschwerten, anstatt die Last der eigenen so gering wie möglich zu machen.

Das Zärtlicherwerden. – Wenn wir Jemanden lieben, ehren, bewundern und nun, hinterher, finden, dass er leidet, – immer mit großem Erstaunen, weil wir nicht anders denken, als dass unser von ihm herströmendes Glück aus einem überreichen Borne eigenen Glückes komme, – so ändert sich unser Gefühl der Liebe, Verehrung und Bewunderung in etwas Wesentlichem: es wird zärtlicher, das heißt: die Kluft zwischen ihm und uns scheint sich zu überbrücken, eine Annäherung an Gleichheit scheint statt zu finden. Jetzt erst gilt es uns als möglich, ihm zurückgeben zu können, während er früher über unsere Dankbarkeit erhaben in unserer Vorstellung lebte. Es macht uns dieses Zurückgeben-können eine große Freude und Erhebung. Wir suchen zu erraten, was seinen Schmerz lindert, und geben ihm dies; will er tröstliche Worte, Blicke, Aufmerksamkeiten, Dienste, Geschenke, – wir geben es; vor Allem aber: will er uns leidend über sein Leid, so geben wir uns als leidend, haben aber bei alledem den Genuss der tätigen Dankbarkeit: als welche, kurz gesagt, die gute Rache ist. Will und nimmt er gar Nichts von uns an, so gehen wir erkältet und traurig, fast gekränkt fort: es ist, als ob unsere Dankbarkeit zurückgewiesen würde, – und in diesem Ehrenpunkte ist der Gütigste noch kitzlich. – Aus dem Allen folgt, dass, selbst für den günstigsten Fall, im Leiden etwas Erniedrigendes und im Mitleiden etwas Erhöhendes und Überlegenheit-Gebendes liegt; was beide Empfindungen auf ewig voneinander trennt.

139.

Angeblich höher! – Ihr sagt, die Moral des Mitleidens sei eine höhere Moral, als die des Stoizismus'? Beweist es! aber bemerkt, dass über höher" und "niedriger" in der Moral nicht wiederum nach moralischen Ellen abzumessen ist: denn es gibt keine absolute Moral. Nehmt also die Maßstäbe anders woher und – nun seht euch vor!

140.

Loben und Tadeln. – Läuft ein Krieg unglücklich aus, so frägt man nach Dem, der "Schuld" am Kriege sei; geht er siegreich zu Ende, so preist man seinen Urheber. Die Schuld wird überall gesucht, wo ein Misserfolg ist; denn dieser bringt eine Verstimmung mit sich, gegen welche das einzige Heilmittel unwillkürlich angewendet wird: eine neue Erregung des Machtgefühls – und diese findet sich in der Verurteilung des "Schuldigen". Dieser Schuldige ist nicht etwa der Sündenbock der Schuld Anderer: er ist das Opfer der Schwachen, Gedemütigten, Herabgestimmten, welche irgend woran sich beweisen wollen, dass sie noch Stärke haben. Auch sich selber verurteilen kann ein Mittel sein, nach einer Niederlage sich zum Gefühl der Stärke zu verhelfen. – Dagegen ist die Verherrlichung des Urhebers oftmals das ebenso blinde Ergebnis eines anderen

Triebes, der sein Opfer haben will, – und diesmal riecht das Opfer dem Opfertiere selber Süß und einladend –. wenn nämlich das Gefühl der Macht in einem Volke, in einer Gesellschaft durch einen großen und bezaubernden Erfolg überfüllt ist und eine Ermüdung am Siege eintritt, so gibt man von seinem Stolze ab; es erhebt sich das Gefühl der Hingebung und sucht sich sein Objekt. – Ob wir getadelt oder gelobt werden, wir sind gewöhnlich dabei die Gelegenheiten, und allzu oft die willkürlich am Schopf gefassten und herbeigeschleppten Gelegenheiten für unsere Nächsten, den in ihnen angeschwollenen Trieb des Tadelns oder Lobens ausströmen zu lassen: wir erzeigen ihnen in beiden Fällen eine Wohltat, an der wir kein Verdienst und für die sie keinen Dank haben.

141.

Schöner, aber weniger wert. – Malerische Moralität: das ist die Moralität der steil aufschießenden Affekte, der schroffen Übergänge, der pathetischen, eindringlichen, furchtbaren, feierlichen Gebärden und Töne. Es ist die halbwilde Stufe der Moralität: man lasse sich durch ihren ästhetischen Reiz nicht verlocken, ihr einen höheren Rang anzuweisen.

142.

Mitempfindung. – Um den Anderen zu verstehen, das heißt, um sein Gefühl in uns nachzubilden, gehen wir zwar häufig auf den Grund seines so und so bestimmten Gefühls zurück und fragen zum Beispiel: warum ist er betrübt? – um dann aus demselben Grunde selber betrübt zu werden; aber viel gewöhnlicher ist es, dies zu unterlassen und das Gefühl nach den Wirkungen, die es am Anderen übt und zeigt, in uns zu erzeugen, indem wir den Ausdruck seiner Augen, seiner Stimme, seines Ganges, seiner Haltung (oder gar deren Abbild in Wort, Gemälde, Musik) an unserem Leibe nachbilden (mindestens bis zu einer leisen Ähnlichkeit des Muskelspiels und der Innervation). Dann entsteht in uns ein ähnliches Gefühl, in Folge einer alten Assoziation von Bewegung und Empfindung, welche darauf eingedrillt ist, rückwärts und vorwärts zu laufen. In dieser Geschicklichkeit, die Gefühle des Andern zu verstehen, haben wir es sehr weit gebracht, und fast unwillkürlich sind wir in Gegenwart eines Menschen immer in der Übung dieser Geschicklichkeit: man sehe sich namentlich das Linienspiel in den weiblichen Gesichtern an, wie es ganz vom unaufhörlichen Nachbilden und Wiederspiegeln dessen, was um sie herum empfunden wird, erzittert und glänzt. Am deutlichsten aber zeigt uns die Musik, welche Meister wir im schnellen und feinen Erraten von Gefühlen und in der Mitempfindung sind: wenn nämlich Musik ein Nachbild vom Nachbild von Gefühlen ist und doch, trotz dieser Entfernung und Unbestimmtheit, uns noch oft genug derselben teilhaftig macht, sodass wir traurig werden, ohne den geringsten Anlass zur Trauer, wie vollkommene Narren, blos weil wir Töne und Rhythmen hören, welche irgendwie an den Stimmklang und die Bewegung von Trauernden, oder gar von deren Gebräuchen, erinnern. Man erzählt von einem dänischen König, dass er von der Musik eines Sängers so in kriegerische Begeisterung hineingerissen wurde, dass er aufsprang und fünf Personen seines versammelten Hofstaates tötete: es gab keinen Krieg, keinen Feind, vielmehr von Allem das Gegenteil, aber die vom Gefühle zur Ursache zurückschliessende Kraft war stark genug, um den Augenschein und die Vernunft zu überwältigen. Allein, dies ist eben fast immer die Wirkung der Musik (gesetzt, dass sie eben wirkt –) und man braucht so paradoxer Fälle nicht, um dies einzusehen: der Zustand des Gefühls, in den uns die Musik bringt, ist fast jedes Mal im Widerspruch mit dem Augenschein unserer wirklichen Lage und der Vernunft, welche diese wirkliche Lage und ihre Ursachen erkennt. – Fragen wir, wodurch die Nach-bildung der Gefühle Anderer uns so geläufig geworden ist, so bleibt kein Zweifel über die Antwort: der Mensch, als das furchtsamste aller Geschöpfe, vermöge seiner feinen und zerbrechlichen Natur, hat in seiner Furchtsamkeit die Lehrmeisterin jener Mitempfindung, jenes schnellen Verständnisses für das Gefühl des Andern (auch des Tiers) gehabt. In langen Jahrtausenden sah er in allem Fremden und Belebten eine Gefahr: er bildete sofort bei einem solchen Anblick den Ausdruck der Züge und der Haltung nach und machte seinen Schluss über die Art der bösen Absicht hinter diesen Zügen und dieser Haltung. Dieses Ausdeuten aller Bewegungen und Linien auf Absichten hat der Mensch sogar auf die Natur der unbeseelten Dinge angewendet – im Wahne, dass es nichts Unbeseeltes gebe: ich glaube, Alles, was wir Naturgefühl nennen, beim Anblick von Himmel, Flur, Fels, Wald, Gewitter, Sternen, Meer, Landschaft, Frühling, hat hier seine Herkunft, – ohne die uralte Übung der Furcht, dies Alles auf einen zweiten dahinterliegenden Sinn hin zu sehen, hätten wir jetzt keine Freude an der Natur, wie wir keine Freude an Mensch und Tier haben würden, ohne jene Lehrmeisterin des Verstehens, die Furcht. Die Freude und das angenehme Erstaunen, endlich das Gefühl des Lächerlichen, sind nämlich die später geborenen Kinder der Mitempfindung und die viel jüngeren Geschwister der Furcht. – Die Fähigkeit des raschen Verstehens – welche somit auf der Fähigkeit beruht, sich rasch zu verstellen – nimmt bei stolzen selbstherrlichen Menschen und Völkern ab, weil sie weniger Furcht haben: dagegen sind alle Arten des Verstehens und Sich-Verstellens unter den ängstlichen Völkern zu Hause; hier ist auch die rechte Heimat der nachahmenden Künste und der höheren Intelligenz. – Wenn ich von einer solchen Theorie der Mitempfindung aus, wie ich sie hier vorschlage, an die jetzt gerade beliebte und heiliggesprochene Theorie eines mystischen Processes denke, vermöge dessen das Mitleid aus zwei Wesen eines macht und dergestalt dem einen das unmittelbare Verstehen des anderen ermöglicht: wenn ich mich erinnere, dass ein so heller Kopf wie der Schopenhauers an solchem schwärmerischen und nichtswürdigen Krimskrams seine Freude hatte und diese Freude wieder auf helle und halbhelle Köpfe übergepflanzt hat: so weiß ich der Verwunderung und des Erbarmens kein Ende. Wie groß muss unsere Lust am unbegreiflichen Unsinn sein! Wie nahe dem Verrückten steht immer noch der ganze Mensch, wenn er auf seine geheimen intellektuellen Wünsche hinhört! – (Wofür eigentlich fühlte sich Schopenhauer gegen Kant so dankbar gestimmt, so tief verpflichtet? Es verrät sich einmal ganz unzweideutig: Jemand hatte davon gesprochen, wie dem kategorischen Imperative Kants die qualitas occulta genommen und er begreiflich gemacht werden könne. Darüber bricht Schopenhauer in diese Worte aus: "Begreiflichkeit des kategorischen Imperativs! Grundverkehrter Gedanke! Ägyptische Finsterniss! Das verhüte der Himmel, dass der nicht noch begreiflich werde! Eben dass es ein Unbegreifliches gibt, dass dieser Jammer des Verstandes und seine Begriffe begrenzt, bedingt, endlich, trüglich ist; diese Gewissheit ist Kants großes Geschenk." – Man erwäge, ob Jemand einen guten Willen zur Erkenntnis der moralischen Dinge hat, der von vornherein durch den Glauben an die Unbegreiflichkeit dieser Dinge sich beseligt fühlt! Einer, der noch ehrlich an Erleuchtungen von Oben, an Magie und Geistererscheinungen und die metaphysische Hässlichkeit der Kröte glaubt!)

143.

Wehe, wenn dieser Trieb erst wütet! – Gesetzt, der Trieb der Anhänglichkeit und Fürsorge für Andere (die "sympathische Affektion") wäre doppelt so stark, als er ist, so wäre es gar nicht auf der Erde auszuhalten. Man bedenke doch nur, was Jeder aus Anhänglichkeit und Fürsorge für sich selber an Torheiten begeht, täglich und stündlich, und wie unausstehlich er dabei anzusehen ist: wie wäre es, wenn wir für Andere das Objekt dieser Torheiten und Zudringlichkeiten würden, mit denen sie sich bisher nur selber heimgesucht haben! Würde man dann nicht blindlings flüchten, sobald ein "Nächster" uns nahe käme? Und die sympathische Affektion mit ebenso bösen Worten belegen, mit denen wir jetzt den Egoismus belegen?

144.

Die Ohren vor dem Jammer zuhalten. – Wenn wir uns durch den Jammer und das Leiden der anderen Sterblichen verdüstern lassen und unsern eigenen Himmel mit Wolken bedecken, wer hat die Folgen dieser Verdüsterung zu tragen?

Eben doch die anderen Sterblichen, und zu allen ihren Lasten noch hinzu! Wir können weder hilfreich noch erquicklich für sie sein, wenn wir das Echo ihres Jammers sein wollen, ja auch wenn wir immer nur nach ihm hin unser Ohr richten, – es sei denn, dass wir die Kunst der Olympier erlernten und uns am Unglück der Menschen erbauten, anstatt daran unglücklich zu werden. Das ist aber etwas zu olymp-ierhaft für uns: obwohl wir, mit dem Genuss der Tragödie, schon einen Schritt nach diesem idealischen Götter-Kanibalentum getan haben.

145.

"Unegoistisch! – Jener ist hohl und will voll werden, Dieser ist überfüllt und will sich ausleeren, – Beide treibt es, sich ein Individuum zu suchen, das ihnen dazu dient. Und diesen Vorgang, im höchsten Sinne verstanden, nennt man beide Mal mit Einem Worte: Liebe, – wie? die Liebe sollte etwas Unegoistisches sein?

146.

Auch über den Nächsten hinweg. – Wie? Das Wesen des wahrhaft Moralischen liege darin, dass wir die nächsten und unmittelbarsten Folgen unserer Handlungen für den Anderen ins Auge fassen und uns darnach entscheiden? Diess ist nur eine enge und kleinbürgerliche Moral, wenn es auch Moral sein mag: aber höher und freier scheint es mir gedacht, auch über diese nächsten Folgen für den Anderen hinwegzusehen und entferntere Zwecke unter Umständen auch durch das Leid des Anderen zu fördern, – zum Beispiel die Erkenntnis zu fördern, auch trotz der Einsicht, dass unsere Freigeisterei zunächst und unmittelbar die Anderen in Zweifel, Kummer und Schlimmeres werfen wird. Dürfen wir unseren Nächsten nicht wenigstens so behandeln, wie wir uns behandeln? Und wenn wir bei uns nicht so eng und kleinbürgerlich an die unmittelbaren Folgen und Leiden denken: warum müssten wir es bei ihm thun? Gesetzt, wir hätten den Sinn der Aufopferung für uns: was würde uns verbieten, den Nächsten mit aufzuopfern? – so wie es bisher der Staat und der Fürst taten, die den einen Bürger den anderen zum Opfer brachten, "der allgemeinen Interessen wegen", wie man sagte. Aber auch wir haben allgemeine und vielleicht allgemeinere Interessen: warum sollten den kommenden Geschlechtern nicht einige Individuen der gegenwärtigen Geschlechter zum Opfer gebracht werden dürfen? sodass ihr Gram, ihre Unruhe, ihre Verzweiflung, ihre Fehlgriffe und Angstschritte für nötig befunden würden, weil eine neue Pflugschar den Boden brechen und fruchtbar für Alle machen solle? – Endlich: wir teilen zugleich die Gesinnung an den Nächsten mit, in der er sich als Opfer fühlen kann, wir überreden ihn zu der Aufgabe, für die wir ihn benützen. Sind wir denn ohne Mitleid? Aber wenn wir auch über unser Mitleid hinweg gegen uns selber den Sieg erringen wollen, ist dies nicht eine höhere und freiere Haltung und Stimmung, als jene, bei der man sich sicher fühlt, wenn man herausgebracht hat, ob eine Handlung dem Nächsten wohl oder wehe tut? Wir dagegen würden doch durch das Opfer – in welchem wir und die Nächsten einbegriffen sind – das allgemeine Gefühl der menschlichen Macht stärken und höher heben, gesetzt auch, dass wir nicht Mehr erreichten. Aber schon dies wäre eine positive Vermehrung des Glückes. – Zuletzt, wenn dies sogar – – doch hier kein Wort mehr! Ein Blick genügt, ihr habt mich verstanden.

147.

Ursache des "Altruismus". – Von der Liebe haben die Menschen im Ganzen deshalb so emphatisch und vergöttlichend gesprochen, weil sie Wenig davon gehabt haben und sich niemals an dieser Kost satt essen durften: so wurde sie ihnen "Götterkost". Möge ein Dichter einmal im Bilde einer Utopie die allgemeine Menschenliebe als vorhanden zeigen: gewiss, er wird einen qualvollen und lächerlichen Zustand zu beschreiben haben, dessen gleichen die Erde noch nicht sah, – Jedermann nicht von Einem Liebenden umschwärmt, belästigt und ersehnt, wie es jetzt vorkommt, sondern von Tausenden, ja von Jedermann, vermöge eines unbezwingbaren Triebes, den man dann ebenso beschimpfen und verfluchen wird, wie es die ältere Menschheit mit der Selbstsucht getan hat; und die

Dichter jenes Zustandes, wenn man ihnen zum Dichten die Ruhe lässt, von Nichts träumend als von der seligen liebelosen Vergangenheit, der göttlichen Selbstsucht, der einstmals auf Erden noch möglichen Einsamkeit, Ungestörtheit, Unbeliebtheit, Gehasstheit, Verachtetheit und wie immer die ganze Niedertracht unserer lieben Tierwelt heißt, in der wir leben.

148.

Ausblick in die Ferne. – Sind nur die Handlungen moralisch, wie man wohl definiert hat, welche um des Anderen willen und nur um seinetwillen getan werden, so gibt es keine moralischen Handlungen! Sind nur die Handlungen moralisch, wie eine andere Definition lautet, welche in Freiheit des Willens getan werden, so gibt es ebenfalls keine moralischen Handlungen! – Und was ist also Das, was man so nennt und das doch jedenfalls existiert und erklärt sein will? Es sind die Wirkungen einiger intellektueller Fehlgriffe. – Und gesetzt, man machte sich von diesen Irrtümern frei, was würde aus den "moralischen Handlungen"? – Vermöge dieser Irrtümer teilten wir bisher einigen Handlungen einen höheren Wert zu, als sie haben: wir trennten sie von den "egoistischen" und den "unfreien" Handlungen ab. Wenn wir sie jetzt diesen wieder zuordnen, wie wir tun müssen, so verringern wir gewiss ihren Wert (ihr Wert-gefühl), und zwar unter das billige Maaß hinab, weil die "ego-istischen" und "unfreien" Handlungen bisher zu niedrig geschätzt wurden, auf Grund jener angeblichen tiefsten und innerlichsten Verschiedenheit. – So werden gerade sie von jetzt ab weniger oft getan werden, weil sie von nun an weniger geschätzt werden? Unvermeidlich! Wenigstens für eine gute Zeit, so lange die Wage des Wertgefühls unter der Reaktion früherer Fehler steht! Aber unsere Gegenrechnung ist die, dass wir den Menschen den guten Muth zu den als egoistisch verschrienen Handlungen zurückgeben und den Wert derselben wiederherstellen, – wir rauben diesen das böse Gewissen! Und da diese bisher weit die häufigsten waren und in alle Zukunft es sein werden, so nehmen wir dem ganzen Bilde der Handlungen und des Lebens seinen bösen Anschein!

Diess ist ein sehr hohes Ergebnis! Wenn der Mensch sich nicht mehr für böse hält, hört er auf, es zu sein!

Drittes Buch.

149.

Kleine abweichende Handlungen thun not! – In den Angelegenheiten der Sitte auch einmal wider seine bessere Einsicht handeln; hier in der Praxis nachgeben und sich die geistige Freiheit vorbehalten; es so machen wie Alle und damit Allen eine Artigkeit und Wohltat erweisen, zur Entschädigung gleichsam für das Abweichende unserer Meinungen: – das gilt bei vielen leidlich freigesinnten Menschen nicht nur als unbedenklich, sondern als "honett", "human", "tolerant", "nicht pedantisch", und wie die schönen Worte lauten mögen, mit denen das intellektuelle Gewissen in Schlaf gesungen wird: und so bringt Dieser sein Kind zur christlichen Taufe herzu und ist dabei Atheist, und Jener tut Kriegsdienste wie alle Welt, so sehr er auch den Völkerhass verdammt, und ein Dritter läuft mit einem Weibchen in die Kirche, weil es eine fromme Verwandtschaft hat, und macht Gelübde vor einem Priester, ohne sich zu schämen. "Es ist nicht wesentlich, wenn Unsereiner auch tut, was Alle immerdar thun und getan haben" – so klingt das grobe Vorurteil! Der grobe Irrtum! Denn es gibt nichts Wesentlicheres, als wenn das bereits Mächtige, Altherkömmliche und vernunftlos Anerkannte durch die Handlung eines anerkannt Vernünftigen noch einmal bestätigt wird: damit erhält es in den Augen Aller, die davon hören, die Sanktion der Vernunft selber! Alle Achtung vor eueren Meinungen! Aber kleine abweichende Handlungen sind mehr wert!

150.

Der Zufall der Ehen. – Wäre ich ein Gott, und ein wohlwollender Gott, so würden mich die Ehen der Menschen mehr als alles andere ungeduldig machen. Weit, weit kann ein Einzelner vorwärts kommen, in seinen siebenzig, ja in seinen dreißig Jahren, – es ist zum Erstaunen, selbst für Götter! Aber sieht man dann, wie er das Erbe und Vermächtnis dieses Ringens und Siegens, den Lorber seiner Menschlichkeit, an den ersten besten Ort aufhängt, wo ihn ein Weiblein zerpflückt; sieht man, wie gut er zu erringen, wie schlecht zu bewahren versteht, ja wie er gar nicht daran denkt, dass er vermittelst der Zeugung ein noch siegreicheres Leben vorbereiten könne: so wird man, wie gesagt, ungeduldig und sagt sich "es kann aus der Menschheit auf die Dauer Nichts werden, die Einzelnen werden verschwendet, der Zufall der Ehen macht alle Vernunft eines großen Ganges der Menschheit unmöglich; – hören wir auf, die eifrigen Zuschauer und Narren dieses Schauspiels ohne Ziel zu sein!" – In dieser Stimmung zogen sich einstmals die Götter Epikurs in ihre göttliche Stille und Seligkeit zurück: sie waren der Menschen und ihrer Liebeshändel müde.

151.

Hier sind neue Ideale zu erfinden. – Es sollte nicht erlaubt sein, im Zustande der Verliebtheit einen Entschluss über sein Leben zu fassen und einer heftigen Grille wegen den Charakter seiner Gesellschaft ein für alle Mal festzusetzen: man sollte die Schwüre der Liebenden öffentlich für ungültig erklären und ihnen die Ehe verweigern: – und zwar, weil man die Ehe unsäglich wichtiger nehmen sollte! so dass sie in solchen Fällen, wo sie bisher zu Stande kam, für gewöhnlich gerade nicht zu Stande käme! Sind nicht die meisten Ehen der Art, dass man keinen Dritten als Zeugen wünscht? Und gerade dieser Dritte fehlt fast nie – das Kind – und ist mehr als ein Zeuge, nämlich der Sündenbock!

152.

Eidformel. – "Wenn ich jetzt lüge, so bin ich kein anständiger Mensch mehr, und Jeder soll es mir ins Gesicht sagen dürfen." – Diese Formel empfehle ich an Stelle des gerichtlichen Eides und der üblichen Anrufung Gottes dabei: sie ist stärker. Auch der Fromme hat keinen Grund, sich ihr zu widersetzen: sobald nämlich der bisherige Eid nicht mehr hinreichend nützt, muss der Fromme auf seinen Katechismus hören, welcher vorschreibt "du sollst den Namen Gottes deines Herrn nicht unnützlich führen!"

153.

Ein Unzufriedener. – Das ist einer jener alten Tapferen: er ärgert sich über die Zivilisation, weil er meint, dieselbe ziele darauf, alle guten Dinge, Ehren, Schätze, schöne Weiber, – auch den Feigen zugänglich zu machen.

154.

Trost der Gefährdeten. – Die Griechen, in einem Leben, welches großen Gefahren und Umstürzen sehr nahe stand, suchten im Nachdenken und Erkennen eine Art Sicherheit des Gefühls und letztes Refugium. Wir, in einem unvergleichlich sicheren Zustande, haben die Gefährlichkeit ins Nachdenken und Erkennen getragen, und erholen und beruhigen uns von ihr am Leben.

155.

Erloschene Skepsis. – Kühne Wagnisse sind in der neuen Zeit seltener, als in der alten und mittelalterlichen, – wahrscheinlich deshalb, weil die neue Zeit nicht mehr den Glauben an Vorzeichen, Orakel, Gestirne und Wahrsager hat. Das heißt: wir sind dazu unfähig geworden, an eine uns bestimmte Zukunft zu glauben, so wie die Alten glaubten, welche – anders, als wir – in Beziehung auf Das, was kommt, viel weniger Skeptiker waren, als in Beziehung auf das, was da ist.

156.

Aus Übermut böse. – "Dass wir uns nur nicht zu wohl fühlen!" – das war die heimliche Herzensangst der Griechen in der guten Zeit. Deshalb predigten sie sich das Maß. Und wir!

157.

Cultus der "Naturlaute". – Wohin weist es, dass unsere Kultur gegen die Äußerungen des Schmerzes, gegen Tränen, Klagen, Vorwürfe, Gebärden der Wut oder der Demütigung, nicht nur geduldig ist, dass sie dieselben gut heißt und unter die edleren Unvermeidlichkeiten rechnet? – während der Geist der antiken Philosophie mit Verachtung auf sie sah und ihnen durchaus keine Notwendigkeit zuerkannte. Man erinnere sich doch, wie Plato – das heißt: keiner von den unmenschlichsten Philosophen – von dem Philoktet der tragischen Bühne redet. Sollte unsrer modernen Kultur vielleicht "die Philosophie" fehlen? Sollten wir, nach der Abschätzung jener alten Philosophen, vielleicht samt und sonders zum "Pöbel" gehören?

158.

Klima des Schmeichlers. – Die hündischen Schmeichler muss man jetzt nicht mehr in der Nähe der Fürsten suchen, – diese haben alle den militärischen Geschmack, und der Schmeichler geht wider diesen. Aber in der Nähe der Banquiers und Künstler wächst jene Blume auch jetzt noch.

159.

Die Totenerwecker. – Eitle Menschen schätzen ein Stück Vergangenheit von dem Augenblick an höher, von dem an sie es nachzuempfinden vermögen (zumal wenn dies schwierig ist), ja sie wollen es womöglich jetzt wieder von den Toten erwecken. Da der Eitlen aber immer eine Unzahl da ist, so ist die Gefahr der historischen Studien, sobald eine ganze Zeit ihnen obliegt, in der Tat nicht gering: es wird zu viel Kraft an alle möglichen Toten-Erweckungen weggeworfen. Vielleicht versteht man die ganze Bewegung der Romantik am besten aus diesem Gesichtspunkte.

160.

Eitel, begehrlich und wenig weise. – Eure Begierden sind grösser, als euer Verstand, und eure Eitelkeit ist noch grösser, als eure Begierden, – solchen Menschen, wie ihr seid, ist von Grund aus recht viel christliche Praxis und dazu ein Wenig Schopenhauersche Theorie anzuraten!

161.

Schönheit gemäß dem Zeitalter. – Wenn unsere Bildhauer, Maler und Musiker den Sinn der Zeit treffen wollen, so müssen sie die Schönheit gedunsen, riesenhaft und nervös bilden: so wie die Griechen, im Banne ihrer Moral des Maßes, die Schönheit als Apollo vom Belvedere sahen und bildeten. Wir sollten ihn eigentlich hässlich nennen! Aber die albernen "Classicisten" haben uns um alle Ehrlichkeit gebracht!

162.

Die Ironie der Gegenwärtigen. – Augenblicklich ist es Europäer-Art, alle großen Interessen mit Ironie zu behandeln, weil man vor Geschäftigkeit in ihrem Dienste keine Zeit hat, sie ernst zu nehmen.

163.

Gegen Rousseau. – Wenn es wahr ist, dass unsere Zivilisation etwas Erbärmliches an sich hat: so habt ihr die Wahl, mit Rousseau weiterzuschliessen "diese erbärmliche Zivilisation ist schuld an unserer schlechten Moralität" oder gegen Rousseau zurückzuschliessen "unsere gute Moralität ist Schuld an dieser Erbärmlichkeit der Zivilisation. Unsere schwachen, unmännlichen gesellschaftlichen Begriffe von Gut und Böse und die ungeheure Überherrschaft derselben über Leib und Seele haben alle Leiber und alle Seelen endlich schwach gemacht und die selbständigen, unabhängigen, unbefangenen Menschen, die Pfeiler einer starken Zivilisation, zerbrochen: wo man der schlechten Moralität jetzt noch begegnet, da sieht man die letzten Trümmer dieser Pfeiler." So stehe denn Paradoxon gegen Paradoxon! Unmöglich kann hier die Wahrheit auf beiden Seiten sein: und ist sie überhaupt auf einer von beiden? Man prüfe.

164.

Vielleicht verfrüht. – Gegenwärtig scheint es so, dass unter allerhand falschen irreführenden Namen und zumeist in großer Unklarheit von Seiten Derer, welche sich nicht an die bestehenden Sitten und Gesetze gebunden halten, die ersten Versuche gemacht werden, sich zu organisieren und damit sich ein Recht zu schaffen: während sie bisher, als Verbrecher, Freidenker, Unsittliche, Böse- wichte verschrien, unter dem Banne der Vogelfreiheit und des schlechten Gewissens, verderbt und verderbend, lebten. Diess sollte man im Ganzen und Großen billig und gut finden, wenn es auch das kommende Jahrhundert zu einem gefährlichen macht und Jedem das Gewehr um die Schulter hängt: schon damit eine Gegenmacht da ist, die immer daran erinnert, dass es keine allein-moralisch-machende Moral gibt und dass jede ausschließlich sich selber bejahende Sittlichkeit zu viel gute Kraft tötet und der Menschheit zu teuer zu stehen kommt. Die Abweichenden, welche so häufig die Erfinderischen und Fruchtbaren sind, sollen nicht mehr geopfert werden; es soll nicht einmal mehr für schändlich gelten, von der Moral abzuweichen, in Taten und Gedanken; es sollen zahlreiche neue Versuche des Lebens und der Gemeinschaft gemacht werden; es soll eine ungeheure Last von schlechtem Gewissen aus der Welt geschafft werden, – diese allgemeinsten Ziele sollten von allen Redlichen und Wahrheit suchenden anerkannt und gefördert werden!

165.

Welche Moral nicht langweilt. – Die sittlichen Hauptgebote, die ein Volk sich immer wieder lehren und vorpredigen lässt, stehen in Beziehung zu seinen Hauptfehlern, und deshalb werden sie ihm nicht langweilig. Die Griechen, denen die Mäßigung, der kalte Muth, der gerechte Sinn und überhaupt die Verständigkeit allzu oft abhanden kamen, hatten ein Ohr für die vier sokratischen Tugenden, – denn man hatte sie so nötig und doch gerade für sie so wenig Talent!

166.

Am Scheidewege. – Pfui! ihr wollt in ein System hinein, wo man entweder Rad sein muss, voll und ganz, oder unter die Räder gerät! wo es sich von selber versteht, dass Jeder Das ist, wozu er von Oben her gemacht wird! Wo das Suchen nach "Konnexion" zu den natürlichen Pflichten gehört! wo Keiner sich beleidigt fühlt, wenn er auf einen Mann mit dem Winke aufmerksam gemacht wird "er kann Ihnen einmal nützen"; wo man sich nicht schämt, Besuche zu machen, um die Fürsprache einer Person zu erbitten! wo man nicht einmal ahnt, wie man sich durch eine geflissentliche Einordnung in solche Sitten ein für alle Mal als geringe Töpferware der Natur bezeichnet hat, welche Andere verbrauchen und zerbrechen dürfen, ohne sich sehr dafür verantwortlich zu fühlen; gleich als ob man sagte: "an solcher Art, wie ich bin, wird es nie Mangel geben: nehmt mich hin! Ohne Umstände!" –

167.

Die unbedingten Huldigungen. – Wenn ich an den gelesensten deutschen Philosophen, an den gehörtesten deutschen Musiker und an den angesehensten deutschen Staatsmann denke, so muss ich mir eingestehen: es wird den Deutschen, diesem Volke der unbedingten Gefühle, jetzt recht sauer gemacht, und zwar von ihren eigenen großen Männern. Es gibt da dreimal ein prachtvolles Schauspiel zu sehen: jedes Mal einen Strom, in seinem eigenen, selbstgegrabenen Strombette, und so mächtig bewegt, dass es öfter scheinen könnte, als wollte er den Berg hinaufströmen. Und dennoch, wie weit man seine Verehrung auch treiben möge: wer möchte nicht gern anderer Meinung sein, als Schopenhauer, im Ganzen und Großen! – Und wer könnte jetzt Einer Meinung mit Richard Wagner sein, im Ganzen und im Kleinen? so wahr es auch sein mag, was Jemand gesagt hat, dass überall, wo er Anstoß nimmt und wo er Anstoß gibt, ein Problem vergraben liegt, – genug, er selber bringt es nicht an das Licht. – Und endlich, wie Viele möchten von ganzem Herzen mit Bismarck Einer Meinung sein, wenn er selber nur mit sich Einer Meinung wäre oder auch nur Miene machte, es fürderhin zu sein! Zwar: ohne Grundsätze, aber mit Grundtrieben, ein beweglicher Geist im Dienste starker Grundtriebe, und eben deshalb ohne Grundsätze, – das sollte an einem Staatsmanne nichts Auffälliges haben, vielmehr als das Rechte und Naturgemäße gelten; aber leider war es bisher so durchaus nicht deutsch! ebenso wenig, als Lärm um Musik, und Missklang und Missmut um den Musiker, ebenso wenig, als die neue und außerordentliche Stellung, welche Schopenhauer wählte: nämlich weder über den Dingen, noch auf den Knieen vor den Dingen – beides hätte noch deutsch heißen können –, sondern gegen die Dinge! Unglaublich! Und unangenehm! Sich in Eine Reihe mit den Dingen stellen und doch als ihr Gegner, zu guter Letzt gar als der Gegner seiner selber! – was kann der unbedingte Verehrer mit einem solchen Vorbilde anfangen! Und was überhaupt mit drei solchen Vorbildern, die unter einander selber nicht Frieden halten wollen! Da ist Schopenhauer ein Gegner der Musik Wagners, und Wagner ein Gegner der Politik Bismarcks, und Bismarck ein Gegner aller Wagnerei und Schopenhauerei! Was bleibt da zu tun! Wohin sich mit seinem Durste nach der "Huldigung in Bausch und Bogen" flüchten! Könnte man sich vielleicht aus der Musik des Musikers einige hundert Tacte guter Musik auslesen, die sich Einem ins Herz legen und denen man sich gern an's Herz legt, weil sie ein Herz haben, – könnte man mit diesem kleinen Raub bei Seite gehen und den ganzen Rest vergessen? Und ein eben solches Abkommen in Hinsicht des Philosophen und des Staatsmannes ausfindig machen, – auslesen, sich an's Herz legen und namentlich den Rest vergessen? Ja, wenn nur das Vergessen nicht so schwer wäre! Da gab es einen sehr stolzen Menschen, der durchaus nur von sich selber Etwas annehmen wollte, Gutes und Schlimmes: als er aber das Vergessen nötig hatte, konnte er es sich selber nicht geben, sondern musste dreimal die Geister beschwören; sie kamen, sie hörten sein Verlangen, und zuletzt sagten sie: "nur dies gerade steht nicht in unserer Macht!" Sollten die Deutschen sich die Erfahrung Manfreds nicht zu Nutze machen? Warum erst noch die Geister beschwören! Es ist unnütz, man vergisst nicht, wenn man vergessen will. Und wie groß wäre "der Rest", den man hier, von diesen drei Größen der Zeit, vergessen müsste, um fürderhin ihr Verehrer in Bausch und Bogen sein zu können! Da ist es doch rätlicher, die gute Gelegenheit zu benutzen und etwas Neues zu versuchen: nämlich in der Redlichkeit gegen sich selber zuzunehmen und aus einem Volke des gläubigen Nachsprechens und der bitterbösen blinden Feindseligkeit ein Volk der bedingten Zustimmung und der wohlwollenden Gegnerschaft zu werden; zunächst aber zu lernen, dass unbedingte Huldigungen vor Personen etwas Lächerliches sind, dass hierin Umlernen auch für Deutsche nicht unrühmlich ist, und dass es einen tiefen, beherzigenswerten Spruch gibt: "Ce qui importe, ce ne sont point les personnes: mais les choses." Dieser Spruch ist wie Der, welcher ihn sprach, groß, brav, einfach und schweigsam, – ganz wie Carnot, der Soldat und der Republikaner. – Aber darf man jetzt so von einem Franzosen zu Deutschen sprechen, noch dazu von einem Republikaner? Vielleicht nicht; ja, vielleicht darf man nicht einmal daran erinnern, was Niebuhr seiner Zeit den Deutschen sagen durfte: Niemand habe ihm so sehr den Eindruck der wahren Größe gegeben, als Carnot.

168.

Ein Vorbild. – Was liebe ich an Thukydides, was macht, dass ich ihn höher ehre, als Plato? Er hat die umfänglichste und unbefangenste Freude an allem Typischen des Menschen und der Ereignisse und findet, dass zu jedem Typus ein Quantum guter Vernunft gehört: diese sucht er zu entdecken. Er hat eine größere praktische Gerechtigkeit, als Plato; er ist kein Verlästerer und Verkleinerer der Menschen, die ihm nicht gefallen oder die ihm im Leben wehe getan haben. Im Gegenteil: er sieht etwas Großes in alle Dinge und Personen hinein und zu ihnen hinzu, indem er nur Typen sieht; was hätte auch die ganze Nachwelt, der er sein Werk weiht, mit dem zu schaffen, was nicht typisch wäre! So kommt in ihm, dem Menschen-Denker, jene Cultur der unbefangensten Weltkenntnis zu einem letzten herrlichen Ausblühen, welche in Sophokles ihren Dichter, in

Perikles ihren Staatsmann, in Hippokrates ihren Arzt, in Demokrit ihren Naturforscher hatte: jene Cultur, welche auf den Namen ihrer Lehrer, der Sophisten, getauft zu werden verdient und leider von diesem Augenblicke der Taufe an uns auf einmal blass und unfassbar zu werden beginnt, – denn nun argwöhnen wir, es müsse eine sehr unsittliche Cultur gewesen sein, gegen welche ein Plato mit allen sokratischen Schulen kämpfte! Die Wahrheit ist hier so verzwickt und verhäkelt, dass es Widerwillen macht, sie aufzudröseln: so laufe der alte Irrtum (error veritate simplicior) seinen alten Weg!

169.

Das Griechische uns sehr fremd. – Orientalisch oder Modern, Asiatisch oder Europäisch: im Verhältnis zum Griechischen ist diesem Allem die Massenhaftigkeit und der Genuss an der großen Quantität als der Sprache des Erhabenen zu eigen, während man in Pästum, Pompeji und Athen und vor der ganzen griechischen Architektur so erstaunt darüber wird, mit wie kleinen Massen die Griechen etwas Erhabenes auszusprechen wissen und auszu-sprechen lieben. – Ebenfalls: wie einfach waren in Griechenland die Menschen sich selber in ihrer Vorstellung! Wie weit übertreffen wir sie in der Menschenkenntnis! Wie labyrinthisch aber auch nehmen sich unsere Seelen und unsere Vorstellungen von den Seelen gegen die ihrigen aus! Wollten und wagten wir eine Architektur nach unserer Seelen-Art (wir sind zu feige dazu!) – so müsste das Labyrinth unser Vorbild sein! Die uns eigene und uns wirklich aussprechende Musik lässt es schon erraten! (In der Musik nämlich lassen sich die Menschen gehen, weil sie wähnen, es sei Niemand da, der sie selber unter ihrer Musik zu sehen vermöge.)

170.

Andere Perspektive des Gefühls. – Was ist unser Geschwätz von den Griechen! Was verstehen wir denn von ihrer Kunst, deren Seele – die Leidenschaft für die männliche nackte Schönheit ist! – Erst von da aus empfanden sie die weibliche Schönheit. So hatten sie also für sie eine völlig andere Perspektive, als wir. Und ähnlich stand es mit ihrer Liebe zum Weibe: sie verehrten anders, sie verachteten anders.

171.

Die Ernährung des modernen Menschen. – Er versteht Vieles, ja fast Alles zu verdauen, – es ist seine Art Ehrgeiz: aber er würde höherer Ordnung sein, wenn er dies gerade nicht verstünde; homo pamphagus ist nicht die feinste Species. Wir leben zwischen einer Vergangenheit, die einen verrückteren und eigensinnigeren Geschmack hatte, als wir, und einer Zukunft, die vielleicht einen gewählteren haben wird, – wir leben zu sehr in der Mitte.

172.

Tragödie und Musik. – Männer in einer kriegerischen Grundverfassung des Gemüts, wie zum Beispiel die Griechen in der Zeit des Aschylus, sind schwer zu rühren, und wenn das Mitleiden einmal über ihre Härte siegt, so ergreift es sie wie ein Taumel und gleich einer "dämonischen Gewalt", – sie fühlen sich dann unfrei und von einem religiösen Schauder erregt. Hinterher haben sie ihre Bedenken gegen diesen Zustand; so lange sie in ihm sind, genießen sie das Entzücken des Außer-sich-seins und des Wunderbaren, gemischt mit dem bittersten Wermuth des Leidens: es ist das so recht ein Getränk für Krieger, etwas Seltenes, Gefährliches und Bittersüßes, das Einem nicht leicht zu Theil wird. – An Seelen, die so das Mitleiden empfinden, wendet sich die Tragödie, an harte und kriegerische Seelen, welche man schwer besiegt, sei es durch Furcht, sei es durch Mitleid, welchen es aber nütze ist, von Zeit zu Zeit erweicht zu werden: aber was soll die Tragödie Denen, welche den "sympathischen Affektionen" offen stehen wie die Segel den Winden! Als die Athener weicher und empfindsamer geworden waren, zur Zeit Plato's, – ach, wie ferne waren sie noch von der Rührseligkeit unserer Groß- und Kleinstädter! – aber doch klagten schon die Philosophen über die Schädlichkeit der Tragödie. Ein Zeitalter voller Gefahren, wie das eben beginnende, in welchem die

Tapferkeit und Männlichkeit im Preise steigen, wird vielleicht allmählich die Seelen wieder so hart machen, dass tragische Dichter ihnen not tun: einstweilen aber waren diese ein Wenig überflüssig, – um das mildeste Wort zu gebrauchen. – So kommt vielleicht auch für die Musik noch einmal das bessere Zeitalter (gewiss wird es das bösere sein!), dann, wenn die Künstler sich mit ihr an streng persönliche, in sich harte, vom dunklen Ernste eigener Leidenschaft beherrschte Menschen zu wenden haben: aber was soll die Musik diesen heutigen allzu beweglichen, ausgewachsenen, halb-persönlichen, neugierigen und nach Allem lüsternen Seelchen des verschwindenden Zeitalters?

173.

Die Lobredner der Arbeit. – Bei der Verherrlichung der "Arbeit", bei dem unermüdlichen Reden vom "Segen der Arbeit" sehe ich den selben Hintergedanken, wie bei dem Lobe der gemeinnützigen unpersönlichen Handlungen: den der Furcht vor allem Individu-ellen. Im Grunde fühlt man jetzt, beim Anblick der Arbeit – man meint immer dabei jene harte Arbeitsamkeit von früh bis spät –, dass eine solche Arbeit die beste Polizei ist, dass sie jeden im Zaume hält und die Entwickelung der Vernunft, der Begehrlichkeit, des Unabhängigkeitsgelüstes kräftig zu hindern versteht. Denn sie verbraucht außerordentlich viel Nervenkraft und entzieht dieselbe dem Nachdenken, Grübeln, Träumen, Sorgen, Lieben, Hassen, sie stellt ein kleines Ziel immer ins Auge und gewährt leichte und regelmäßige Befriedigungen. So wird eine Gesellschaft, in welcher fortwährend hart gearbeitet wird, mehr Sicherheit haben: und die Sicherheit betet man jetzt als die oberste Gottheit an. – Und nun! Entsetzen! Gerade der "Arbeiter" ist gefährlich geworden! Es wimmelt von "gefährlichen Individuen"! Und hinter ihnen die Gefahr der Gefahren – das Individuum!

Moralische Mode einer handeltreibenden Gesellschaft. – Hinter dem Grundsatze der jetzigen moralischen Mode: "moralische Handlungen sind die Handlungen der Sympathie für Andere" sehe ich einen sozialen Trieb der Furchtsamkeit walten, welcher sich in dieser Weise intellektuell vermummt: dieser Trieb will, als Oberstes, Wichtigstes, Nächstes, dass dem Leben alle Gefährlichkeit genommen werde, welche es früher hatte und dass daran Jeder und mit allen Kräften helfen solle: deshalb dürfen nur Handlungen, welche auf die gemeinsame Sicherheit und das Sicherheitsgefühl der Gesellschaft abzielen, das Prädikat "gut" bekommen! – Wie wenig Freude müssen doch jetzt die Menschen an sich haben, wenn eine solche Tyrannei der Furchtsamkeit ihnen das oberste Sittengesetz vorschreibt, wenn sie es sich so widerspruchslos anbefehlen lassen, über sich, neben sich wegzusehen, aber für jeden Notstand, für jedes Leiden anderwärts Luchs-Augen zu haben! Sind wir denn bei einer solchen ungeheuren Absichtlichkeit, dem Leben alle Schärfen und Kanten abzureiben, nicht auf dem besten Wege, die Menschheit zu Sand zu machen? Sand! Kleiner, weicher, runder, unendlicher Sand! Ist das euer Ideal, ihr Herolde der sympathischen Affektionen? – Inzwischen bleibt selbst die Frage unbeantwortet, ob man dem Anderen mehr nützt, indem man ihm unmittelbar fortwährend beispringt und hilft – was doch nur sehr oberflächlich geschehen kann, wo es nicht zu einem tyrannischen übergreifen und Umbilden wird – oder indem man aus sich selber Etwas formt, was der Andere mit Genuss sieht, etwa einen schönen, ruhigen, in sich abgeschlossenen Garten, welcher hohe Mauern gegen die Stürme und den Staub der Landstraßen, aber auch eine gastfreundliche Pforte hat.

Grundgedanke einer Cultur der Handeltreibenden. – Man sieht jetzt mehrfach die Cultur einer Gesellschaft im Entstehen, für welche das Handeltreiben ebenso sehr die Seele ist, als der persönliche Wettkampf es für die älteren Griechen und als Krieg, Sieg und Recht es für die Römer waren. Der Handeltreibende versteht Alles zu taxieren, ohne es zu machen, und zwar zu taxieren nach dem Bedürfnisse der Konsumenten, nicht nach seinem eigenen persönlichsten Bedürfnisse; "wer und wie Viele konsumieren dies?" ist seine Frage der Fragen. Diesen Typus der Taxation wendet er nun instinktiv und immerwährend an: auf Alles, und so auch auf die Hervorbringungen der Künste und Wissenschaften, der Denker, Gelehrten, Künstler, Staatsmänner, der Völker und Parteien, der ganzen Zeitalter: er fragt bei Allem, was geschaffen wird, nach Angebot und Nachfrage, um für sich den Wert einer Sache festzusetzen. Diess zum Charakter einer ganzen Cultur gemacht, bis ins Unbegrenzte und Feinste durchgedacht und allem Wollen und Können aufgeformt: das ist es, worauf ihr Menschen des nächsten Jahrhunderts stolz sein werdet: wenn die Propheten der handeltreibenden Classe Recht haben, dieses in euren Besitz zu geben! Aber ich habe wenig Glauben an diese Propheten. Credat Judaeus Apella – mit Horaz zu reden.

176.

Die Kritik über die Väter. – Warum verträgt man jetzt die Wahrheit schon über die jüngste Vergangenheit? Weil immer schon eine neue Generation da ist, die sich im Gegensatz zu dieser Vergangenheit fühlt und die Erstlinge des Gefühles der Macht in dieser Kritik genießt. Ehemals wollte umgekehrt die neue Generation sich auf die ältere gründen, und sie begann sich zu fühlen, indem sie die Ansichten der Väter nicht nur annahm, sondern womöglich strenger nahm. Die Kritik über die Väter war damals lasterhaft: jetzt beginnen die jüngeren Idealisten damit.

177.

Einsamkeit lernen. – Oh, ihr armen Schelme in den großen Städten der Weltpolitik, ihr jungen, begabten, vom Ehrgeiz gemarterten Männer, welche es für ihre Pflicht halten, zu allen Begebenheiten – es begibt sich immer Etwas – ihr Wort zu sagen! Welche, wenn sie auf diese Art Staub und Lärm machen, glauben, der Wagen der

Geschichte zu sein! Welche, weil sie immer horchen, immer auf den Augenblick passen, wo sie ihr Wort hineinwerfen können, jede echte Produktivität verlieren! Mögen sie auch noch so begehrlich nach großen Werken sein: die tiefe Schweigsamkeit der Schwangerschaft kommt nie zu ihnen! Das Ereignis des Tages jagt sie wie Spreu vor sich her, während sie meinen, das Ereignis zu jagen, – die armen Schelme! – Wenn man einen Helden auf der Bühne abgeben will, darf man nicht daran denken, Chorus zu machen, ja, man darf nicht einmal wissen, wie man Chorus macht.

178.

Die Täglich – Abgenützten. – Diesen jungen Männern fehlt es weder an Charakter, noch an Begabung, noch an Fleiß: aber man hat ihnen nie Zeit gelassen, sich selber eine Richtung zu geben, vielmehr sie von Kindesbeinen an gewöhnt, eine Richtung zu empfangen. Damals, als sie reif genug waren, um "in die Wüste geschickt zu werden", tat man etwas Anderes, – man benutzte sie, man entwendete sie sich selber, man erzog sie zu dem täglichen Abgenutzt werden, man machte ihnen eine Pflichtenlehre daraus – und jetzt können sie es nicht mehr entbehren und wollen es nicht anders. Nur darf man diesen armen Zugtieren ihre "Ferien" nicht versagen – wie man es nennt, dies Muße-Ideal eines überarbeiteten Jahrhunderts: wo man einmal nach Herzenslust faulenzen und blödsinnig und kindisch sein darf.

179.

So wenig als möglich Staat! – Alle politischen und wirtschaftlichen Verhältnisse sind es nicht wert, dass gerade die begabtesten Geister sich mit ihnen befassen dürften und müssten: ein solcher Verbrauch des Geistes ist im Grunde schlimmer, als ein Notstand. Es sind und bleiben Gebiete der Arbeit für die geringeren Köpfe, und andere als die geringen Köpfe sollten dieser Werkstätte nicht zu Diensten stehen: möge lieber die Maschine wieder einmal in Stücke gehen! So wie es aber jetzt steht, wo nicht nur Alle täglich darum glauben wissen zu müssen, sondern auch Jedermann alle

Augenblicke dafür tätig sein will und seine eigene Arbeit darüber im Stiche lässt, ist es ein großer und lächerlicher Wahnsinn. Man bezahlt die "allgemeine Sicherheit" viel zu teuer um diesen Preis: und, was das Tollste ist, man bringt überdies das Gegenteil der allgemeinen Sicherheit damit hervor, wie unser liebes Jahrhundert zu beweisen unternimmt: als ob es noch nie bewiesen wäre! Die Gesellschaft diebessicher und feuerfest und unendlich bequem für jeden Handel und Wandel zu machen und den Staat zur Vorsehung im guten und schlimmen Sinne umzuwandeln, – dies sind niedere, mäßige und nicht durchaus unentbehrliche Ziele, welche man nicht mit den höchsten Mitteln und Werkzeugen erstreben sollte, die es überhaupt gibt, – den Mitteln, die man eben für die höchsten und seltensten Zwecke sich aufzusparen hätte! Unser Zeitalter, so viel es von Ökonomie redet, ist ein Verschwender: es verschwendet das Kostbarste, den Geist.

180.

Die Kriege. – Die großen Kriege der Gegenwart sind die Wirkungen des historischen Studiums.

181.

Regieren. – Die Einen regieren, aus Lust am Regieren; die Andern, um nicht regiert zu werden: – Diesen ist es nur das geringere von zwei Übeln.

182.

Die grobe Konsequenz. – Man sagt mit großer Auszeichnung: "das ist ein Charakter!" – ja! wenn er grobe Konsequenz zeigt, wenn die Konsequenz auch dem stumpfen Auge einleuchtet! Aber sobald ein feinerer und tieferer Geist waltet und auf seine höhere Weise folgerichtig ist, leugnen die Zuschauer das Vorhandensein des Charakters. Deshalb spielen verschlagene Staatsmänner ihre Komödie gewöhnlich hinter einem Deckmantel der groben Konsequenz.

Die Alten und die Jungen. – "Es ist etwas Unmoralisches an den Parlamenten – so denkt Der und Jener immer noch –, denn man darf da auch Ansichten gegen die Regierung haben!" – "Man muss immer die Ansicht von der Sache haben, welche der gnädige Herr befiehlt" – das ist das elfte Gebot in manchem braven alten Kopfe, namentlich im nördlichen Deutschland. Man lacht darüber wie über eine veraltete Mode: aber ehemals war es die Moral! Vielleicht, dass man auch wieder einmal über Das lacht, was jetzt, unter dem parlamentarisch erzogenen jüngeren Geschlechte als moralisch gilt: nämlich die Politik der Partei über die eigne Weisheit zu stellen und jede Frage des öffentlichen Wohles so zu beantworten, wie es gerade guten Wind für die Segel der Partei macht. "Man muss die Ansicht von der Sache haben, welche die Situation der Partei erheischt" – so würde der Kanon lauten. Im Dienste einer solchen Moral gibt es jetzt jede Art von Opfer, Selbstüberwindung und Martyrium.

Der Staat als Erzeugnis der Anarchisten. – In den Ländern der gebändigten Menschen gibt es immer noch genug von den rückständigen und ungebändigten: augenblicklich sammeln sie sich in den sozialistischen Lagern mehr als irgendwo anders. Sollte es dazu kommen, dass diese einmal Gesetze geben, so kann man darauf rechnen, dass sie sich an eine eiserne Kette legen und furchtbare Disziplin üben werden: – sie kennen sich! Und sie werden diese Gesetze aushalten, im Bewusstsein, dass sie selber dieselben gegeben haben, – das Gefühl der Macht, und dieser Macht, ist zu jung und entzückend für sie, als dass sie nicht Alles um seinetwillen litten.

Bettler. – Man soll die Bettler abschaffen: denn man ärgert sich, ihnen zu geben, und ärgert sich, ihnen nicht zu geben.

186.

Geschäftsleute. – Euer Geschäft – das ist euer größtes Vorurteil, es bindet euch an euren Ort, an eure Gesellschaft, an eure Neigungen. Im Geschäft fleißig, – aber im Geiste faul, mit eurer Dürftigkeit zufrieden und die Schürze der Pflicht über diese Zufriedenheit gehängt: so lebt ihr, so wollt ihr eure Kinder!

187.

Aus einer möglichen Zukunft. – Ist ein Zustand undenkbar, wo der Übeltäter sich selber zur Anzeige bringt, sich selber seine Strafe öffentlich diktiert, im stolzen Gefühle, dass er so das Gesetz ehrt, das er selber gemacht hat, dass er seine Macht ausübt, indem er sich straft, die Macht des Gesetzgebers? Er kann sich einmal vergehen, aber er erhebt sich durch die freiwillige Strafe über sein Vergehen, er wischt das Vergehen durch Freimütigkeit, Größe und Ruhe nicht nur aus: er tut eine öffentliche Wohltat hinzu. – Diess wäre der Verbrecher einer möglichen Zukunft, welcher freilich auch eine Gesetzgebung der Zukunft voraussetzt, des Grundgedankens: "ich beuge mich nur dem Gesetze, welches ich selber gegeben habe, im Kleinen und Großen." Es müssen so viele Versuche noch gemacht werden! Es muss so manche Zukunft noch an's Licht kommen!

188.

Rausch und Ernährung. – Die Völker werden so sehr betrogen, weil sie immer einen Betrüger suchen, nämlich einen aufregenden Wein für ihre Sinne. Wenn sie nur den haben können, dann nehmen sie wohl mit schlechtem Brode fürlieb. Der Rausch gilt ihnen mehr, als die Nahrung, – hier ist der Köder, an dem sie immer anbeißen werden! Was sind ihnen Männer, aus ihrer Mitte gewählt – und seien es die sachkundigsten Praktiker – gegen glänzende Eroberer, oder alte prunkhafte Fürstenhäuser! Mindestens muss der Volksmann ihnen Eroberungen und Prunk in Aussicht stellen: so findet er vielleicht Glauben. Sie gehorchen immer, und thun noch

mehr, als gehorchen, vorausgesetzt, dass sie sich dabei berauschen
können! Man darf ihnen selbst die Ruhe und das Vergnügen nicht
anbieten, ohne den Lorbeerkranz und seine verrückt machende
Kraft darin. Dieser pöbelhafte Geschmack, welcher den Rausch
wichtiger nimmt, als die Ernährung, ist aber keineswegs in der Tiefe
des Pöbels entstanden: er ist vielmehr dorthin getragen, dorthin
verpflanzt und dort nur noch am meisten rückständig und üppig
aufschießend, während er von den höchsten Intelligenzen her
seinen Ursprung nimmt und Jahrtausende lang in ihnen geblüht
hat. Das Volk ist der letzte wilde Boden, auf dem dieses glänzende
Unkraut noch gedeihen kann. – Wie! Und ihm gerade sollte man die
Politik anvertrauen? Damit es sich aus ihr seinen täglichen Rausch
mache?

189.

Von der großen Politik. – so viel auch der Nutzen und die Eitelkeit,
von Einzelnen wie von Völkern, in der großen Politik mitwirken
mögen: das gewaltigste Wasser, das sie vorwärts treibt, ist das
Bedürfnisse des Machtgefühls, welches nicht nur in den Seelen der
Fürsten und Mächtigen, sondern nicht zum geringsten Theil gerade
in den niederen Schichten des Volkes aus unversieglichen Quellen
von Zeit zu Zeit hervorstößt. Es kommt immer wieder die Stunde,
wo die Masse ihr Leben, ihr Vermögen, ihr Gewissen, ihre Tugend
daranzusetzen bereit ist, um jenen ihren höchsten Genuss sich zu
schaffen und als siegreiche, tyrannisch willkürliche Nation über
andere Nationen zu schalten (oder sich schaltend zu denken). Da
quellen die verschwenderischen, aufopfernden, hoffenden,
vertrauenden, überverwegenen, phantastischen Gefühle so
reichlich herauf, dass der ehrgeizige oder klug vorsorgende Fürst
einen Krieg vom Zaune brechen und das gute Gewissen des Volkes
seinem Unrecht unterschieben kann. Die großen Eroberer haben
immer die pathetische Sprache der Tugend im Munde geführt: sie
hatten immer Massen um sich, welche sich im Zustande der
Erhebung befanden und nur die erhobenste Sprache hören wollten.
Wunderliche Tollheit der moralischen Urteile! Wenn der Mensch im

Gefühle der Macht ist, so fühlt und nennt er sich gut: und gerade dann fühlen und nennen ihn die Anderen, an denen er seine Macht auslassen muss, böse! – Hesiod hat in der Fabel von den Menschenaltern dasselbe Zeitalter, das der homerischen Helden, zweimal hinter einander gemalt und zwei aus einem gemacht: von Denen aus gesehen, welche unter dem ehernen, entsetzlichen Druck dieser abenteuernden Gewaltmenschen standen oder durch ihre Vorfahren davon wussten, erschien es böse: aber die Nachkommen dieser ritterlichen Geschlechter verehrten in ihm eine gute alte, selig-halb-selige Zeit. Da wusste sich der Dichter nicht anders zu helfen, als er getan hat, – er hatte wohl Zuhörer beider Gattungen um sich!

190.

Die ehemalige deutsche Bildung. – Als die Deutschen den anderen Völkern Europas anfingen interessant zu werden – es ist nicht zu lange her –, geschah es vermöge einer Bildung, die sie jetzt nicht mehr besitzen, ja die sie mit einem blinden Eifer abgeschüttelt haben, wie als ob sie eine Krankheit gewesen sei: und doch wussten sie nichts Besseres dagegen einzutauschen, als den politischen und nationalen Wahnsinn. Freilich haben sie mit ihm erreicht, dass sie den anderen Völkern noch weit interessanter geworden sind, als sie es damals durch ihre Bildung waren: und so mögen sie ihre Zufriedenheit haben! Inzwischen ist nicht zu leugnen, dass jene deutsche Bildung die Europäer genarrt hat und dass sie eines solchen Interesses, ja einer solchen Nachahmung und wetteifernden Aneignung nicht wert war. Man sehe sich heute einmal nach Schiller, Wilhelm von Humboldt, Schleiermacher, Hegel, Schelling um, man lese ihre Briefwechsel und führe sich in den großen Kreis ihrer Anhänger ein: was ist ihnen gemeinsam, was an ihnen wirkt auf uns, wie wir jetzt sind, bald so unausstehlich, bald so rührend und bemitleidenswert? Einmal die Sucht, um jeden Preis moralisch erregt zu erscheinen; sodann das Verlangen nach glänzenden knochenlosen Allgemeinheiten, nebst der Absicht auf ein Schöner-sehen-wollen in Bezug auf Alles (Charaktere, Leidenschaften, Zeiten, Sitten), – leider "schön" nach einem schlechten verschwommenen Geschmack, der sich nichtsdestoweniger griechischer Abkunft rühmte. Es ist ein weicher, gutartiger, silbern glitzernder Idealismus, welcher vor Allem edel verstellte Gebärden und edel verstellte Stimmen haben will, ein Ding, ebenso anmaßlich als harmlos, beseelt vom herzlichsten Widerwillen gegen die "kalte" oder "trockene" Wirklichkeit, gegen die Anatomie, gegen die vollständigen Leidenschaften, gegen jede Art philosophischer Enthaltsamkeit und Skepsis, zumal aber gegen die Naturerkenntniss, sofern sie sich nicht zu einer religiösen Symbolik gebrauchen ließ. Diesem Treiben der deutschen Bildung sah Goethe zu, in seiner Art: danebenstehend, mild widerstrebend, schweigsam, sich auf seinem eignen, besseren Wege immer mehr bestärkend. Dem sah etwas später auch Schopenhauer zu, – ihm war viel wirkliche Welt und Teufelei der Welt wieder sichtbar geworden, und er sprach davon ebenso grob als begeistert: denn diese Teufelei hat ihre Schönheit! – Und was verführte im Grunde die Ausländer, dass sie dem nicht so zusahen, wie Goethe und Schopenhauer, oder einfach davon absahen? Es war jener matte Glanz, jenes rätselhafte Milchstraßen-Licht, welches um diese Bildung leuchtete: dabei sagte sich der Ausländer "Das ist uns sehr, sehr ferne, da hört für uns Sehen, Hören, Verstehen, Genießen, Abschätzen auf; trotzdem könnten es Sterne sein! Sollten die Deutschen in aller Stille eine Ecke des Himmels entdeckt und sich dort niedergelassen haben? Man muss suchen, den Deutschen näher zu kommen." Und man kam ihnen näher: während kaum viel später dieselben Deutschen sich zu bemühen anfingen, den Milchstraßen Glanz von sich abzustreifen; sie wussten zu gut, dass sie nicht im Himmel gewesen waren, – sondern in einer Wolke!

191.

Bessere Menschen! – Man sagt mir, unsere Kunst wende sich an die gierigen, unersättlichen, ungebändigten, verekelten, zerquälten Menschen der Gegenwart und zeige ihnen ein Bild von Seligkeit, Höhe und Entweltlichung neben dem Bilde ihrer Wüstheit: sodass sie einmal vergessen und aufatmen können, ja vielleicht den Antrieb zur Flucht und Umkehr mit aus jenem Vergessen zurückbringen. Arme Künstler, mit einem solchen Publicum! Mit solchen halb priesterlichen, halb irrenärztlichen Hintergedanken! Um wie viel glücklicher war Corneille – "unser großer Corneille", wie Frau von Sévigné, mit einem Accent des Weibes vor einem ganzen Manne, ausruft, – um wie viel höher seine Zuhörerschaft, welcher er mit den Bildern ritterlicher Tugenden, strenger Pflicht, großmütiger Aufopferung, heldenhafter Bändigung seiner selber wohltun konnte! Wie anders liebten er und sie das Dasein, nicht aus einem blinden wüsten "Willen" heraus, den man verflucht, weil man ihn nicht zu töten vermag, sondern als einen Ort, auf dem Größe und Humanität mitsammen möglich sind und wo selbst der strengste Zwang der Formen, die Unterwerfung unter eine fürstliche und geistliche Willkür weder den Stolz, noch die Ritterlichkeit, noch die Anmut, noch den Geist aller Einzelnen unter-drücken können, vielmehr als ein Reiz und Sporn des Gegensatzes zur angeborenen Selbstherrlichkeit und Vornehmheit, zur ererbten Macht des Wollens und der Leidenschaft empfunden werden!

192.

Sich vollkommene Gegner wünschen. – Man kann es den Franzosen nicht streitig machen, dass sie das christlichste Volk der Erde gewesen sind: nicht in Hinsicht darauf, dass die Gläubigkeit der Masse bei ihnen grösser gewesen sei, als anderwärts, sondern deshalb, weil bei ihnen die schwierigsten christlichen Ideale sich in Menschen verwandelt haben und nicht nur Vorstellung, Ansatz, Halbheit geblieben sind. Da steht Pascal, in der Vereinigung von Gluth, Geist und Redlichkeit der erste aller Christen, – und man erwäge, was sich hier zu vereinigen hatte! Da steht Fénelon, der vollkommene und bezaubernde Ausdruck der kirchlichen Cultur in allen ihren Kräften: eine goldene Mitte, die man als Historiker geneigt sein könnte, als etwas Unmögliches zu beweisen, während die nur etwas unsäglich Schwieriges und Unwahrscheinliches gewesen ist. Da steht Frau von Guyon unter ihres Gleichen, den französischen Quietisten: und Alles, was die Beredsamkeit und die Brunst des Apostels Paulus vom Zustande der erhabensten, liebendsten, stillsten, verrücktesten Halbgöttlichkeit des Christen zu erraten gesucht hat, ist da Wahrheit geworden und hat dabei jene jüdische Zudringlichkeit, welche Paulus gegen Gott hat, abgestreift, dank einer ächten, frauenhaften, feinen, vornehmen, altfranzösischen Naivität in Wort und Gebärde. Da steht der Gründer der Trappistenklöster, er, der mit dem asketischen Ideale des Christentums den letzten Ernst gemacht hat, nicht als eine Ausnahme unter Franzosen, sondern recht als Franzose: denn bis zu diesem Augenblick vermochte seine düstere Schöpfung nur unter Franzosen heimisch und kräftig zu bleiben, sie folgte ihnen in den Elsass und nach Algerien. Vergessen wir die Hugenotten nicht: schöner ist die Vereinigung des kriegerischen und arbeitsamen Sinnes, der feineren Sitte und der christlichen Strenge bisher nicht dagewesen. Und in Port Royal kam zum letzten Male das große christliche Gelehrtentum zum Blühen: und das Blühen verstehen große Menschen in Frankreich besser, als anderwärts. Ferne davon, oberflächlich zu sein, hat ein großer Franzose immer doch seine Oberfläche, eine natürliche Haut für seinen Inhalt und seine Tiefe, – während die Tiefe eines großen Deutschen zumeist wie in einer krausförmigen Kapsel verschlossen gehalten wird, als ein Elixier, das vor Licht und leichtfertigen Händen durch seine harte und wunderliche Hülle sich zu schützen sucht. – Und nun errate man, warum dieses Volk der vollendeten Typen der Christlichkeit auch die vollendeten Gegentypen des unchristlichen Freigeistes erzeugen musste! Der französische Freigeist kämpfte in sich immer mit großen Menschen und nicht nur mit Dogmen und erhabenen Missgeburten, wie die Freigeister anderer Völker.

193.

Esprit und Moral. – Der Deutsche, welcher sich auf das Geheimnis versteht, mit Geist, Wissen und Gemüt langweilig zu sein, und sich gewöhnt hat, die Langeweile als moralisch zu empfinden, – hat vor dem französischen esprit die Angst, er möchte der Moral die Augen ausstechen – und doch eine Angst und Lust, wie das Vöglein vor der Klapperschlange. Von den berühmten Deutschen hat vielleicht Niemand mehr esprit gehabt, als Hegel, – aber er hatte dafür auch eine so große deutsche Angst vor ihm, dass sie seinen eigentümlichen schlechten Stil geschaffen hat. Dessen Wesen ist nämlich, dass ein Kern umwickelt und nochmals und wiederum umwickelt wird, bis er kaum noch hindurchblickt, verschämt und neugierig, – wie "junge Frauen durch ihre Schleier blicken", um mit dem alten Weiberhasser Aeschylus zu reden –: jener Kern ist aber ein witziger, oft vorlauter Einfall über die geistigsten Dinge, eine feine, gewagte Wortverbindung, wie so Etwas in die Gesellschaft von Denkern gehört, als Zukost der Wissenschaft, – aber in jenen Umwickelungen präsentiert es sich als abstruse Wissenschaft selber und durchaus als höchst moralische Langeweile! Da hatten die Deutschen eine ihnen erlaubte Form des esprit und sie genossen sie mit solchem ausgelassenen Entzücken, dass Schopenhauers guter, sehr guter Verstand davor stille stand, – er hat zeitlebens gegen das Schauspiel, welches ihm die Deutschen boten, gepoltert, aber es nie sich zu erklären vermocht.

194.

Eitelkeit der Morallehrer. – Der im Ganzen geringe Erfolg der Morallehrer hat darin seine Erklärung, dass sie zu viel auf einmal wollten, das heißt, dass sie zu ehrgeizig waren: sie wollten allzu gern Vorschriften für Alle geben. Diess aber heißt im Unbestimmten schweifen und Reden an die Tiere halten, um sie zu Menschen zu machen: was Wunder, dass die Tiere dies langweilig finden! Man sollte begrenzte Kreise sich aussuchen und für sie die Moral suchen und fördern, also zum Beispiel Reden vor den Wölfen halten, um sie zu Hunden zu machen. Vor Allem aber bleibt der große Erfolg immer Dem, welcher weder Alle, noch begrenzte Kreise, sondern Einen erziehen will und gar nicht nach rechts und links ausspäht. Das vorige Jahrhundert ist dem unseren eben dadurch überlegen, dass es in ihm so viele einzeln erzogene Menschen gab, nebst ebenso vielen Erziehern, welche hier die Aufgabe ihres Lebens gefunden hatten – und mit der Aufgabe auch Würde, vor sich und aller anderen "guten Gesellschaft".

195.

Die sogenannte klassische Erziehung. – Zu entdecken, dass unser Leben der Erkenntnis geweiht ist; dass wir es wegwerfen würden, nein! dass wir es weggeworfen hätten, wenn nicht diese Weihe es vor uns selber schützte; jenen Vers sich oft und mit Erschütterung vorsprechen:

> *"Schicksal, ich folge dir! Und wollt' ich nicht,*
> *ich müsst' es doch und unter Seufzen thun!"*

– Und nun, bei einem Rückblick auf den Weg des Lebens, ebenfalls entdecken, dass Etwas nicht wieder gut zu machen ist: die Vergeudung unserer Jugend, als unsre Erzieher jene wissbegierigen, heißen und durstigen Jahre nicht dazu verwandten, uns der Erkenntnis der Dinge entgegenzuführen, sondern der sogenannten "Klassischen Bildung"! Die Vergeudung unserer Jugend, als man uns ein dürftiges Wissen um Griechen und Römer und deren Sprachen ebenso ungeschickt, als quälerisch beibrachte und zuwider dem obersten Satze aller Bildung: dass man nur Dem, der Hunger darnach hat, eine Speise gebe! Als man uns Mathematik und Physik auf eine gewaltsame Weise aufzwang, anstatt uns erst in die Verzweiflung der Unwissenheit zu führen und unser kleines tägliches Leben, unsere Hantierungen und Alles, was sich zwischen Morgen und Abend im Hause, in der Werkstatt, am Himmel, in der Landschaft begibt, in Tausende von Problemen aufzulösen, von peinigenden, beschämenden, aufreizenden Problemen, – um unsrer Begierde dann zu zeigen, dass wir ein mathematisches und mechanisches Wissen zu allernächst nötig haben und uns dann das erste wissenschaftliche Entzücken an der absoluten Folgerichtigkeit dieses Wissens zu lehren! Hätte man uns auch nur die Ehrfurcht vor diesen Wissenschaften gelehrt, hätte man uns mit dem Ringen und Unterliegen und Wieder-Weiterkämpfen der Großen, von dem Martyrium, welches die Geschichte der strengen Wissenschaft ist, auch nur einmal die Seele erzittern machen! Vielmehr blies uns der Hauch einer gewissen Geringschätzung der eigentlichen Wissenschaften an, zu Gunsten der Historie, der "formalen Bildung" und der "Classicität"! Und wir ließen uns so leicht betrügen! Formale Bildung! Hätten wir nicht auf die besten Lehrer unserer Gymnasien zeigen können, lachend und fragend: "wo ist denn da die formale Bildung? Und wenn sie fehlt, wie sollen sie dieselbe lehren?" Und Classicität! Lernten wir Etwas von dem, worin gerade die Alten ihre Jugend erzogen? Lernten wir sprechen wie sie, schreiben wie sie? übten wir uns unablässig in der Fechtkunst des Gesprächs, in der Dialektik? Lernten wir uns schön und stolz bewegen wie sie, ringen, werfen, faustkämpfen wie sie? Lernten wir Etwas von der praktischen Asketik aller griechischen Philosophen? Wurden wir in einer einzigen antiken Tugend geübt und in der Weise, wie die Alten sie übten? Fehlte nicht überhaupt das ganze Nachdenken über Moral in unserer Erziehung, um wieviel mehr gar die einzig mögliche Kritik desselben, jene strengen und mutigen Versuche, in dieser oder jener Moral zu leben? Erregte man in uns irgend ein Gefühl, das den Alten höher galt, als den Neueren? Zeigte man uns die Einteilung des Tages und des Lebens und die Ziele über dem Leben in einem antiken Geiste? Lernten wir auch nur die alten Sprachen so, wie wir die lebender Völker lernen, – nämlich zum Sprechen und zum Bequem-und-Gut-Sprechen? Nirgends ein wirkliches Können, ein neues Vermögen als Ergebnis mühseliger Jahre! Sondern ein Wissen darum, was ehemals Menschen gekonnt und vermocht haben! Und was für ein Wissen! Nichts wird mir von Jahr zu Jahr deutlicher, als dass alles griechische und antike Wesen, so schlicht und weltbekannt es vor uns zu liegen scheint, sehr schwer verständlich, ja, kaum zugänglich ist, und dass die übliche Leichtigkeit, mit der von den Alten geredet wird, entweder eine Leichtfertigkeit oder ein alter erblicher Dünkel der Gedankenlosigkeit ist. Die ähnlichen Worte und Begriffe täuschen uns: aber hinter ihnen liegt immer eine Empfindung versteckt, welche dem modernen Empfinden fremd, unverständlich oder peinlich sein müsste. Das sind mir Gebiete, auf denen sich Knaben tummeln dürften! Genug, wir haben es getan, als wir Knaben waren und uns beinahe für immer dabei einen Widerwillen gegen das Altertum heimgeholt, den Widerwillen einer scheinbar allzu großen Vertrau-lichkeit! Denn so weit geht die stolze Einbildung unserer klassischen Erzieher, gleichsam im Besitze der Alten zu sein, dass sie diesen Dünkel noch auf die Erzogenen überfließen lassen, nebst dem Verdachte, dass ein solcher Besitz nicht wohl selig machen könne, sondern dass er gut genug für rechtschaffene, arme, närrische alte Bücher-Drachen sei: "mögen diese auf ihrem Horte brüten! er wird wohl ihrer würdig sein!" – mit diesem stillen Hintergedanken vollendete sich unsere klassische Erziehung. – Diess ist nicht wieder gut zu machen – an uns! Aber denken wir nicht nur an uns!

196.

Die persönlichsten Fragen der Wahrheit. – "Was ist Das eigentlich, was ich tue? Und was will gerade ich damit?" – das ist die Frage der Wahrheit, welche bei unserer jetzigen Art Bildung nicht gelehrt und folglich nicht gefragt wird, für sie gibt es keine Zeit. Dagegen mit Kindern von Possen zu reden und nicht von der Wahrheit, mit Frauen, die später Mütter werden sollen, Artigkeiten zu reden und nicht von der Wahrheit, mit Jünglingen von ihrer Zukunft und ihrem Vergnügen zu reden und nicht von der Wahrheit, – dafür ist immer Zeit und Lust da! – Aber was sind auch siebenzig Jahre! – das läuft hin und ist bald zu Ende; es liegt so Wenig daran, dass die Welle wisse, wie und wohin sie laufe! Ja, es könnte Klugheit sein, es nicht zu wissen. – "Zugegeben: aber stolz ist es nicht, auch nicht einmal darnach zu fragen ; unsere Bildung macht die Menschen nicht stolz." – umso besser! – "Wirklich?"

197.

Die Feindschaft der Deutschen gegen die Aufklärung. – Man überschlage den Beitrag, den die Deutschen der ersten Hälfte dieses Jahrhunderts mit ihrer geistigen Arbeit der allgemeinen Cultur gebracht haben und nehme erstens die deutschen Philosophen: sie sind auf die erste und älteste Stufe der Spekulation zurückgegangen, denn sie fanden in Begriffen ihr Genüge, anstatt in Erklärungen, gleich den Denkern träumerischer Zeitalter, – eine vorwissenschaftliche Art der Philosophie wurde durch sie wieder lebendig gemacht. Zweitens die deutschen Historiker und Romantiker: ihre allgemeine Bemühung ging dahin, ältere, primitive Empfindungen und namentlich das Christentum, die Volksseele, Volkssage, Volkssprache, die Mittelalterlichkeit, die orientalische Asketik, das Indertum zu Ehren zu bringen. Drittens die Natur-forscher: sie kämpften gegen Newtons und Voltaires Geist und suchten, gleich Goethe und Schopenhauer, den Gedanken einer vergöttlichten oder verteufelten Natur und ihrer durchgängigen ethischen und symbolischen Bedeutsamkeit wieder aufrecht zu stellen. Der ganze große Hang der Deutschen ging gegen die Aufklärung, und gegen die Revolution der Gesellschaft, welche mit grobem Missverständnis als deren Folge galt: die Pietät gegen alles noch Bestehende suchte sich in Pietät gegen Alles, was bestanden hat, umzusetzen, nur damit Herz und Geist wieder einmal voll würden und keinen Raum mehr für zukünftige und neuernde Ziele hätten. Der Cultus des Gefühls wurde aufgerichtet an Stelle des Cultus' der Vernunft, und die deutschen Musiker, als die Künstler des Unsichtbaren, Schwärmerischen, Märchenhaften, Sehn-süchtigen, bauten an dem neuen Tempel erfolgreicher, als alle Künstler des Wortes und der Gedanken. Bringen wir in Anrechnung, dass unzähliges Gute im Einzelnen gesagt und erforscht worden ist und Manches seitdem billiger beurteilt wird, als jemals: so bleibt doch übrig, vom Ganzen zu sagen, dass es keine geringe allgemeine Gefahr war, unter dem Anscheine der voll- und endgültigsten Er-kenntnis des Vergangenen die Erkenntnis überhaupt unter das Gefühl hinabzudrücken und – um mit Kant zu reden, der so seine eigene Aufgabe bestimmte – "dem Glauben wieder Bahn zu machen, indem man dem Wissen seine Grenzen wies." Atmen wir wieder freie Luft: die Stunde dieser Gefahr ist vorübergegangen! Und seltsam: gerade die Geister, welche von den Deutschen so beredt beschworen wurden, sind auf die Dauer den Absichten ihrer Beschwörer am schädlichsten geworden, – die Historie, das Verständnis des Ursprungs und der Entwickelung, die Mitempfindung für das Vergangene, die neu erregte Leidenschaft des Gefühls und der Erkenntnis, nachdem sie alle eine Zeit lang hilfreiche Gesellen des verdunkelnden, schwärmenden, zurückbildenden Geistes schienen, haben eines Tages eine andere Natur angenommen und fliegen nun mit den breitesten Flügeln an ihren alten Beschwörern vorüber und hinauf, als neue und stärkere Genien eben jener Aufklärung, wider welche sie beschworen waren. Diese Aufklärung haben wir jetzt weiterzuführen, – unbekümmert darum, dass es eine "große Revolution" und wiederum eine "große Reaktion" gegen dieselbe gegeben hat, ja dass es Beides noch gibt: es sind doch nur Wellenspiele, im Vergleiche mit der wahrhaft großen Flut, in welcher wir treiben und treiben wollen!

198.

Seinem Volke den Rang geben. – Viele große innere Erfahrungen haben, und auf und über ihnen mit einem geistigen Auge ruhen, – das macht die Menschen der Cultur, welche ihrem Volke den Rang geben. In Frankreich und Italien tat dies der Adel, in Deutschland, wo der Adel bisher im Ganzen zu den Armen im Geiste gehörte (vielleicht nicht mehr auf lange), taten es Priester, Lehrer und deren Nachkommen.

199.

Wir sind vornehmer. – Treue, Großmut, die Scham des guten Rufs: diese Drei in Einer Gesinnung verbunden – das nennen wir adelig, vornehm, edel, und damit übertreffen wir die Griechen. Wir wollen es ja nicht preisgeben, aus dem Gefühle, dass die alten Gegenstände dieser Tugenden in der Achtung gesunken sind (und mit Recht), sondern behutsam diesem unserem köstlichen Erbtriebe neue Gegenstände unterschieben. – Um zu begreifen, dass die Gesinnung der vornehmsten Griechen inmitten unserer immer noch ritterlichen und feudalistischen Vornehmheit als gering und kaum anständig empfunden werden müsste, erinnere man sich jenes Trostspruches, den Odysseus in schmählichen Lagen im

Munde führt: "Ertrag' es nur, mein liebes Herz! du hast schon Hundemäßigeres ertragen!" Und dazu nehme man als Nutzanwendung des mythischen Vorbildes die Geschichte von jenem athenischen Offizier, der, vor dem ganzen Generalstabe, von einem andern Offizier mit dem Stocke bedroht, diese Schmach mit dem Worte von sich abschüttelte: "Schlag' mich nur! Nun aber höre mich auch!" (Diess tat Themistokles, jener vielgewandte Odysseus des klassischen Zeitalters, der recht der Mann dazu war, in diesem schmählichen Augenblick jenen Trost- und Notvers an sein "liebes Herz" hinunterzuschicken.) Es lag den Griechen ferne, Leben und Tod einer Beschimpfung halber so leicht zu nehmen, wie wir es tun, unter dem Eindruck vererbter ritterlicher Abenteuerlichkeit und Opferlust; oder Gelegenheiten aufzusuchen, wo man Beides auf ein ehrenvolles Spiel setzen könne, wie wir bei Duellen; oder die Erhaltung des guten Namens (Ehre) höher zu achten, als die Eroberung des bösen Namens, wenn Letzteres mit Ruhm und Machtgefühl verträglich ist; oder den ständischen Vorurteilen und Glaubensartikeln Treue zu halten, wenn sie verhindern könnten, ein Tyrann zu werden. Denn dies ist das unedle Geheimnis jedes guten griechischen Aristokraten: er hält aus tiefster Eifersucht jeden seiner Standesgenossen auf gleichem Fuße mit sich, ist aber jeden Augenblick wie ein Tiger bereit, auf seine Beute, die Gewaltherrschaft, loszustürzen: was ist ihm dabei Lüge, Mord, Verrat, Verkauf der Vaterstadt! Die Gerechtigkeit wurde dieser Art Menschen außerordentlich schwer, sie galt beinahe für etwas Unglaubliches; "der Gerechte" – das klang unter Griechen wie "der Heilige" unter Christen. Wenn aber gar Sokrates sagte: "der Tugendhafte ist der Glücklichste", so traute man seinen Ohren nicht, man glaubte etwas Verrücktes gehört zu haben. Denn bei dem Bilde des Glücklichsten dachte jeder Mann vornehmer Abkunft an die vollendete Rücksichtslosigkeit und Teufelei des Tyrannen, der seinem Übermute und seiner Lust Alles und Alle opfert. Unter Menschen, welche im Geheimen über ein solches Glück wild phantasierten, konnte freilich die Verehrung des Staates nicht tief genug gepflanzt werden, – aber ich meine: Menschen, deren Machtgelüst nicht mehr so blind wütet, wie das jener vornehmen Griechen, haben auch jene Abgötterei des Staats-Begriffes nicht mehr nötig, mit welcher damals jenes Gelüst im Zaume gehalten wurde.

200.

Armut ertragen. – Der große Vorzug adeliger Abkunft ist, dass sie die Armut besser ertragen lässt.

201.

Zukunft des Adels. – Die Gebärden der vornehmen Welt drücken aus, dass in ihren Gliedern fortwährend das Bewusstsein der Macht sein reizvolles Spiel spielt. So lässt sich der Mensch von adeliger Sitte, Mann oder Weib, nicht gern wie ganz erschöpft in den Sessel fallen, er vermeidet es, wo alle Welt es sich bequem macht, zum Beispiel auf der Eisenbahn, den Rücken anzulehnen, er scheint nicht müde zu werden, wenn er stundenlang bei Hofe auf seinen Füssen steht, er richtet sein Haus nicht auf das Behagliche, sondern groß-räumig und würdevoll, wie zu einem Aufenthalt größerer (auch längerer) Wesen ein, er beantwortet eine herausfordernde Rede mit Haltung und geistiger Helle, nicht wie entsetzt, zermalmt, beschämt, außer Atem, nach Art des Plebejers. So wie er den Anschein einer beständig gegenwärtigen hohen physischen Kraft zu wahren weiß, wünscht er auch durch beständige Heiterkeit und Verbindlichkeit, selbst in peinlichen Lagen, den Eindruck aufrecht zu erhalten, dass seine Seele und sein Geist den Gefahren und den Überraschungen gewachsen ist. Eine vornehme Cultur kann in Absicht der Leidenschaften entweder dem Reiter gleichen, der Wonne empfindet, ein leidenschaftliches stolzes Thier im spanischen Tritt gehen zu lassen – man stelle sich das Zeitalter Ludwigs des Vierzehnten vor Augen –, oder dem Reiter, der sein Pferd wie eine Naturgewalt unter sich hinschießen fühlt, hart an der Grenze, wo Pferd und Reiter den Kopf verlieren, aber im Genuss der Wonne, gerade jetzt noch den Kopf oben zu behalten: in beiden Fällen atmet die vornehme Cultur Macht, und wenn sie sehr oft in ihren Sitten auch nur den Schein des Machtgefühls fordert, so wächst doch durch den Eindruck, welchen dieses Spiel auf die Nicht-Vornehmen macht, und durch das Schauspiel dieses Eindrucks, das wirkliche Gefühl der Überlegenheit fortwährend. – Diess unbestreitbare Glück der vornehmen Cultur, welches auf dem Gefühl der Überlegenheit sich aufbaut, beginnt jetzt auf eine noch höhere Stufe zu steigen, da es nunmehr, Dank allen freien Geistern, dem adelig Geborenen und Erzogenen erlaubt und nicht mehr schimpflich ist, in den Orden der Erkenntnis zu treten und dort geistigere Weihen zu holen, höhere Ritterdienste zu lernen, als bisher, und zu jenem Ideal der siegreichen Weisheit aufzuschauen, welches noch keine Zeit mit so gutem Gewissen vor sich aufstellen durfte wie die Zeit, welche gerade jetzt kommen will. Zu guter Letzt: womit soll sich denn fürderhin der Adel beschäftigen, wenn es von Tag zu Tage mehr den Anschein hat, dass es unanständig wird, sich mit Politik zu befassen? – –

202.

Zur Pflege der Gesundheit. – Man hat kaum angefangen, über die Physiologie der Verbrecher nachzudenken und doch steht man schon vor der unabweislichen Einsicht, dass zwischen Verbrechern und Geisteskranken kein wesentlicher Unterschied besteht: vorausgesetzt, dass man glaubt, die übliche moralische Denkweise sei die Denkweise der geistigen Gesundheit. Kein Glaube aber wird jetzt so gut noch geglaubt, wie dieser, und so scheue man sich nicht, seine Konsequenz zu ziehen und den Verbrecher wie einen Geisteskranken zu behandeln: vor Allem nicht mit hochmütiger Barmherzigkeit, sondern mit ärztlicher Klugheit, ärztlichem guten Willen. Es tut ihm Luftwechsel, andere Gesellschaft, zeitweiliges Verschwinden, vielleicht Alleinsein und eine neue Beschäftigung not, – gut! Vielleicht findet er es selber in seinem Vorteil, eine Zeit hindurch in einem Gewahrsam zu leben, um so Schutz gegen sich selber und einen lästigen tyrannischen Trieb zu finden, – gut! Man soll ihm die Möglichkeit und die Mittel des Geheilt Werdens (der Ausrottung, Umbildung, Sublimierung jenes Triebes) ganz klar vorlegen, auch, im schlimmen Falle, die Unwahrscheinlichkeit desselben; man soll dem unheilbaren Verbrecher, der sich selber zum Gräuel geworden ist, die Gelegenheit zum Selbstmord anbieten. Diess als äußerstes Mittel der Erleichterung vorbehalten: soll man Nichts verabsäumen, um vor Allem dem Verbrecher den guten Muth und die Freiheit des Gemütes wieder zu geben; man soll Gewissensbisse wie eine Sache der Unreinlichkeit ihm von der Seele wischen und ihm Fingerzeige geben, wie er den Schaden, welchen er vielleicht an dem Einen geübt, durch eine Wohltat am Anderen, ja vielleicht an der Gesamtheit ausgleichen und überbieten könne. Alles in äußerster Schonung! Und namentlich in Anonymität oder unter neuen Namen und mit häufigerem Ortswechsel, damit die Unbescholtenheit des Rufes und sein künftiges Leben so wenig wie möglich dabei Gefahr laufe. Jetzt zwar will immer noch Der, welchem ein Schaden zugefügt ist, ganz abgesehen davon, wie dieser Schaden etwa gut zu machen ist, seine Rache haben und wendet sich ihrethalben an die Gerichte, – und dies hält einstweilen unsere abscheulichen Strafordnungen noch aufrecht, samt ihrer Krämerwage und dem Aufwiegen wollen der Schuld durch die Strafe: aber dürften wir nicht hierüber hinaus kommen können? Wie erleichtert wäre das allgemeine Gefühl des Lebens, wenn man mit dem Glauben an die Schuld auch vom alten Instinct der Rache sich losmachte und es selbst als eine feine Klugheit der Glücklichen betrachtete, mit dem Christentum den Segen über seine Feinde zu sprechen und Denen wohlzutun, die uns beleidigt haben! Schaffen wir den Begriff der Sünde aus der Welt – und schicken wir ihm den Begriff der Strafe bald hinterdrein! Mögen diese verbannten Unholde irgendwo anders fürderhin., als unter Menschen, leben, wenn sie durchaus leben wollen und nicht am eigenen Ekel zu Grunde gehen! – Inzwischen erwäge man, dass die Einbuße, welche die Gesellschaft und die Einzelnen durch die Verbrecher erleiden, der Einbuße ganz gleichartig ist, welche sie von den Kranken erleiden: die Kranken verbreiten Sorge, Missmut, produzieren nicht, zehren den Ertrag Anderer auf, brauchen Wärter, Ärzte, Unterhaltung und leben von der Zeit und den Kräften der Gesunden. Trotzdem würde man jetzt Den als unmenschlich bezeichnen, welcher dafür an den Kranken Rache nehmen wollte. Ehedem freilich tat man dies; in rohen Zuständen der Cultur und jetzt noch bei manchen wilden Völkern, wird der Kranke in der Tat als Verbrecher behandelt, als die Gefahr der Gemeinde und als Wohnsitz irgend eines dämonischen Wesens, welches sich ihm in Folge einer Schuld einverleibt hat, – da heißt es: jeder Kranke ist ein Schuldiger! Und wir, – sollten wir noch nicht reif für die entgegengesetzte Anschauung sein? sollten wir noch nicht sagen dürfen: jeder "Schuldige" ist ein Kranker? – Nein, die Stunde dafür ist noch nicht gekommen. Noch fehlen vor Allem die Ärzte, für welche Das, was wir bisher praktische Moral nannten, sich in ein Stück ihrer Heilkunst und Heilwissenschaft umgewandelt haben muss; noch fehlt allgemein jenes hungrige Interesse an diesen Dingen, das vielleicht einmal dem Sturm und Drang jener alten religiösen Erregungen nicht unähnlich erscheinen wird; noch sind die Kirchen nicht im Besitz der Pfleger der Gesundheit; noch gehört die Lehre von dem Leibe und von der Diät nicht zu den Verpflichtungen aller niederen und höheren Schulen; noch gibt es keine stillen Vereine Solcher, welche sich unter einander verpflichtet haben, auf die Hülfe der Gerichte und auf Strafe und Rache an ihren Übeltätern zu verzichten; noch hat kein Denker den Muth gehabt, die Gesundheit einer Gesellschaft und der Einzelnen darnach zu bemessen, wie viel Parasiten sie ertragen kann, und noch fand sich kein Staatengründer, welcher die Pflugschar im Geiste jener freigebigen und mildherzigen Rede führte: "willst du das Land bauen, so baue mit dem Pfluge: da geneusst dein der Vogel und der Wolf, der hinter deinem Pfluge geht, – es geneusst dein alle Creatur."

203.

Gegen die schlechte Diät. – Pfui über die Mahlzeiten, welche jetzt die Menschen machen, in den Gasthäusern sowohl als überall, wo die wohlbestellte Classe der Gesellschaft lebt! Selbst wenn hochansehnliche Gelehrte zusammenkommen, ist es die selbe Sitte, welche ihren Tisch wie den des Banquiers füllt: nach dem Gesetz des "Viel zu viel" und des "Vielerlei", – woraus folgt, dass die

Speisen auf den Effect und nicht auf die Wirkung hin zubereitet werden, und aufregende Getränke helfen müssen, die Schwere im Magen und Gehirn zu vertreiben. Pfui, welche Wüstheit und Überempfindsamkeit muss die allgemeine Folge sein! Pfui, welche Träume müssen ihnen kommen! Pfui, welche Künste und Bücher werden der Nachtisch solcher Mahlzeiten sein! Und mögen sie thun, was sie wollen: in ihrem Thun wird der Pfeffer und der Widerspruch oder die Weltmüdigkeit regieren! (Die reiche Classe in England hat ihr Christentum nötig, um ihre Verdauungsbeschwerden und ihre Kopfschmerzen ertragen zu können.) Zuletzt, um das Lustige an der Sache und nicht nur deren Ekelhaftes zu sagen, sind diese Menschen keineswegs Schlemmer; unser Jahrhundert und seine Art Geschäftigkeit ist mächtiger über ihre Glieder, als ihr Bauch: was wollen also diese Mahlzeiten? – Sie repräsentieren! Was, in aller Heiligen Namen? Den Stand? – Nein, das Geld: man hat keinen Stand mehr! Man ist "Individuum"! Aber Geld ist Macht, Ruhm, Würde, Vorrang, Einfluss; Geld macht jetzt das große oder kleine moralische Vorurteil für einen Menschen, je nachdem er davon hat! Niemand will es unter den Scheffel, Niemand möchte es auf den Tisch stellen; folglich muss das Geld einen Repräsentanten haben, den man auf den Tisch stellen kann: siehe unsere Mahlzeiten! –

204.

Danae und Gott im Golde. – Woher diese unmäßige Ungeduld, welche jetzt den Menschen zum Verbrecher macht, in Zuständen, welche den entgegengesetzten Hang besser erklären würden? Denn, wenn Dieser falsches Gewicht gebraucht, Jener sein Haus anbrennt, nachdem er es hoch versichert hat, ein Dritter am Prägen falschen Geldes Antheil nimmt, wenn drei Viertel der höheren Gesellschaft dem erlaubten Betruge nachhängt und am schlechten Gewissen der Börse und der Spekulation zu tragen hat: was treibt sie? Nicht die eigentliche Noth, es geht ihnen nicht so ganz schlecht, vielleicht sogar essen und trinken sie ohne Sorge, – aber eine furchtbare Ungeduld darüber, dass das Geld sich zu langsam häuft und eine ebenso furchtbare Lust und Liebe zu gehäuftem Gelde drängt sie bei Tag und bei der Nacht. In dieser Ungeduld und dieser Liebe aber kommt jener Fanatismus des Machtgelüstes wieder zum Vorschein, welcher ehemals durch den Glauben, im Besitz der Wahrheit zu sein, entzündet wurde und der so schöne Namen trug, dass man es daraufhin wagen konnte, mit gutem Gewissen unmenschlich zu sein (Juden, Ketzer und gute Bücher zu verbrennen und ganze höhere Kulturen wie die von Peru und Mexiko auszurotten). Die Mittel des Machtgelüstes haben sich verändert, aber derselbe Vulcan glüht noch immer, die Ungeduld und die unmäßige Liebe wollen ihre Opfer: und was man ehedem "um Gottes willen" tat, tut man jetzt um des Geldes willen, das heißt um dessen willen, was jetzt am höchsten Machtgefühl und gutes Gewissen gibt.

205.

Vom Volke Israel. – Zu den Schauspielen, auf welche uns das nächste Jahrhundert einladet, gehört die Entscheidung im Schicksale der europäischen Juden. Dass sie ihren Würfel geworfen, ihren Rubikon überschritten haben, greift man jetzt mit beiden Händen: es bleibt ihnen nur noch übrig, entweder die Herren Europas zu werden oder Europa zu verlieren, so wie sie einst vor langen Zeiten Ägypten verloren, wo sie sich vor ein ähnliches Entweder-Oder gestellt hatten. In Europa aber haben sie eine Schule von achtzehn Jahrhunderten durchgemacht, wie sie hier kein andres Volk aufweisen kann, und zwar so, dass nicht eben der Gemeinschaft, aber umso mehr den Einzelnen die Erfahrungen dieser entsetzlichen Übungszeit zu Gute gekommen sind. In Folge davon sind die seelischen und geistigen Hilfsquellen bei den jetzigen Juden außerordentlich; sie greifen in der Noth am seltensten von Allen, die Europa bewohnen, zum Becher oder zum Selbstmord, um einer tiefen Verlegenheit zu entgehen, – was dem geringer Begabten so nahe liegt. Jeder Jude hat in der Geschichte seiner Väter und Großväter eine Fundgrube von Beispielen kältester Besonnenheit und Beharrlichkeit in furchtbaren Lagen, von feinster Überlistung und Ausnützung des Unglücks und des Zufalls; ihre

Tapferkeit unter dem Deckmantel erbärmlicher Unter-werfung, ihr Heroismus im *spernere se sperni* übertrifft die Tugenden aller Heiligen. Man hat sie verächtlich machen wollen, dadurch dass man sie zwei Jahrtausende lang verächtlich behandelte und ihnen den Zugang zu allen Ehren, zu allem Ehrbaren verwehrte, dafür sie umso tiefer in die schmutzigeren Gewerbe hineinstieß, – und wahrhaftig, sie sind unter dieser Procedere nicht reinlicher geworden. Aber verächtlich? Sie haben selber nie aufgehört, sich zu den höchsten Dingen berufen zu glauben, und ebenso haben die Tugenden aller Leidenden nie aufgehört, sie zu schmücken. Die Art, wie sie ihre Väter und ihre Kinder ehren, die Vernunft ihrer Ehen und Ehesitten zeichnet sie unter allen Europäern aus. Zu alledem verstanden sie es, ein Gefühl der Macht und der ewigen Rache sich aus eben den Gewerben zu schaffen, welche man ihnen überließ (oder denen man sie überließ); man muss es zur Entschuldigung selbst ihres Wuchers sagen, dass sie ohne diese gelegentliche angenehme und nützliche Folterung ihrer Verächter es schwerlich ausgehalten hätten, sich so lange selbst zu achten. Denn unsere Achtung vor uns selber ist daran gebunden, dass wir Wiedervergeltung im Guten und Schlimmen üben können. Dabei reißt sie ihre Rache nicht leicht zu weit: denn sie haben Alle die Freisinnigkeit, auch die der Seele, zu welcher der häufige Wechsel des Ortes, des Klimas, der Sitten von Nachbarn und Unterdrückern den Menschen erzieht, sie besitzen die bei Weitem größte Erfahrung in allem menschlichen Verkehre und üben selbst in der Leidenschaft noch die Vorsicht dieser Erfahrung. Ihrer geistigen Geschmeidigkeit und Gewitztheit sind sie so sicher, dass sie nie, selbst in der bittersten Lage nicht, nötig haben, mit der physischen Kraft, als grobe Arbeiter, Last-träger, Ackerbausclaven ihr Brot zu erwerben. Ihren Manieren merkt man noch an, dass man ihnen niemals ritterlich vornehme Empfindungen in die Seele und schöne Waffen um den Leib gegeben hat: etwas Zudringliches wechselt mit einer oft zärtlichen, fast stets peinlichen Unterwürfigkeit. Aber jetzt, da sie unver-meidlich von Jahr zu Jahr mehr sich mit dem besten Adel Europas verschwägern, werden sie bald eine gute Erbschaft von Manieren des Geistes und Leibes gemacht haben: sodass sie in hundert Jahren schon vornehm genug dreinschauen werden, um als Herren bei den ihnen Unterworfenen nicht Scham zu erregen. Und darauf kommt es an! Deshalb ist ein Austrag ihrer Sache für jetzt noch verfrüht! Sie wissen selber am besten, dass an eine Eroberung Europas und an irgendwelche Gewaltsamkeit für sie nicht zu denken ist: wohl aber, dass Europa irgendwann einmal wie eine völlig reife Frucht ihnen in die Hand fallen dürfte, welche sich ihr nur leicht entgegenstreckt. Inzwischen haben sie dazu nötig, auf allen Gebieten der europäischen Auszeichnung sich auszuzeichnen und unter den Ersten zu stehen: bis sie es so weit bringen, Das, was auszeichnen soll, selber zu bestimmen. Dann werden sie die Erfinder und Wegzeiger der Europäer heißen und nicht mehr deren Scham beleidigen. Und wohin soll auch diese Fülle angesammelter großer Eindrücke, welche die jüdische Geschichte für jede jüdische Familie ausmacht, diese Fülle von Leidenschaften, Tugenden, Entschlüssen, Entsagungen, Kämpfen, Siegen aller Art, – wohin soll sie sich ausströmen, wenn nicht zuletzt in große geistige Menschen und Werke! Dann, wenn die Juden auf solche Edelsteine und goldene Gefäße als ihr Werk hinzuweisen haben, wie sie die europäischen Völker kürzerer und weniger tiefer Erfahrung nicht hervorzubringen vermögen und vermochten, wenn Israel seine ewige Rache in eine ewige Segnung Europas verwandelt haben wird: dann wird jener siebente Tag wieder einmal da sein, an dem der alte Judengott sich seiner selber, seiner Schöpfung und seines auserwählten Volkes freuen darf, und wir Alle wollen uns mit ihm freuen!

206.

Der unmögliche Stand. – Arm, fröhlich und unabhängig! – das ist beisammen möglich; arm, fröhlich und Sklave! – das ist auch möglich, – und ich wüsste den Arbeitern der Fabrik-Sklaverei nichts Besseres zu sagen: gesetzt, sie empfinden es nicht überhaupt als Schande, dergestalt, wie es geschieht, als Schrauben einer Maschine und gleichsam als Lückenbüßer der menschlichen Erfindungskunst verbraucht zu werden! Pfui! zu glauben, dass durch höhere Zahlung das Wesentliche ihres Elends, ich meine, ihre unpersönliche Verknechtung, gehoben werden könne! Pfui! sich aufreden zu lassen, durch eine Steigerung dieser Unpersönlichkeit, innerhalb des maschinenhaften Getriebes einer neuen Gesellschaft könne die Schande der Sklaverei zur Tugend gemacht werden! Pfui! einen Preis zu haben, für den man nicht mehr Person, sondern Schraube wird! Seid ihr die Mitverschworenen in der jetzigen Narrheit der Nationen, welche vor Allem möglichst viel produzieren und möglichst reich sein wollen? Eure Sache wäre es, ihnen die Gegenrechnung vorzuhalten: wie große Summen inneren Wertes für ein solches äußerliches Ziel weggeworfen werden! Wo ist aber euer innerer Wert, wenn ihr nicht mehr wisst, was frei atmen heißt? euch selber nicht einmal notdürftig in der Gewalt habt? eurer wie eines abgestandenen Getränkes allzu oft überdrüssig werdet? nach der Zeitung hinhorcht und den reichen Nachbar anschielt, lüstern gemacht durch das schnelle Steigen und Fallen von Macht, Geld und Meinungen? wenn ihr keinen Glauben mehr an die Philosophie, die Lumpen trägt, an die Freimütigkeit des Bedürfnislosen habt? wenn euch die freiwillige idyllische Armut, Berufs- und Ehelosigkeit, wie sie recht wohl den Geistigeren unter euch anstehen sollte, zum Gelächter geworden ist? Dagegen die Pfeife der sozialistischen Rattenfänger immer im Ohre tönt, die euch mit tollen Hoffnungen brünstig machen wollen? welche euch heißen, bereit zu sein und Nichts weiter, bereit von heute auf morgen, sodass ihr auf Etwas von außen her wartet und wartet und in Allem sonst lebt, wie ihr sonst gelebt habt, – bis dieses Warten zum Hunger und zum Durst und zum Fieber und zum Wahnsinn wird, und endlich der Tag der bestia triumphans in aller Herrlichkeit aufgeht? – Dagegen sollte doch Jeder bei sich denken: "lieber auswandern, in wilden und frischen Gegenden der Welt Herr zu werden suchen und vor Allem Herr über mich selber; den Ort so lange wechseln, als noch irgend ein Zeichen von Sklaverei mir winkt; dem Abenteuer und dem Kriege nicht aus dem Wege gehen und für die schlimmsten Zufälle den Tod in Bereitschaft halten: nur nicht länger diese unanständige Knechtschaft, nur nicht länger dies Sauer- und Giftig- und Verschwörerisch-werden!" Dieß wäre die rechte Gesinnung: die Arbeiter in Europa sollten sich als Stand fürderhin für eine Menschen-Unmöglichkeit, und nicht nur, wie meistens geschieht, als etwas hart und unzweckmäßig Eingerichtetes erklären; sie sollten ein Zeitalter des großen Aus-schwärmens im europäischen Bienenstocke heraufführen, wie dergleichen bisher noch nicht erlebt wurde, und, durch diese Tat der Freizügigkeit im großen Stil, gegen die Maschine, das Capital und die jetzt ihnen drohende Wahl protestieren, entweder Sklave des Staates oder Sklave einer Umsturz-Partei werden zu müssen. Möge sich Europa des vierten Teiles seiner Bewohner erleichtern! Ihm und ihnen wird es leichter ums. Herz werden! In der Ferne erst, bei den Unternehmungen schwärmender Kolonisten Züge wird man recht erkennen, wie viel gute Vernunft und Billigkeit, wie viel gesundes Misstrauen die Mutter Europa ihren Söhnen einverleibt hat, – diesen Söhnen, welche es neben ihr, dem verdumpften alten Weibe, nicht mehr aushalten konnten und Gefahr liefen, gries-grämig, reizbar und genusssüchtig, wie sie selber, zu werden. Außerhalb Europas werden die Tugenden Europas mit den Arbeitern auf der Wanderschaft sein; und Das, was zu gefährlichem Missmut und verbrecherischem Hange innerhalb der Heimat zu entarten begann, wird draußen eine wilde schöne Natürlichkeit gewinnen und Herois-mus heißen. – So käme doch endlich auch wieder reinere Luft in das alte, jetzt übervölkerte und in sich brütende Europa! Mag es immer-hin dann an "Arbeitskräften" etwas fehlen! Vielleicht wird man sich dabei besinnen, dass man an viele Bedürfnisse sich erst seitdem gewöhnt hat, als es so leicht wurde, sie zu befriedigen, – man wird einige Bedürfnisse wieder verlernen! Vielleicht auch wird man dann Chinesen hereinholen: und diese würden die Denk- und Lebensweise mitbringen, welche sich für arbeitsame Ameisen schickt. Ja, sie könnten im Ganzen dazu helfen, dem unruhigen und sich aufreibenden Europa etwas asiatische Ruhe und Betracht-samkeit und – was am meisten wohl nottut – asiatische Dauer-haftigkeit ins Geblüt zu geben.

Verhalten der Deutschen zur Moral. – Ein Deutscher ist großer Dinge fähig, aber es ist unwahrscheinlich, dass er sie tut: denn er gehorcht, wo er kann, wie dies einem an sich trägen Geiste wohltut. Wird er in die Noth gebracht, allein zu stehen und seine Trägheit abzuwerfen, ist es ihm nicht mehr möglich, als Ziffer in einer Summe unterzuducken (in dieser Eigenschaft ist er bei Weitem nicht so viel wert wie ein Franzose oder Engländer) – so entdeckt er seine Kräfte: dann wird er gefährlich, böse, tief, verwegen, und bringt den Schatz von schlafender Energie an's Licht, den er in sich trägt und an den sonst Niemand (und er selber nicht) glaubte. Wenn ein Deutscher sich in solchem Falle selbst gehorcht – es ist die große Ausnahme –, so geschieht es mit der gleichen Schwerfälligkeit, Unerbittlichkeit und Dauer, mit der er sonst seinem Fürsten, seinen amtlichen Obliegenheiten gehorcht: sodass er, wie gesagt, dann großen Dingen gewachsen ist, die zu dem "Schwachen Charakter", den er bei sich voraussetzt, in gar keinem Verhältnis stehen. Für gewöhnlich aber fürchtet er sich, von sich allein abzuhängen, zu improvisieren: deshalb verbraucht Deutschland so viel Beamte, so viel Tinte. – Der Leichtsinn ist ihm fremd, für ihn ist er zu ängstlich; aber in ganz neuen Lagen, die ihn aus der Schläfrigkeit herausziehen, ist er beinahe leichtsinnig; er genießt dann die Seltenheit der neuen Lage wie einen Rausch, und er versteht sich auf den Rausch! So ist der Deutsche jetzt in der Politik beinahe leichtsinnig: hat er das Vorurteil der Gründlichkeit und des Ernstes auch hier für sich und benutzt er es im Verkehr mit den anderen politischen Mächten reichlich, so ist er doch insgeheim voller Übermut, einmal schwärmen und launenhaft und neuerungssüchtig sein zu dürfen und mit Personen, Parteien, Hoffnungen wie mit Masken zu wechseln. – Die deutschen Gelehrten, welche bisher das Ansehen hatten, die Deutschesten unter den Deutschen zu sein, waren und sind vielleicht noch so gut wie die deutschen Soldaten, wegen ihres tiefen, fast kindlichen Hanges zum Gehorchen in allen äußeren Dingen und der Nötigung, in der Wissenschaft viel allein zu stehen und Viel zu verantworten;

wenn sie ihre stolze, schlichte und geduldige Art und ihre Freiheit von politischer Narrheit zu sichern wissen, in Zeiten, wo der Wind anders bläst, so steht noch Großes von ihnen zu erwarten: so wie sie sind (oder waren), sind sie der embryonische Zustand von etwas Höherem. – Der Vorteil und der Nachtheil der Deutschen, und selbst ihrer Gelehrten, war bisher, dass sie dem Aberglauben und der Lust, zu glauben, näher standen, als andere Völker; ihre Laster sind, nach wie vor, der Trunk und der Hang zum Selbstmord (dieser ein Zeichen von Schwerfälligkeit des Geistes, der schnell dazu gebracht werden kann, die Zügel wegzuwerfen); ihre Gefahr liegt in Allem, was die Verstandeskräfte bindet und die Affekte entfesselt (wie zum Beispiel der übermäßige Gebrauch der Musik und der geistigen Getränke): denn der deutsche Affekt ist gegen den eigenen Nutzen gerichtet und selbstzerstörerisch wie der des Trunkenboldes. Die Begeisterung selber ist in Deutschland weniger wert, als anderwärts, denn sie ist unfruchtbar. Wenn je ein Deutscher etwas Großes tat, so geschah es in der Noth, im Zustande der Tapferkeit, der zusammengebissenen Zähne, der gespanntesten Besonnenheit und oft der Großmut. – Der Umgang mit ihnen wäre wohl anzuraten, – denn fast jeder Deutsche hat Etwas zu geben, wenn man versteht, ihn dahin zu bringen, dass er es findet, wiederfindet (er ist unordentlich in sich). – – Wenn nun ein Volk dieser Art sich mit Moral abgibt: welche Moral wird es sein, die gerade ihm genugtut? Sicherlich wird es zuerst wollen, dass sein herzlicher Hang zum Gehorsam in ihr idealisiert erscheine. "Der Mensch muss Etwas haben, dem er unbedingt gehorchen kann" – das ist eine deutsche Empfindung, eine deutsche Folgerichtigkeit: man begegnet ihr auf dem Grunde aller deutschen Morallehren. Wie anders ist der Eindruck, wenn man sich vor die gesamte antike Moral stellt! Alle diese griechischen Denker, so vielartig ihr Bild uns entgegenkommt, scheinen als Moralisten dem Turnmeister zu gleichen, der einem Jünglinge zuspricht "Komm! Folge mir! Ergib dich meiner Zucht! So wirst du es vielleicht so hoch bringen, vor allen Hellenen einen Preis davonzutragen." Persönliche Auszeichnung, – das ist die antike Tugend. Sich unterwerfen, folgen, öffentlich oder in der Verborgen-heit, – das ist deutsche Tugend. Lange vor Kant und seinem kategorischen Imperativ hatte Luther aus derselben Empfindung gesagt: es müsse ein Wesen geben, dem der Mensch unbedingt vertrauen könne, – es war sein Gottesbeweis, er wollte, gröber und volkstümlicher als Kant, dass man nicht einem Begriff, sondern einer Person unbedingt gehorche und schließlich hat auch Kant seinen Umweg um die Moral nur deshalb genommen, um zum Gehorsam gegen die Person zu gelangen: das ist eben der Cultus des Deutschen, je weniger ihm gerade vom Cultus in der Religion übrig geblieben ist. Griechen und Römer empfanden anders und würden über ein solches "es muss ein Wesen geben" – gespottet haben: es gehörte zu ihrer südländischen Freiheit des Gefühls, sich des "unbedingten Vertrauens" zu erwehren und im letzten Verschluss des Herzens eine kleine Skepsis gegen Alles und Jedes, sei es Gott oder Mensch oder Begriff, zurückzubehalten. Gar der antike Philosoph! Nil admirari – in diesem Satze sieht er die Philosophie. Und ein Deutscher, nämlich Schopenhauer, geht so weit im Gegenteil zu sagen: admirari id est philosophari. – Wie aber nun, wenn der Deutsche einmal, wie es vorkommt, in den Zustand gerät, wo er großer Dinge fähig ist? Wenn die Stunde der Ausnahme, die Stunde des Ungehorsams kommt? – Ich glaube nicht, dass Schopenhauer mit Recht sagt, es sei der einzige Vorzug der Deutschen vor anderen Völkern, dass es unter ihnen mehr Atheisten gebe, als anderwärts, – aber Das weiß ich: wenn der Deutsche in den Zustand gerät, wo er großer Dinge fähig ist, so erhebt er sich allemal über die Moral! Und wie sollte er nicht? Jetzt muss er etwas Neues thun, nämlich befehlen – sich oder Anderen! Das Befehlen hat ihn aber seine deutsche Moral nicht gelehrt! Das Befehlen ist in ihr vergessen!

Viertes Buch.

208.

Gewissensfrage. – "Und in summa: was wollt ihr eigentlich Neues?" – Wir wollen nicht mehr die Ursachen zu Sündern und die Folgen zu Henkern machen.

209.

Die Nützlichkeit der strengsten Theorien. – Man sieht einem Menschen viele Schwächen der Moralität nach und handhabt dabei ein grobes Sieb, vorausgesetzt, dass er sich immer zur strengsten Theorie der Moral bekennt! Dagegen hat man das Leben der freigeistischen Moralisten immer unter das Mikroskop gestellt: mit dem Hintergedanken, dass ein Fehltritt des Lebens das sicherste Argument gegen eine unwillkommene Erkenntnis sei.

210.

Das "an sich". – Ehemals fragte man: was ist das Lächerliche? wie als ob es außer uns Dinge gebe, welchen das Lächerliche als Eigenschaft anhafte, und man erschöpfte sich in Einfällen (ein Theologe meinte sogar, dass es "die Naivität der Sünde" sei). Jetzt fragt man: was ist das Lachen? Wie entsteht das Lachen? Man hat sich besonnen und endlich festgestellt, dass es nichts Gutes, nichts Schönes, nichts Erhabenes, nichts Böses an sich gibt, wohl aber Seelenzustände, in denen wir die Dinge außer und in uns mit solchen Worten belegen. Wir haben die Prädikate der Dinge wieder zurückgenommen, oder wenigstens uns daran erinnert, dass wir sie ihnen geliehen haben: – sehen wir zu, dass wir bei dieser Einsicht die Fähigkeit zum Verleihen nicht verlieren, und dass wir nicht zugleich reicher und geiziger geworden sind.

211.

An die Träumer der Unsterblichkeit. – Diesem schönen Bewusstsein eurer selbst wünscht ihr also ewige Dauer? Ist das nicht schamlos? Denkt ihr denn nicht an alle anderen Dinge, die euch dann in alle Ewigkeit zu ertragen hätten, wie sie euch bisher ertragen haben mit einer mehr als christlichen Geduld? Oder meint ihr, ihnen ein ewiges Wohlgefühl an euch geben zu können? Ein einziger unsterblicher Mensch auf der Erde wäre ja schon genug, um alles Andere, das noch da wäre, durch Überdruss an ihm in eine allgemeine Sterbe- und Aufhängewut zu versetzen! Und ihr Erdenbewohner mit euren Begriffelchen von ein paar Tausend Zeitminütchen wollt dem ewigen allgemeinen Dasein ewig lästig fallen! Gibt es etwas Zudringlicheres! – Zuletzt: seien wir milde gegen ein Wesen von siebenzig Jahren! – es hat seine Phantasie im Ausmalen der eignen "ewigen Langenweile" nicht üben können, – es fehlte ihm an der Zeit!

212.

Worin man sich kennt. – Sobald ein Thier ein anderes sieht, so misst es sich im Geiste mit ihm; und ebenso machen es die Menschen wilder Zeitalter. Daraus ergibt sich, dass sich da jeder Mensch fast nur in Hinsicht auf seine Wehr- und Angriffskräfte kennen lernt.

213.

Die Menschen des verfehlten Lebens. – Die einen sind aus solchem Stoffe, dass es der Gesellschaft erlaubt ist, Diess oder Jenes aus ihnen zu machen: unter allen Umständen werden sie sich gut dabei befinden und nicht über ein verfehltes Leben zu klagen haben. Andere sind von zu besonderem Stoffe – es braucht deshalb noch kein besonders edler, sondern eben nur ein seltenerer zu sein –, als dass sie nicht sich schlecht befinden müssten, den einzigen Fall ausgenommen, dass sie ihrem einzigen Zwecke gemäß leben können: – in allen anderen Fällen hat die Gesellschaft den Schaden davon. Denn Alles, was dem Einzelnen als verfehltes, missratenes

Leben erscheint, seine ganze Bürde von Missmut, Lähmung, Erkrankung, Reizbarkeit, Begehrlichkeit, wirft er auf die Gesellschaft zurück – und so bildet sich um sie eine schlechte dumpfe Luft und, im günstigsten Falle, eine Gewitterwolke.

214.

Was Nachsicht! – Ihr leidet, und verlangt, dass wir nachsichtig gegen euch sind, wenn ihr im Leiden den Dingen und Menschen Unrecht tut! Aber was liegt an unserer Nachsicht! Ihr aber solltet vorsichtiger um euer selbst willen sein! Das ist eine schöne Art, sich für sein Leiden so zu entschädigen, dass man noch dazu sein Urteil schädigt! Auf euch selber fällt eure eigne Rache zurück, wenn ihr Etwas verunglimpft; ihr trübt damit euer Auge, nicht das der Anderen: ihr gewöhnt euch an das Falsch – und Schief-Sehen!

215.

Moral der Opfertiere. – "Sich begeistert hingeben", "sich selber zum Opfer bringen" – dies sind die Stichworte eurer Moral, und ich glaube es gerne, dass ihr, wie ihr sagt, "es damit ehrlich meint": nur kenne ich euch besser, als ihr euch kennt, wenn eure "Ehrlichkeit" mit einer solchen Moral Arm in Arm zu gehen vermag. Ihr seht von der Höhe derselben herab auf jene andere nüchterne Moral, welche Selbstbeherrschung, Strenge, Gehorsam fordert, ihr nennt sie wohl gar egoistisch, und gewiss! – ihr seid ehrlich gegen euch, wenn sie euch missfällt, – sie muss euch missfallen! Denn indem ihr euch begeistert hingebt und aus euch ein Opfer macht, genießt ihr jenen Rausch des Gedankens, nunmehr eins zu sein mit dem Mächtigen, sei es ein Gott oder ein Mensch, dem ihr euch weiht: ihr schwelgt in dem Gefühle seiner Macht, die eben wieder durch ein Opfer bezeugt ist. In Wahrheit scheint ihr euch nur zu opfern, ihr wandelt euch vielmehr in Gedanken zu Göttern um und genießt euch als solche. Von diesem Genusse aus gerechnet, – wie schwach und arm dünkt euch jene "egoistische" Moral des Gehorsams, der Pflicht, der Vernünftigkeit: sie missfällt euch, weil hier wirklich geopfert und hingegeben werden muss, ohne dass der Opferer sich in einen Gott verwandelt wähnt, wie ihr wähnt. Kurz, ihr wollt den Rausch und das Übermaß, und jene von euch verachtete Moral hebt den Finger auf gegen Rausch und Übermaass, – ich glaube euch wohl, dass sie euch Missbehagen macht!

216.

Die Bösen und die Musik. – Sollte die volle Seligkeit der Liebe, welche im unbedingten Vertrauen liegt, jemals anderen Personen zu Theil geworden sein, als tief misstrauischen, bösen und galligen? Diese nämlich genießen in ihr die ungeheure, nie geglaubte und glaubliche Ausnahme ihrer Seele! Eines Tages kommt jene grenzenlose, traumhafte Empfindung über sie, gegen die sich ihr ganzes, übriges heimliches und sichtbares Leben abhebt: wie ein köstliches Rätsel und Wunder, voll goldenen Glanzes und über alle Worte und Bilder hinaus. Das unbedingte Vertrauen macht stumm; ja, selbst ein Leiden und eine Schwere ist in diesem seligen Stummwerden, weshalb auch solche vom Glück gedrückte Seelen der Musik dankbarer zu sein pflegen, als alle anderen und besseren: denn durch die Musik hindurch sehen und hören sie, wie durch einen farbigen Rauch, ihre Liebe gleichsam ferner, rührender und weniger schwer geworden; Musik ist ihnen das einzige Mittel, ihrem außerordentlichen Zustande zuzuschauen und mit einer Art von Entfremdung und Erleichterung erst seines Anblicks teilhaft zu werden. Jeder Liebende denkt bei der Musik: "Sie redet von mir, sie redet an meiner statt, sie weiß Alles!" –

217.

Der Künstler. – Die Deutschen wollen durch den Künstler in eine Art erträumter Passion kommen; die Italiener wollen durch ihn von ihren wirklichen Passionen ausruhen; die Franzosen wollen von ihm Gelegenheit, ihr Urteil zu beweisen, und Anlässe zum Reden haben. Also seien wir billig!

218.

Mit seinen Schwächen als Künstler schalten. – Wenn wir durchaus Schwächen haben sollen und sie als Gesetze über uns endlich auch anerkennen müssen, so wünsche ich Jedem wenigstens so viel künstlerische Kraft, dass er aus seinen Schwächen die Folie seiner Tugenden und durch seine Schwächen uns begehrlich nach seinen Tugenden zu machen verstehe: Das, was in so ausgezeichnetem Maße die großen Musiker verstanden haben. Wie häufig ist in Beethovens Musik ein grober rechthaberischer, ungeduldiger Ton, bei Mozart eine Jovialität biederer Gesellen, bei der Herz und Geist ein Wenig fürlieb nehmen müssen, bei Richard Wagner eine abspringende und zudringende Unruhe, bei der dem Geduldigsten die gute Laune eben abhanden kommen will: da aber kehrt er zu seiner Kraft zurück, und ebenso Jene; sie Alle haben uns mit ihren Schwächen einen Heißhunger nach ihren Tugenden und eine zehnmal empfindlichere Zunge für jeden Tropfen tönenden Geistes, tönender Schönheit, tönender Güte gemacht.

219.

Der Betrug bei der Demütigung. – Du hast deinem Nächsten mit deiner Unvernunft ein tiefes Leid zugefügt und ein unwieder-bringliches Glück zerstört – und nun gewinnst du es über deine Eitelkeit, zu ihm zu gehen, du demütigst dich vor ihm, gibst deine Unvernunft vor ihm der Verachtung preis und meinst, nach dieser harten, für dich äußerst beschwerlichen Scene sei im Grunde alles wieder in Ordnung gebracht, – deine freiwillige Einbuße an Ehre gleiche die unfreiwillige Einbuße des Andern an Glück aus: mit diesem Gefühle gehst du erhoben und in deiner Tugend wieder-hergestellt davon. Aber der Andere hat sein tiefes Leid wie vorher, es liegt ihm gar nichts Tröstliches darin, dass du unvernünftig bist und es gesagt hast, er erinnert sich sogar des peinlichen Anblicks, den du ihm gegeben hast, als du dich vor ihm selbst verachtetest, wie einer neuen Wunde, welche er dir verdankt, – aber er denkt nicht an Rache und begreift nicht, wie zwischen dir und ihm Etwas ausgeglichen werden könnte. Im Grunde hast du jene Scene vor dir selber aufgeführt und für dich selber: du hattest einen Zeugen dazu eingeladen, deinetwegen und nicht seinetwegen, – betrüge dich nicht!

220.

Würde und Furchtsamkeit. – Die Ceremonien, die Amts- und Standestrachten, die ernsten Mienen, das feierliche Dreinschauen, die langsame Gangart, die gewundene Rede und Alles überhaupt, was Würde heißt: das ist die Verstellungsform Derer, welche im Grunde furchtsam sind, – sie wollen damit fürchten machen (sich oder Das, was sie repräsentieren). Die Furchtlosen, das heißt ursprünglich: die jederzeit und unzweifelhaft Fürchterlichen haben Würde und Ceremonien nicht nötig, sie bringen die Ehrlichkeit, das Geradezu in Worten und Gebärden in Ruf und noch mehr in Verruf, als Anzeichen der selbstbewussten Fürchterlichkeit.

221.

Moralität des Opfers. – Die Moralität, welche sich nach der Aufopferung bemisst, ist die der halbwilden Stufe. Die Vernunft hat da nur einen schwierigen und blutigen Sieg innerhalb der Seele, es sind gewaltige Gegentriebe niederzuwerfen; ohne eine Art Grausamkeit, wie bei den Opfern, welche kannibalische Götter verlangen, geht es dabei nicht ab.

222.

Wo Fanatismus zu wünschen ist. – Phlegmatische Naturen sind nur so zu begeistern, dass man sie fanatisiert.

223.

Das gefürchtete Auge. – Nichts wird von Künstlern, Dichtern und Schriftstellern mehr gefürchtet, als jenes Auge, welches ihren kleinen Betrug sieht, welches nachträglich wahrnimmt, wie oft sie an dem Grenzwege gestanden haben, wo es entweder zur unschuldigen Lust an sich selber oder zum Effekt-machen abführte; welches ihnen nachrechnet, wenn sie Wenig für Viel verkaufen wollten, wenn sie zu erheben und zu schmücken suchten, ohne selber erhoben zu sein; welches den Gedanken durch allen Trug ihrer Kunst hindurch so sieht, wie er zuerst vor ihnen stand, vielleicht wie eine entzückende Lichtgestalt, vielleicht aber auch als ein Diebstahl an aller Welt, als ein Alltags-Gedanke, den sie dehnen, kürzen, färben, einwickeln, würzen mussten, um Etwas aus ihm zu machen, anstatt dass der Gedanke Etwas aus ihnen machte, – oh dieses Auge, welches alle eure Unruhe, euer Spähen und Gieren, euer Nachmachen und überbieten (dies ist nur ein neidisches Nachmachen) eurem Werke anmerkt, welches eure Schamröte so gut kennt, wie eure Kunst, diese Röte zu verbergen und vor euch selber umzudeuten!

224.

Das Erhebende" am Unglück des Nächsten. – Er ist im Unglück, und nun kommen die "Mitleidigen" und malen ihm sein Unglück aus, – endlich gehen sie befriedigt und erhoben fort: sie haben sich an dem Entsetzen des Unglücklichen wie an dem eigenen Entsetzen geweidet und sich einen guten Nachmittag gemacht.

225.

Mittel, um schnell verachtet zu werden. – Ein Mensch, der schnell und viel spricht, sinkt außerordentlich tief in unserer Achtung, nach dem kürzesten Verkehre, und selbst wenn er verständig spricht, – nicht nur in dem Maße als er lästig fällt, sondern weit tiefer. Denn wir erraten, wie vielen Menschen er schon lästig gefallen ist, und rechnen zu dem Missbehagen, das er macht, noch die Missachtung hinzu, welche wir für ihn voraussetzen.

226.

Vom Verkehre mit Celebritäten. – A: Aber warum weichst du diesem großen Manne aus? – B: Ich möchte ihn nicht verkennen lernen! Unsere Fehler vertragen sich nicht bei einander: ich bin kurzsichtig und misstrauisch, und er trägt seine falschen Diamanten so gern wie seine echten.

227.

Kettenträger. – Vorsicht vor allen Geistern, die an Ketten liegen! Zum Beispiel vor den klugen Frauen, welche ihr Schicksal in eine kleine, dumpfe Umgebung gebannt hat und die darin alt werden. Zwar liegen sie scheinbar träge und halb blind in der Sonne da: aber bei jedem fremden Tritt, bei allem Unvermuteten fahren sie auf, um zu beißen; sie nehmen an Allem Rache, was ihrer Hundehütte entkommen ist.

228.

Rache im Lobe. – Hier ist eine geschriebene Seite voller Lob, und ihr nennt sie flach: aber wenn ihr erratet, dass Rache in diesem Lobe verborgen liegt, so werdet ihr sie fast überfein finden und an dem Reichtum kleiner kühner Striche und Figuren euch sehr ergötzen. Nicht der Mensch, sondern seine Rache ist so fein, reich und erfinderisch; er selber merkt kaum Etwas davon.

229.

Stolz. – Ach, ihr kennt alle das Gefühl nicht, welches der Gefolterte nach der Folterung hat, wenn er in die Zelle zurückgebracht wird und sein Geheimnis mit ihm! – er hält es immer noch mit den Zähnen fest. Was wisst ihr vom Jubel des menschlichen Stolzes!

230.

"Utilitarisch" – jetzt gehen die Empfindungen in moralischen Dingen so kreuz und quer, dass man für diesen Menschen eine Moral durch ihre Nützlichkeit beweist, für jenen gerade durch die Nützlichkeit widerlegt.

231.

Von der deutschen Tugend. – Wie entartet in seinem Geschmack, wie sklavisch vor Würden, Ständen, Trachten, Pomp und Prunk muss ein Volk gewesen sein, als es das schlichte als das Schlechte, den schlichten Mann als den schlechten Mann abschätzte! Man soll dem moralischen Hochmuth der Deutschen immer dies Wörtlein "schlecht" und Nichts weiter entgegenhalten!

232.

Aus einer Disputation. – A: Freund, Sie haben sich heiser gesprochen! – B: So bin ich widerlegt. Reden wir nicht weiter davon.

233.

Die "Gewissenhaften". – Habt ihr Acht gegeben, was für Menschen am meisten Wert auf strengste Gewissenhaftigkeit legen? Die, welche sich vieler erbärmlicher Empfindungen bewusst sind, ängstlich von sich und an sich denken und Angst vor Anderen haben, die ihr Inneres so sehr wie möglich verbergen wollen, – sie suchen sich selber zu imponieren, durch jene Strenge der Gewissenhaftigkeit und Härte der Pflicht, vermöge des strengen und harten Eindrucks, den Andere von ihnen dadurch bekommen müssen (namentlich Untergebene).

234.

Scheu vor dem Ruhme. – A: Dass Einer seinem Ruhme ausweicht, dass Einer seinen Lobredner absichtlich beleidigt, dass Einer sich scheut, Urteile über sich zu hören, aus Scheu vor dem Lobe, – das findet man, das gibt es, – glaubt oder glaubt es nicht! – B: Das findet sich, das gibt sich! Nur etwas Geduld, Junker Hochmuth! –

235.

Dank abweisen. – Man darf wohl eine Bitte abweisen, aber nimmermehr darf man einen Dank abweisen (oder, was dasselbe ist, ihn kalt und konventionell annehmen). Diess beleidigt tief – und warum?

236.

Strafe. – Ein seltsames Ding, unsere Strafe! Sie reinigt nicht den Verbrecher, sie ist kein Abbüßen: im Gegenteil, sie beschmutzt mehr, als das Verbrechen selber.

237.

Eine Parteinoth. – Es gibt eine lächerliche, aber nicht ungefährliche Betrübnis fast in jeder Partei: an ihr leiden alle Die, welche die jahrelangen, treuen und ehrenwerten Verfechter der Partei-meinung waren und plötzlich, eines Tages, merken, dass ein viel Mächtigerer die Trompete in die Hand genommen hat. Wie wollen sie es ertragen, stumm gemacht zu sein! Und so werden sie laut und mitunter in neuen Tönen.

238.

Das Streben nach Anmut. – Wenn eine starke Natur nicht den Hang der Grausamkeit hat und nicht immer von sich selber okkupiert ist, so strebt sie unwillkürlich nach Anmut, – dies ist ihr Ab-zeichen. Die schwachen Charaktere dagegen lieben die herben Urteile, – sie gesellen sich zu den Helden der Menschen-verachtung, zu den religiösen oder philosophischen Anschwärzen des Daseins oder ziehen sich hinter strenge Sitten und peinliche "Lebensberufe" zurück: so suchen sie sich einen Charakter und eine Art Stärke zu schaffen. Und dies thun sie ebenfalls unwillkürlich.

239.

Wink für Moralisten. – Unsere Musiker haben eine große Entdeckung gemacht: die interessante Hässlichkeit ist auch in ihrer Kunst möglich! Und so werfen sie sich in diesen eröffneten Ozean des Hässlichen, wie trunken, und noch niemals war es so leicht, Musik zu machen. Jetzt hat man erst den allgemeinen dunkelfarbigen Hintergrund gewonnen, auf dem ein noch so kleiner Lichtstreifen schöner Musik den Glanz von Gold und Smaragd erhält; jetzt wagt man erst den Zuhörer in Sturm, Empörung und außer Atem zu bringen, um ihm nachher durch einen Augenblick des Hinsinkens in Ruhe ein Gefühl der Seligkeit zu geben, welches der Schätzung der Musik überhaupt zu Gute kommt. Man hat den Kontrast entdeckt: jetzt erst sind die stärksten Effekte möglich – und wohlfeil: Niemand fragt mehr nach guter Musik. Aber ihr müsst euch beeilen! Es ist für jede Kunst nur eine kurze Spanne Zeit noch, wenn sie erst zu dieser Entdeckung gelangt ist. – Oh, wenn unsere Denker Ohren hätten, um in die Seelen unserer Musiker, vermittelst ihrer Musik, hineinzuhören! Wie lange muss man warten, ehe solch eine Gelegenheit sich wiederfindet, den innerlichen Menschen auf der bösen Tat und in der Unschuld dieser Tat zu ertappen! Denn unsere Musiker haben nicht den leisesten Geruch davon, dass sie ihre eigene Geschichte, die Geschichte der Verhässlichung der Seele, in Musik setzen. Ehemals musste der gute Musiker beinahe um seiner Kunst willen ein guter Mensch werden –. Und jetzt!

240.

Von der Moralität der Schaubühne. – Wer da meint, Shakespeares Theater wirke moralisch und der Anblick des Macbeth ziehe unwiderstehlich vom Bösen des Ehrgeizes ab, der irrt sich: und er irrt sich noch einmal, wenn er glaubt, Shakespeare selber habe so empfunden wie er. Wer wirklich vom rasenden Ehrgeiz besessen ist, sieht dies sein Bild mit Lust; und wenn der Held an seiner Leidenschaft zu Grunde geht, so ist dies gerade die schärfste Würze in dem heißen Getränke dieser Lust. Empfand es der Dichter denn anders? Wie königlich, und durchaus nicht schurkenhaft, läuft sein Ehrgeiziger vom Augenblick des großen Verbrechens an seine Bahn! Erst von da ab zieht er "dämonisch" an und reizt ähnliche Naturen zur Nachahmung auf; – dämonisch heißt hier: zum Trotz gegen Vorteil und Leben, zu Gunsten eines Gedankens und Triebes. Glaubt ihr denn, Tristan und Isolde gäben dadurch eine Lehre gegen den Ehebruch, dass sie Beide an ihm zu Grunde gehen? Diess hieße die Dichter auf den Kopf stellen: welche, wie namentlich Shakespeare, verliebt in die Leidenschaften an sich sind, und nicht am geringsten in ihre todbereiten Stimmungen: – jene, wo das Herz nicht fester mehr am Leben hängt, als ein Tropfen am Glase. Nicht die Schuld und deren schlimmer Ausgang liegt ihnen am Herzen, dem Shakespeare so wenig wie dem Sophokles (im Ajax, Philoktet, Oedipus): so leicht es gewesen wäre, in den genannten Fällen die Schuld zum Hebel des Dramas zu machen, so bestimmt ist dies gerade vermieden. Ebenso wenig will der Tragödiendichter mit seinen Bildern des Lebens gegen das Leben einnehmen! Er ruft vielmehr: "es ist der Reiz allen Reizes, dieses aufregende, wechselnde, gefährliche, düstere und oft sonnen-durchglühte Dasein! Es ist ein Abenteuer, zu leben, – nehmt diese oder jene Partei darin, immer wird es diesen Charakter behalten!" – So spricht er aus einer unruhigen und kraftvollen Zeit heraus, die von ihrer Überfülle an Blut und Energie halb trunken und betäubt ist, – aus einer böseren Zeit heraus, als die unsere ist: weshalb wir nötig haben, uns den Zweck eines Shakespeare'schen Dramas erst zurecht und gerecht zu machen, das heißt, es nicht zu verstehen.

241.

Furcht und Intelligenz. – Wenn es wahr ist, was man jetzt des Bestimmtesten behauptet, dass die Ursache des schwarzen Hautpigmentes nicht im Lichte zu suchen sei: könnte es vielleicht die letzte Wirkung häufiger und durch Jahrtausende gehäufter Wutanfälle sein (und Blutunterströmungen der Haut)? Während bei anderen intelligenteren Stämmen das ebenso häufige Erschrecken und Bleichwerden endlich die weiße Hautfarbe er-geben hätte? – Denn der Grad der Furchtsamkeit ist ein Gradmesser der Intelligenz: und sich oft der blinden Wut überlassen, das Zeichen davon, dass die Tierheit noch ganz nahe ist und sich wieder durchsetzen möchte. – Braun-grau wäre also wohl die Urfarbe des Menschen, – etwas Affen- und Bärenhaftes, wie billig.

242.

Unabhängigkeit. – Unabhängigkeit (in ihrer schwächsten Dosis "Gedankenfreiheit" benannt) ist die Form der Entsagung, welche der Herrschsüchtige endlich annimmt, – er, der lange Das gesucht hat, was er beherrschen könnte, und Nichts gefunden hat, als sich selber.

243.

Die zwei Richtungen. – Versuchen wir den Spiegel an sich zu betrachten, so entdecken wir endlich Nichts, als die Dinge auf ihm. Wollen wir die Dinge fassen, so kommen wir zuletzt wieder auf Nichts, als auf den Spiegel. – Diess ist die allgemeinste Geschichte der Erkenntnis.

244.

Freude am Wirklichen. – Unser jetziger Hang zur Freude am Wirklichen – wir haben ihn fast Alle – ist nur daraus zu verstehen, dass wir so lange und bis zum Überdruss Freude am Unwirklichen gehabt haben. An sich ist es ein nicht unbedenklicher Hang, so wie er jetzt auftritt, ohne Wahl und Feinheit: – seine mindeste Gefahr ist die Geschmacklosigkeit.

245.

Feinheit des Machtgefühls. – Napoleon ärgerte sich, schlecht zu sprechen, und belog sich hierüber nicht: aber seine Herrschsucht, die keine Gelegenheit verschmähte und feiner war, als sein feiner Geist, brachte ihn dahin, noch schlechter zu sprechen, als er konnte. So rächte er sich an seinem eignen Ärger (er war eifersüchtig auf alle seine Affekte, weil sie Macht hatten) und genoss sein autokratisches Belieben. Sodann, in Hinsicht auf Ohren und Urteil der Hörenden, genoss er dies Belieben noch einmal: wie als ob so zu ihnen zu reden immer noch gut genug sei. Ja, er frohlockte im Geheimen bei dem Gedanken, durch Blitz und Donner der höchsten Autorität – welche im Bunde von Macht und Genialität liegt – das

Urteil zu betäuben und den Geschmack irrezuführen; während Beides in ihm kalt und stolz an der Wahrheit festhielt, dass er schlecht spreche. – Napoleon, als ein vollkommen zu Ende gedachter und ausgearbeiteter Typus Eines Triebes, gehört zu der antiken Menschheit: deren Merkmale – der einfache Aufbau und das erfinderische Ausbilden und Ausdichten Eines Motivs oder weniger Motive – leicht genug zu erkennen sind.

246.

Aristoteles und die Ehe. – Bei den Kindern der großen Genies bricht der Wahnsinn heraus, bei den Kindern der großen Tugend-haften der Stumpfsinn – bemerkt Aristoteles. Wollte er damit die Ausnahme-Menschen zur Ehe einladen?

247.

Herkunft des schlechten Temperaments. – Das Ungerechte und Sprunghafte im Gemüt mancher Menschen ihre Unordnung und Maßlosigkeit sind die letzten Folgen unzähliger logischer Unge-nauigkeiten, Ungründlichkeiten und übereilter Schlüsse, welcher sich ihre Vorfahren schuldig gemacht haben. Die Menschen mit gutem Temperament dagegen stammen aus überlegsamen und gründlichen Geschlechtern, welche die Vernunft hochgestellt haben, – ob zu löblichen oder bösen Zwecken, das kommt nicht so sehr in Betracht.

248.

Verstellung als Pflicht. – Am meisten ist die Güte durch die lange Verstellung, welche Güte zu scheinen suchte, entwickelt worden: überall, wo große Macht bestand, wurde die Notwendigkeit gerade dieser Art von Verstellung eingesehen, – sie flößt Sicherheit und Vertrauen ein und verhundertfacht die wirkliche Summe der physischen Macht. Die Lüge ist, wenn nicht die Mutter, so doch die Amme der Güte. Die Ehrlichkeit ist ebenfalls am meisten durch die Anforderung eines Anscheins der Ehrlichkeit und Biederkeit großgezogen worden: in den erblichen Aristokratien. Aus der dauernden Übung einer Verstellung entsteht zuletzt Natur: die Verstellung hebt sich am Ende selber auf, und Organe und Instinkte sind die kaum erwarteten Früchte im Garten der Heuchelei.

249.

Wer ist denn je allein! – Der Furchtsame weiß nicht, was Alleinsein ist: hinter seinem Stuhle steht immer ein Feind. – Oh, wer die Geschichte jenes feinen Gefühls, welches Einsamkeit heißt, uns erzählen könnte!

250.

Nacht und Musik. – Das Ohr, das Organ der Furcht, hat sich nur in der Nacht und in der Halbnacht dunkler Wälder und Höhlen so reich entwickeln können, wie es sich entwickelt hat, gemäß der Lebensweise des furchtsamen, das heißt des allerlängsten menschlichen Zeitalters, welches es gegeben hat: im Hellen ist das Ohr weniger nötig. Daher der Charakter der Musik, als einer Kunst der Nacht und Halbnacht.

251.

Stoisch. – Es gibt eine Heiterkeit des Stoikers, wenn er sich von dem Zeremoniell beengt fühlt, das er selber seinem Wandel vorgeschrieben hat, er genießt sich dabei als Herrschenden.

252.

Man erwäge. – Der gestraft wird, ist nicht mehr Der, welcher die Tat getan hat. Er ist immer der Sündenbock.

253.

Augenschein. – Schlimm! Schlimm! Was man am besten, am hartnäckigsten beweisen muss, das ist der Augenschein. Denn Allzuvielen fehlen die Augen, ihn zu sehen. Aber es ist so langweilig!

254.

Die Vorwegnehmenden. – Das Auszeichnende, aber auch Gefährliche in den dichterischen Naturen ist ihre erschöpfende Phantasie:
die, welche Das, was wird und werden könnte, vorweg nimmt,
vorweg genießt, vorweg erleidet und im endlichen Augenblick des
Geschehens und der Tat bereits müde ist. Lord Byron, der dies Alles
zu gut kannte, schrieb in sein Tagebuch: "Wenn ich einen Sohn
habe, so soll er etwas ganz Prosaisches werden – Jurist oder
Seeräuber."

255.

Gespräch über Musik. – A: Was sagen Sie zu dieser Musik? – B: Sie
hat mich überwältigt, ich habe gar Nichts zu sagen. Horch! Da
beginnt sie von Neuem! – A.- umso besser! Sehen wir zu, dass wir
sie diesmal überwältigen. Darf ich einige Worte zu dieser Musik
machen? Und Ihnen auch ein Drama zeigen, welches Sie vielleicht
beim ersten Hören nicht sehen wollten? – B: Wohlan! ich habe zwei
Ohren und mehr, wenn es nötig ist. Rücken Sie dicht an mich heran!
– A: – Diess ist es noch nicht, was er uns sagen will, er verspricht
bisher nur, dass er Etwas sagen werde, etwas Unerhörtes, wie er
mit diesen Gebärden zu verstehen gibt. Denn Gebärden sind es. Wie
er winkt! sich hoch aufrichtet! die Arme wirft! Und jetzt scheint ihm
der höchste Augenblick der Spannung gekommen: noch zwei
Fanfaren, und er führt sein Thema vor, prächtig und geputzt, wie
klirrend von edlen Steinen. Ist es eine schöne Frau? Oder ein
schönes Pferd? Genug, er sieht entzückt um sich, denn er hat Blicke
des Entzückens zu sammeln, – jetzt erst gefällt ihm sein Thema
ganz, jetzt wird er erfindsam, wagt neue und kühne Züge. Wie er
sein Thema heraustreibt! Ah! Geben Sie Acht, – er versteht nicht
nur, es zu schmücken, sondern auch zu schminken! Ja, er weiß, was
Farbe der Gesundheit ist, er versteht sich darauf, sie erscheinen zu
lassen, – er ist feiner in seiner Selbstkenntniss, als ich dachte. Und
jetzt ist er überzeugt, dass er seine Hörer überzeugt hat, er gibt
seine Einfälle, als seien es die wichtigsten Dinge unter der Sonne, er
hat unverschämte Fingerzeige auf sein Thema, als sei es zu gut für

diese Welt. – Ha, wie misstrauisch er ist! Dass wir nur nicht müde werden! So verschüttet er seine Melodien unter Süßigkeiten, – jetzt ruft er sogar unsere gröberen Sinne an, um uns aufzuregen und so wieder unter seine Gewalt zu bringen! Hören Sie, wie er das Elementarische stürmischer und donnernder Rhythmen beschwört! Und jetzt, da er merkt, dass diese uns fassen, würgen und beinahe zerdrücken, wagt er es, sein Thema wieder ins Spiel der Elemente zu mischen und uns Halbbetäubte und Erschütterte zu überreden, unsere Betäubung und Erschütterung sei die Wirkung seines Wunder-Themas. Und fürderhin glauben es ihm die Zuhörer: sobald es erklingt, entsteht in ihnen eine Erinnerung an jene erschütternde Elementarwirkung, – diese Erinnerung kommt jetzt dem Thema zu Gute, – es ist nun "dämonisch" geworden! Was für ein Kenner der Seele er ist! Er gebietet mit den Künsten eines Volksredners über uns. – Aber die Musik verstummt! – B: Und gut, dass sie es tut! denn ich kann es nicht mehr ertragen, Sie zu hören! Zehnmal lieber will ich doch mich täuschen lassen, als Einmal in Ihrer Art die Wahrheit zu wissen! – A: Diess ist es, was ich von Ihnen hören wollte. So, wie Sie, sind die Besten jetzt: ihr seid zufrieden damit, euch täuschen zu lassen! Ihr kommt mit groben und lüsternen Ohren, ihr bringt das Gewissen der Kunst zum Hören nicht mit, ihr habt eure feinste Redlichkeit unterwegs weggeworfen! Und damit verderbt ihr die Kunst und die Künstler! Immer, wenn ihr klatscht und jubelt, habt ihr das Gewissen der Künstler in den Händen, – und wehe, wenn sie merken, dass ihr zwischen unschuldiger und schuldiger Musik nicht unterscheiden könnt! Ich meine wahrlich nicht "gute" und "schlechte" Musik, – von dieser und jener gibt es in beiden Arten! Aber ich nenne eine unschuldige Musik jene, welche ganz und gar nur an sich denkt, an sich glaubt, und über sich die Welt vergessen hat, – das Von-selber-Ertönen der tiefsten Einsamkeit, die über sich mit sich redet und nicht mehr weiß, dass es Hörer und Lauscher und Wirkungen und Missverständnisse und Misserfolge da draußen gibt. – Zuletzt: die Musik, welche wir eben hörten, ist gerade von dieser edlen und seltenen Art, und Alles, was ich von ihr sagte, war erlogen, –

verzeihen Sie meine Bosheit, wenn Sie Lust haben! – B: Oh, Sie lieben also diese Musik auch? Dann sind Ihnen viele Sünden vergeben!

256.

Glück der Bösen. – Diese stillen, düsteren, bösen Menschen haben Etwas, das ihr ihnen nicht streitig machen könnt, einen seltenen und seltsamen Genuss im dolce far niente, eine Abend- und Sonnenuntergangs-Ruhe, wie sie nur ein Herz kennt, das allzu oft durch Affekte verzehrt, zerrissen, vergiftet worden ist.

257.

Worte in uns gegenwärtig. – Wir drücken unsere Gedanken immer mit den Worten aus, die uns zur Hand sind. Oder um meinen ganzen Verdacht auszudrücken: wir haben in jedem Momente eben nur den Gedanken, für welchen uns die Worte zur Hand sind, die ihn ungefähr auszudrücken vermögen.

258.

Dem Hunde schmeicheln. – Man muss diesem Hunde nur einmal das Fell streichen: sofort knistert er und sprüht Funken, wie jeder andere Schmeichler – und ist geistreich auf seine Art. Warum sollten wir ihn nicht so ertragen!

259.

Der ehemalige Lobredner. – "Er ist stumm über mich geworden, obwohl er die Wahrheit jetzt weiß und sie sagen könnte. Aber sie würde wie Rache klingen – und er achtet die Wahrheit so hoch, der Achtungswürdige!

260.

Amulett der Abhängigen. – Wer unvermeidlich von einem Gebieter abhängig ist, soll Etwas haben, wodurch er Furcht einflößt und den

Gebieter im Zaume hält, zum Beispiel Rechtschaffenheit oder Aufrichtigkeit oder eine böse Zunge.

261.

Warum so erhaben! – Oh, ich kenne dies Getier! Freilich gefällt es sich selber besser, wenn es auf zwei Beinen "wie ein Gott" daher schreitet, – aber wenn es wieder auf seine vier Füße zurückgefallen ist, gefällt es mir besser: dies steht ihm so unvergleichlich natürlicher!

262.

Der Dämon der Macht. – Nicht die Nothdurft, nicht die Begierde, – nein, die Liebe zur Macht ist der Dämon der Menschen. Man gebe ihnen Alles, Gesundheit, Nahrung, Wohnung, Unterhaltung, – sie sind und bleiben unglücklich und grillig: denn der Dämon wartet und wartet und will befriedigt sein. Man nehme ihnen Alles und befriedige diesen: so sind sie beinahe glücklich, – so glücklich als eben Menschen und Dämonen sein können. Aber warum sage ich dies noch? Luther hat es schon gesagt, und besser als ich, in den Versen: "Nehmen sie uns den Leib, Gut, Ehr', Kind und Weib: lass fahren dahin, – das Reich muss uns doch bleiben!" Ja! Ja! Das "Reich"!

263.

Der Widerspruch leibhaft und beseelt. – Im sogenannten Genie ist ein physiologischer Widerspruch, es besitzt einmal viele wilde, unordentliche, unwillkürliche Bewegung und sodann wiederum viele höchste Zwecktätigkeit der Bewegung, – dabei ist ihm ein Spiegel zu eigen, der beide Bewegungen neben einander und in einander, aber auch oft genug wider einander zeigt. In Folge dieses Anblicks ist es oft unglücklich, und wenn es ihm am wohlsten wird, im Schaffen, so ist es, weil es vergisst, dass es gerade jetzt mit höchster Zweckthätigkeit etwas Phantastisches und Unvernünftiges tut (das ist alle Kunst) – thun muss.

264.

Sich irren wollen. – Neidische Menschen mit feinerer Witterung suchen ihren Rivalen nicht genauer kennen zu lernen, um sich ihm überlegen fühlen zu können.

265.

Das Theater hat seine Zeit. – Wenn die Phantasie eines Volkes nachlässt, entsteht der Hang in ihm, seine Sagen sich auf der Bühne vorführen zu lassen, jetzt erträgt es die groben Ersatzstücke der Phantasie, – aber für jenes Zeitalter, dem der epische Rhapsode zugehört, ist das Theater und der als Held verkleidete Schauspieler ein Hemmschuh anstatt ein Flügel der Phantasie: zu nah, zu bestimmt, zu schwer, zu wenig Traum und Vogelflug.

266.

Ohne Anmut. – Er hat einen Mangel an Anmut, und weiß es: oh, wie er es versteht, dies zu maskieren! Durch strenge Tugend, durch Düsterkeit des Blickes, durch angenommenes Misstrauen gegen die Menschen und das Dasein, durch derbe Possen, durch Verachtung der feineren Lebensart, durch Pathos und Ansprüche, durch cynische Philosophie, – ja, er ist zum Charakter geworden, im steten Bewusstsein seines Mangels.

267.

Warum so stolz – Ein edler Charakter unterscheidet sich von einem gemeinen dadurch, dass er eine Anzahl Gewohnheiten und Gesichtspunkte nicht zur Hand hat, wie jener: sie sind ihm zufällig nicht vererbt und nicht anerzogen.

268.

Scylla und Charybdis des Redners. – Wie schwer war es in Athen, so zu sprechen, dass man die Zuhörer für die Sache gewann, ohne sie durch die Form abzustoßen oder von der Sache mit ihr abzuziehen! Wie schwer ist es noch in Frankreich, so zu schreiben!

269.

Die Kranken und die Kunst. – Gegen jede Art von Trübsal und Seelen-Elend soll man zunächst versuchen: Veränderung der Diät und körperliche derbe Arbeit. Aber die Menschen sind gewohnt, in diesem Falle nach Mitteln der Berauschung zu greifen: zum Beispiel nach der Kunst, – zu ihrem und der Kunst Unheil! Merkt ihr nicht, dass, wenn ihr als Kranke nach der Kunst verlangt, ihr die Künstler krank macht?

270.

Anscheinende Toleranz. – Es sind dies gute, wohlwollende, verständige Worte über und für die Wissenschaft, aber! aber! ich sehe hinter diese eure Toleranz gegen die Wissenschaft! Im Winkel eures Herzens meint ihr trotz alledem, sie sei euch nicht nötig, es sei großmütig von euch, sie gelten zu lassen, ja, ihre Fürsprecher zu sein, zumal die Wissenschaft gegen eure Meinungen nicht diese Großmut übe! Wisst ihr, dass ihr gar kein Recht zu dieser Toleranz-Übung habt? dass diese huldreiche Gebärde eine gröbere Verunglimpfung der Wissenschaft ist, als ein offener Hohn, welchen sich irgend ein übermütiger Priester oder Künstler gegen sie erlaubt? Es fehlt euch jenes strenge Gewissen für Das, was wahr und wirklich ist, es quält und martert euch nicht, die Wissenschaft im Widerspruch mit euren Empfindungen zu finden, ihr kennt die gierige Sehnsucht der Erkenntnis nicht als ein Gesetz über euch waltend, ihr fühlt keine Pflicht in dem Verlangen, mit dem Auge überall gegenwärtig zu sein, wo erkannt wird, Nichts sich entschlüpfen zu lassen, was erkannt ist. Ihr kennt Das nicht, was ihr so tolerant behandelt! Und nur, weil ihr es nicht kennt, gelingt es euch, so gnädige Mienen anzunehmen! Ihr, gerade ihr würdet erbittert und fanatisch blicken, wenn die Wissenschaft euch einmal ins Gesicht leuchten wollte, mit ihren Augen – Was kümmert es uns also, dass ihr Toleranz übt – gegen ein Phantom! und nicht einmal gegen uns! Und was liegt an uns!

271.

Die Feststimmung. – Gerade für jene Menschen, welche am hitzigsten nach Macht streben, ist es unbeschreiblich angenehm, sich überwältigt zu fühlen! Plötzlich und tief in ein Gefühl, wie in einen Strudel hinabzusinken! Sich die Zügel aus der Hand reißen zu lassen, und einer Bewegung wer weiß wohin? zuzusehen! Wer es ist, was es ist, das uns diesen Dienst leistet, – es ist ein großer Dienst: wir sind so glücklich und atemlos und fühlen eine Ausnahme-Stille um uns wie im mittelsten Grunde der Erde. Einmal ganz ohne Macht! Ein Spielball von Urkräften! Es ist eine Ausspannung in diesem Glück, ein Abwerfen der großen Last, ein Abwärtsrollen ohne Mühen wie in blinder Schwerkraft. Es ist der Traum des Bergsteigers, der sein Ziel zwar oben hat, aber unterwegs aus tiefer Müdigkeit einmal einschläft und vom Glück des Gegensatzes – eben vom mühelosesten Abwärtsrollen – träumt. – Ich beschreibe das Glück, wie ich es mir bei unserer jetzigen gehetzten, machtdürstigen Gesellschaft Europas und Amerikas denke. Hier und da wollen sie einmal in die Ohnmacht zurücktaumeln, – diesen Genuss bieten ihnen Kriege, Künste, Religionen, Genies. Wenn man sich einem Alles verschlingenden und zerdrückenden Eindruck einmal zeitweilig überlassen hat – es ist die moderne Feststimmung! – dann ist man wieder freier, erholter, kälter, strenger und strebt unermüdlich nach dem Gegenteil weiter: nach Macht. –

272.

Die Reinigung der Rasse. – Es gibt wahrscheinlich keine reinen, sondern nur reingewordene Rassen, und diese in großer Seltenheit. Das Gewöhnliche sind die gekreuzten Rassen, bei denen sich immer, neben der Disharmonie von Körperformen (zum Beispiel wenn Auge und Mund nicht zu einander stimmen), auch Disharmonien der Gewohnheiten und Werthbegriffe finden müssen. (Livingstone hörte Jemand sagen: "Gott schuf weiße und schwarze Menschen, der Teufel aber schuf die Halbrassen".) Gekreuzte Rassen sind stets zugleich auch gekreuzte Culturen, gekreuzte Moralitäten: sie sind meistens böser, grausamer, unruhiger. Die Reinheit ist das letzte Resultat von zahllosen Anpassungen, Einsaugungen und Ausscheidungen, und der Fortschritt zur Reinheit zeigt sich darin, dass die in einer Rasse vorhandene Kraft sich immer mehr auf einzelne ausgewählte Funktionen beschränkt, während sie vordem zu viel und oft Widersprechendes zu besorgen hatte: eine solche Beschränkung wird sich immer zugleich auch wie eine Verarmung ausnehmen und will vorsichtig und zart beurteilt sein. Endlich aber, wenn der Process der Reinigung gelungen ist, steht alle jene Kraft, die früher bei dem Kampfe der disharmonischen Eigenschaften draufging, dem gesamten Organismus zu Gebote: weshalb reingewordene Rassen immer auch stärker und schöner geworden sind. – Die Griechen geben uns das Muster einer reingewordenen Rasse und Cultur: und hoffentlich gelingt einmal auch eine reine europäische Rasse und Cultur.

273.

Das Loben. – Hier ist Einer, dem du anmerkst, dass er dich loben will: du beißt die Lippen zusammen, das Herz wird geschnürt: ach, dass der Kelch vorüberginge! Aber er geht nicht, er kommt! Trinken wir also die süße Unverschämtheit des Lobredners, überwinden wir den Ekel und die tiefe Verachtung für den Kern seines Lobes, ziehen wir die Falten der dankbaren Freude übers. Gesicht! – er hat uns ja wohltun wollen! Und jetzt, nachdem es geschehen, wissen wir, dass er sich sehr erhaben fühlt, er hat einen Sieg über uns errungen, – ja! und auch über sich selber, der Hund! – denn es wurde ihm nicht leicht, sich dies Lob abzuringen.

274.

Menschenrecht und – vorrecht. – Wir Menschen sind die einzigen Geschöpfe, welche, wenn sie missraten, sich selber durch-streichen können wie einen missratenen Satz, – sei es, dass wir dies zur Ehre der Menschheit oder aus Mitleiden mit ihr oder aus Widerwillen gegen uns thun.

275.

Der Verwandelte. – jetzt wird er tugendhaft, nur um Anderen wehe damit zu thun. Seht nicht so viel nach ihm hin!

276.

Wie oft! Wie unverhofft! – Wie viele verheiratete Männer haben den Morgen erlebt, wo es ihnen tagte, dass ihre junge Gattin langweilig ist und das Gegenteil glaubt! Gar nicht zu reden von jenen Weibern, deren Fleisch willig und deren Geist schwach ist!

277.

Warme und kalte Tugenden. – Den Muth als kalte Herzhaftigkeit und Unerschütterlichkeit und den Muth als hitzige, halbblinde Bravour, – beides nennt man mit Einem Namen! Wie verschieden sind doch die kalten Tugenden von den warmen! Und Narr wäre Der, welcher meinte, das "Gutsein" werde nur durch die Wärme hinzugetan: und kein geringerer Narr Der, welcher es nur der Kälte zuschreiben wollte! Die Wahrheit ist, dass die Menschheit den warmen und den kalten Muth sehr nützlich gefunden hat, und überdies nicht häufig genug, um ihn nicht in beiden Farben unter die Edelsteine zu rechnen.

278.

Das verbindliche Gedächtnis. – Wer einen hohen Rang hat, tut gut, sich ein verbindliches Gedächtnis anzuschaffen, das heißt, sich von den Personen alles Mögliche Gute zu merken und dahinter einen Strich zu machen: damit hält man sie in einer angenehmen Abhängigkeit. So kann der Mensch auch mit sich selber verfahren: ob er ein verbindliches Gedächtnis hat oder nicht, das entscheidet zuletzt über seine eigene Haltung zu sich selber, über die Vornehmheit, Güte oder das Misstrauen bei der Beobachtung seiner Neigungen und Absichten und zuletzt wieder über die Art der Neigungen und Absichten selber.

279.

Worin wir Künstler werden. – Wer Jemanden zu seinem Abgott macht, versucht, sich vor sich selber zu rechtfertigen, indem er ihn ins Ideal erhebt; er wird zum Künstler daran, um ein gutes Gewissen zu haben. Wenn er leidet, so leidet er nicht am Nicht wissen, sondern am Sich-belügen, als ob er nicht wüsste. – Die innere Noth und Lust eines solchen Menschen – und alle leidenschaftlich Liebenden gehören dazu – ist mit gewöhnlichen Eimern nicht auszuschöpfen.

280.

Kindlich. – Wer lebt, wie die Kinder – also nicht um sein Brod kämpft und nicht glaubt, dass seinen Handlungen eine endgültige Bedeutung zukomme – bleibt kindlich.

281.

Das Ich will Alles haben. – Es scheint, dass der Mensch überhaupt nur handelt, um zu besitzen: wenigstens legen die Sprachen diesen Gedanken nahe, welche alles vergangene Handeln so betrachten, als ob wir damit Etwas besäßen ("ich habe gesprochen, gekämpft, gesiegt": das ist, ich bin nun im Besitze meines Spruches, Kampfes, Sieges). Wie habsüchtig nimmt sich hierbei der Mensch aus! Selbst die Vergangenheit sich nicht entwinden lassen, gerade auch sie noch haben wollen!

282.

Gefahr in der Schönheit. – Diese Frau ist schön und klug: ach, wie viel klüger aber würde sie geworden sein, wenn sie nicht schön wäre!

283.

Hausfrieden und Seelenfrieden. – Unsere gewöhnliche Stimmung hängt von der Stimmung ab, in der wir unsere Umgebung zu erhalten wissen.

284.

Das Neue als alt vorbringen. – Viele erscheinen, gereizt, wenn man ihnen eine Neuigkeit erzählt, sie empfinden das Übergewicht, welches die Neuigkeit Dem gibt, der sie früher weiß.

285.

Wo hört das Ich auf? – Die Meisten nehmen eine Sache, die sie wissen, unter ihre Protektion, wie als ob das Wissen sie schon zu ihrem Eigentum mache. Die Aneignungslust des Ichgefühls hat keine Grenzen: die großen Männer reden so, als ob die ganze Zeit hinter ihnen stünde und sie der Kopf dieses langen Leibes seien, und die guten Frauen rechnen sich die Schönheit ihrer Kinder, ihrer Kleider, ihres Hundes, ihres Arztes, ihrer Stadt zum Verdienste und wagen es nur nicht, zu sagen "das Alles bin ich". Chi non ha, non sagt man in Italien.

286.

Haus- und Schoßtiere und Verwandtes. – Gibt es etwas Ekelhafteres, als die Sentimentalität gegen Pflanzen und Tiere, von Seiten eines Geschöpfes, das wie der wütendste Feind von Anbeginn unter ihnen gehaust hat und zuletzt bei seinen geschwächten und verstümmelten Opfern gar noch auf zärtliche Gefühle Anspruch erhebt! Vor dieser Art "Natur" geziemt dem Menschen vor Allem Ernst, wenn anders er ein denkender Mensch ist.

287.

Zwei Freunde. – Es waren Freunde, aber sie haben aufgehört, es zu sein, und sie knüpften von beiden Seiten zugleich ihre Freundschaft los, der Eine, weil er sich zu sehr verkannt glaubte, der Andere, weil er sich zu sehr erkannt glaubte – und Beide haben sich dabei getäuscht! – denn Jeder von ihnen kannte sich selber nicht genug.

288.

Komödie der Edlen. – Die, welchen die edle herzliche Vertraulichkeit nicht gelingt, versuchen es, ihre edle Natur durch Zurückhaltung und Strenge und eine gewisse Geringschätzung der Vertraulichkeit erraten zu lassen: wie als ob das starke Gefühl ihres Vertrauens Scham hätte, sich zu zeigen.

289.

Wo man Nichts gegen eine Tugend sagen darf. – Unter den Feiglingen ist es von schlechtem Tone, etwas gegen die Tapferkeit zu sagen, und erregt Verachtung; und rücksichtslose Menschen zeigen sich erbittert, wenn Etwas gegen das Mitleiden gesagt wird.

290.

Eine Vergeudung. – Bei erregbaren und plötzlichen Naturen sind die ersten Worte und Handlungen meistin unbezeichnend für ihren eigentlichen Charakter (sie werden durch die Umstände eingegeben und sind gleichsam Nachahmungen vom Geiste der Umstände), aber weil sie einmal gesprochen und getan sind, so müssen die später nachkommenden eigentlichen Charakterworte und Charakterhandlungen häufig im Ausgleichen oder im Wieder-gut- oder – vergessen-Machen draufgehen.

291.

Anmaßung. – Anmaßung ist ein gespielter und erheuchelter Stolz; dem Stolze aber ist gerade eigentümlich, dass er kein Spiel, keine Verstellung und Heuchelei kann und mag, – insofern ist die Anmaßung die Heuchelei der Unfähigkeit zur Heuchelei, etwas sehr Schweres und meist Misslingendes. Gesetzt aber, dass er sich, wie gewöhnlich geschieht, dabei verrät, so erwartet den Anmaßenden eine dreifache Unannehmlichkeit: man zürnt ihm, weil er uns betrügen will, und zürnt ihm, weil er sich über uns hat erhaben zeigen wollen, – und zuletzt lacht man noch über ihn, weil ihm Beides missraten ist. Wie sehr ist also von der Anmaßung abzuraten!

292.

Eine Art Verkennung. – Wenn wir Jemanden sprechen hören, so genügt oft der Klang eines einzigen Konsonanten (zum Beispiel eines r), um uns einen Zweifel über die Ehrlichkeit seiner Empfindung einzuflößen: wir sind diesen Klang nicht gewöhnt und würden ihn machen müssen, mit Willkür, – er klingt uns "gemacht". Hier ist ein Gebiet der gröbsten Verkennung: und dasselbe gilt vom Stile eines Schriftstellers, der Gewohnheiten hat, welche nicht aller Welt Gewohnheiten sind. Seine "Natürlichkeit" wird nur von ihm als solche empfunden, und gerade mit dem, was er selber als "gemacht" fühlt, weil er damit einmal der Mode und dem sogenannten "guten Geschmacke" nachgegeben hat, gefällt er vielleicht und erregt Zutrauen.

293.

Dankbar. – Ein Gran dankbaren Sinnes und Pietät zu viel: – und man leidet daran wie an einem Laster und gerät mit seiner ganzen Selbständigkeit und Redlichkeit unter das böse Gewissen.

294.

Heilige. – Die sinnlichsten Männer sind es, welche vor den Frauen fliehen und den Leib martern müssen.

295.

Feinheit des Dienens. – Innerhalb der großen Kunst des Dienens gehört es zu den feinsten Aufgaben, einem unbändig Ehrgeizigen zu dienen, der zwar der stärkste Egoist in Allem ist, aber durchaus nicht dafür gelten will (es ist dies gerade ein Stück seines Ehrgeizes), dem Alles nach Willen und Laune geschehen muss und doch immer so, dass es den Anschein hat, als ob er sich aufopferte und selten für sich selber Etwas wollte.

296.

Das Duell. – Ich erachte es als einen Vorteil, sagte Jemand, ein Duell haben zu können, wenn ich durchaus eines nötig habe; denn es gibt allezeit brave Kameraden um mich. Das Duell ist der letzte übrig gebliebene, völlig ehrenvolle Weg zum Selbstmord, leider ein Umschweif, und nicht einmal ein ganz sicherer.

297.

Verderblich. – Man verdirbt einen Jüngling am sichersten, wenn man ihn anleitet, den Gleichdenkenden höher zu achten, als den Andersdenkenden.

298.

Der Heroen-Cultus und seine Fanatiker. – Der Fanatiker eines Ideals, welches Fleisch und Blut hat, ist gewöhnlich so lange im Rechte, als er verneint, und er ist furchtbar darin: er kennt das Verneinte so gut wie sich selber, aus dem einfachsten Grunde, dass er von dorther kommt, dort zu Hause ist und sich im Geheimen immer fürchtet, dorthin noch zurückzumüssen, – er will sich die Rückkehr unmöglich machen, durch die Art, wie er verneint. Sobald er aber bejaht, macht er die Augen halb zu und fängt an zu idealisieren (häufig auch nur, um den zu Hause Gebliebenen damit wehe zu tun –); man nennt dies wohl etwas Künstlerisches, – gut, aber es ist auch etwas Unredliches daran. Der Idealist einer Person stellt sich diese Person so in die Ferne, dass er sie nicht mehr scharf sehen kann – und nun deutet er, was er noch sieht, ins "Schöne" um, das will sagen: ins Symmetrische, Weichlinienhafte, Unbestimmte. Da er sein in der Ferne und Höhe schwebendes Ideal nunmehr auch anbeten will, so hat er, zum Schutze vor dem profanum vulgus, nötig, einen Tempel für seine Anbetung zu bauen. Hierhin bringt er alle ehrwürdigen und geweihten Gegenstände, die er sonst noch besitzt, damit deren Zauber auch noch dem Ideal zu Gute komme und es in dieser Nahrung wachse und immer göttlicher werde. Zuletzt hat er wirklich seinen Gott fertig gemacht, – aber wehe! es gibt einen, der darum weiß, wie das zugegangen ist, sein intellektuelles Gewissen, – und es gibt auch Einen, der dagegen, ganz unbewusst, protestiert, nämlich der Vergöttlichte selber, der nunmehr, in Folge von Cultus, Lobgesang und Weihrauch, unausstehlich wird und augenscheinlich in abscheulicher Weise sich als Nicht-Gott und All-zu-sehr-Mensch verrät. Hier bleibt nun einem solchen Fanatiker nur noch Ein Ausweg: er lässt sich und seines Gleichen geduldig misshandeln und interpretiert das ganze Elend auch noch in majorem dei gloriam, durch eine neue Gattung von Selbstbetrug und edler Lüge: er nimmt gegen sich Partei und empfindet, als Gemißhandelter und als Interpret, dabei Etwas wie ein Martyrium, – so steigt er auf den Gipfel seines Dünkels. – Menschen dieser Art lebten zum Beispiel um Napoleon: ja vielleicht ist gerade er es, der die romantische dem Geiste der Aufklärung fremde Prostration vor dem "Genie" und dem "Heros" unserem Jahrhundert in die Seele gegeben hat, er, vor dem ein Byron sich nicht zu sagen schämte, er sei ein "Wurm gegen solch ein Wesen". (Die Formeln einer solchen Prostration sind von jenem alten anmaßlichen Wirr- und Murrkopfe, Thomas Carlyle, gefunden worden, der ein langes Leben darauf verwendet hat, die Vernunft seiner Engländer romantisch zu machen: umsonst!)

299.

Anschein des Heroismus. – Sich mitten unter die Feinde werfen, kann das Merkmal der Feigheit sein.

300.

Gnädig gegen den Schmeichler. – Die letzte Klugheit der unersättlich Ehrgeizigen ist, ihre Menschenverachtung nicht merken zu lassen, welche der Anblick der Schmeichler ihnen einflößt: sondern gnädig auch gegen sie zu erscheinen, wie ein Gott, der nicht anders als gnädig sein kann.

301.

"Charaktervoll". – "Was ich einmal gesagt habe, das tue ich" – diese Denkweise gilt als charaktervoll. Wie viele Handlungen werden getan, nicht weil sie als die vernünftigsten ausgewählt worden sind, sondern weil sie, als sie uns einfielen, auf irgendwelche Art unsere Ehrsucht und Eitelkeit gereizt haben, sodass wir dabei verbleiben und sie blindlings durchsetzen! So mehren sie bei uns selber den Glauben an unseren Charakter und unser gutes Gewissen, also, im Ganzen, unsere Kraft: während das Auswählen des möglichst Vernünftigen die Skepsis gegen uns und dermaßen ein Gefühl der Schwäche in uns unterhält.

302.

Einmal, zweimal und dreimal wahr! – Die Menschen lügen unsäglich oft, aber sie denken hinterher nicht daran und glauben im Ganzen nicht daran.

303.

Kurzweil des Menschenkenners. – Er glaubt mich zu kennen und fühlt sich fein und wichtig, wenn er so und so mit mir verkehrt: ich hüte mich, ihn zu enttäuschen. Denn ich würde es zu entgelten haben, während er mir jetzt wohlwill, da ich ihm ein Gefühl der wissenden Überlegenheit verschaffe. – Da ist ein Anderer: der fürchtet sich, dass ich mir einbilde, ihn zu kennen, und sieht sich dabei erniedrigt. So beträgt er sich schauerlich und unbestimmt und sucht mich über sich in die Irre zu führen, – um sich über mich wieder zu erheben.

304.

Die Welt – Vernichter. – Diesem gelingt Etwas nicht; schließlich ruft er empört aus: "so möge doch die ganze Welt zu Grunde gehen!" Dieses abscheuliche Gefühl ist der Gipfel des Neides, welcher folgert: weil ich Etwas nicht haben kann, soll alle Welt Nichts haben! soll alle Welt Nichts sein

305.

Geiz. – Unser Geiz beim Kaufen nimmt mit der Wohlfeilheit der Gegenstände zu, – warum? Ist es, dass die kleinen Preis-Unterschiede eben erst das kleine Auge des Geizes machen?

306.

Griechisches Ideal. – Was bewunderten die Griechen an Odysseus? Vor Allem die Fähigkeit zur Lüge und zur listigen und furchtbaren Wiedervergeltung; den Umständen gewachsen sein; wenn es gilt, edler erscheinen als der Edelste; sein können, was man will; heldenhafte Beharrlichkeit; sich alle Mittel zu Gebote stellen; Geist haben – sein Geist ist die Bewunderung der Götter, sie lächeln, wenn sie daran denken –: dies Alles ist griechisches Ideal! Das Merkwürdigste daran ist, dass hier der Gegensatz von Scheinen und Sein gar nicht gefühlt und also auch nicht sittlich angerechnet wird. Gab es je so gründliche Schauspieler!

307.

Facta! Ja Facta ficta. – Ein Geschichtsschreiber hat es nicht mit dem, was wirklich geschehen ist, sondern nur mit den vermeintlichen Ereignissen zu tun: denn nur diese haben gewirkt. Ebenso nur mit den vermeintlichen Helden. Sein Thema, die sogenannte Weltgeschichte, sind Meinungen über vermeintliche Handlungen und deren vermeintliche Motive, welche wieder Anlass zu Meinungen und Handlungen geben, deren Realität aber sofort wieder verdampft und nur als Dampf wirkt, – ein fortwährendes Zeugen und Schwanger werden von Phantomen über den tiefen Nebeln der unergründlichen Wirklichkeit. Alle Historiker erzählen von Dingen, die nie existiert haben, außer in der Vorstellung.

308.

Sich nicht auf den Handel verstehen ist vornehm. – Seine Tugend nur zum höchsten Preise verkaufen oder gar mit ihr Wucher treiben, als Lehrer, Beamter, Künstler, – macht aus Genie und Begabung eine Krämer-Angelegenheit. Mit seiner Weisheit soll man nun einmal nicht klug sein wollen!

309.

Furcht und Liebe. – Die Furcht hat die allgemeine Einsicht über den Menschen mehr gefördert, als die Liebe, denn die Furcht will erraten, wer der Andere ist, was er kann, was er will: sich hierin zu täuschen, wäre Gefahr und Nachtheil. Umgekehrt hat die Liebe einen geheimen Impuls, in dem Andern so viel Schönes als möglich zu sehen oder ihn sich so hoch als möglich zu heben: sich dabei zu täuschen, wäre für sie eine Lust und ein Vorteil – und so tut sie es.

310.

Die Gutmütigen. – Die Gutmütigen haben ihr Wesen durch die beständige Furcht erlangt, welche ihre Voreltern vor fremden Übergriffen gehabt haben, – sie milderten, beschwichtigten, baten ab, beugten vor, zerstreuten, schmeichelten, duckten sich, verbargen den Schmerz, den Verdruss, glätteten sofort wieder ihre Züge – und zuletzt vererbten sie diesen ganzen zarten und wohlgespielten Mechanismus auf ihre Kinder und Enkel. Diesen gab ein günstigeres Geschick keinen Anlass zu jener beständigen Furcht: nichtsdestoweniger spielen sie beständig auf ihrem Instrumente.

311.

Die sogenannte Seele. – Die Summe innerer Bewegungen, welche dem Menschen leicht fallen und die er in Folge dessen gerne und mit Anmut tut, nennt man seine Seele; – er gilt als seelenlos, wenn er Mühe und Härte bei inneren Bewegungen merken lässt.

312.

Die Vergesslichen. – In den Ausbrüchen der Leidenschaft und im Phantasieren des Traumes und des Irrsinns entdeckt der Mensch seine und der Menschheit Vorgeschichte wieder: die Tierheit mit ihren wilden Grimassen; sein Gedächtnis greift einmal weit genug rückwärts, während sein zivilisierter Zustand sich aus dem Vergessen dieser Urerfahrungen, also aus dem Nachlassen jenes Gedächt-nisses entwickelt. Wer als ein Vergesslicher höchster Gattung allem Diesen immerdar sehr fern geblieben ist, versteht die Menschen nicht, – aber es ist ein Vorteil für Alle, wenn es hier und da solche Einzelne gibt, welche "sie nicht verstehen" und die gleichsam aus göttlichem Samen gezeugt und von der Vernunft geboren sind.

313.

Der nicht mehr erwünschte Freund. – Den Freund, dessen Hoffnungen man nicht befriedigen kann, wünscht man sich lieber zum Feinde.

314.

Aus der Gesellschaft der Denker. – Inmitten des Ozeans des Werdens wachen wir auf einem Inselchen, das nicht grösser als ein Nachen ist, auf, wir Abenteurer und Wandervögel, und sehen uns hier eine kleine Weile um: so eilig und so neugierig wie möglich, denn wie schnell kann uns ein Wind verwehen oder eine Welle über das Inselchen hinwegspülen, sodass Nichts mehr von uns da ist! Aber hier, auf diesem kleinen Raume, finden wir andere Wander-vögel und hören von früheren, – und so leben wir eine köstliche Minute der Erkenntnis und des Erratens, unter fröhlichem Flügelschlagen und Gezwitscher mit einander und Abenteuern im Geiste hinaus auf den Ozean, nicht weniger stolz als er selber!

315.

Sich entäußern. – Etwas von seinem Eigentume fahren lassen, sein Recht aufgeben – macht Freude, wenn es großen Reichtum anzeigt. Dahin gehört die Großmut.

316.

Schwache Sekten. – Die Sekten, welche fühlen, dass sie schwach bleiben werden, machen Jagd auf einzelne intelligente Anhänger und wollen durch Qualität ersetzen, was ihnen an Quantität abgeht. Hierin liegt keine geringe Gefahr für die Intelligenten.

317.

Das Urteil des Abends. – Wer über sein Tages und Lebenswerk nachdenkt, wenn er am Ende und müde ist, kommt gewöhnlich zu einer melancholischen Betrachtung: das liegt aber nicht am Tage und am Leben, sondern an der Müdigkeit. – Mitten im Schaffen nehmen wir uns gewöhnlich keine Zeit zu Urteilen über das Leben und das Dasein, und mitten im Genießen auch nicht: kommt es aber einmal doch dazu, so geben wir Dem nicht mehr Recht, welcher auf den siebenten Tag und die Ruhe wartete, um Alles, was da ist, sehr schön zu finden, – er hatte den besseren Augenblick verpasst.

318.

Vorsicht vor den Systematikern! – Es gibt eine Schauspielerei der Systematiker: indem sie ein System ausfüllen wollen und den Horizont darum rund machen, müssen sie versuchen, ihre schwächeren Eigenschaften im Stile ihrer stärkeren auftreten zu lassen, – sie wollen vollständige und einartig starke Naturen darstellen.

319.

Gastfreundschaft. – Der Sinn in den Gebräuchen der Gast-freundschaft ist: das Feindliche im Fremden zu lähmen. Wo man im Fremden nicht mehr zunächst den Feind empfindet, nimmt die Gastfreundschaft ab; sie blüht, so lange ihre böse Voraussetzung blüht.

320.

Vom Wetter. – Ein sehr ungewöhnliches und unberechenbares Wetter macht die Menschen auch gegen einander misstrauisch; sie werden dabei neuerungssüchtig, denn sie müssen von ihren Gewohnheiten abgehen. Deshalb lieben die Despoten alle Länderstriche, wo das Wetter moralisch ist.

321.

Gefahr in der Unschuld. – Die unschuldigen Menschen werden in allen Stücken die Opfer, weil ihre Unwissenheit sie hindert, zwischen Maß und Übermaß zu unterscheiden und bei Zeiten vorsichtig gegen sich selber zu sein. So gewöhnen sich unschuldige, das heißt unwissende junge Frauen an den häufigen Genuss der Aphrodisieren und entbehren ihn später sehr, wenn ihre Männer krank oder frühzeitig welk werden; gerade die harmlose und gläubige Auffassung, als ob diese häufige Art, mit ihnen zu ver-kehren, das Recht und die Regel sei, bringt sie zu einem Bedürfnisse, welches sie später den heftigsten Anfechtungen und Schlimmerem aussetzt. Aber ganz allgemein und hoch genommen: wer einen Menschen und ein Ding liebt, ohne ihn und es zu kennen, wird die Beute von Etwas, das er nicht lieben würde, wenn er es sehen könnte. Überall, wo Erfahrenheit, Vorsicht und abgewogene Schritte not thun, wird gerade der Unschuldige am gründlichsten verdorben werden, denn er muss mit blinden Augen die Hefe und das unterste Gift jeder Sache austrinken. Man erwäge die Praxis aller Fürsten, Kirchen, Sekten, Parteien, Körperschaften: wird nicht immer der Unschuldige als der süßeste Köder zu den ganz gefährlichen und verruchten Fällen verwendet? – so wie Odysseus den unschuldigen Neoptolemos verwendet, um dem alten kranken Einsiedler und Unhold von Lemnos den Bogen und die Pfeile abzulisten. – Das Christentum, mit seiner Verachtung der Welt, hat aus der Unwissenheit eine Tugend gemacht, die christliche Unschuld, vielleicht weil das häufigste Resultat dieser Unschuld eben, wie angedeutet, die Schuld, das Schuldgefühl und die Verzweiflung ist, somit eine Tugend, welche auf dem Umweg der Hölle zum Himmel führt: denn nun erst können sich die düsteren Propyläen des christlichen Heils auftun, nun erst wirkt die Verheißung einer nachgeborenen zweiten Unschuld sie ist eine der schönsten Erfindungen des Christentums!

322.

Womöglich ohne Arzt leben. – Es will mir scheinen, als ob ein Kranker leichtsinniger sei, wenn er einen Arzt hat, als wenn er selber seine Gesundheit besorgt. Im ersten Falle genügt es ihm, streng in Bezug auf alles Vorgeschriebene zu sein; im andern Falle fassen wir Das, worauf jene Vorschriften abzielen, unsere Gesundheit, mit mehr Gewissen ins Auge und bemerken viel mehr, gebieten und verbieten uns viel mehr, als auf Veranlassung des Arztes geschehen würde. – Alle Regeln haben diese Wirkung: vom Zwecke hinter der Regel abzuziehen und leichtsinniger zu machen. – Und wie würde der Leichtsinn der Menschheit ins Unbändige und Zerstörerische gestiegen sein, wenn sie jemals vollkommen ehrlich der Gottheit als ihrem Arzte Alles überlassen hätte, nach dem Worte "wie Gott will"! –

323.

Verdunkelung des Himmels. – Kennt ihr die Rache der schüchternen Menschen, welche sich in der Gesellschaft benehmen, als hätten sie ihre Gliedmaßen gestohlen? Die Rache der demütigen christen-mäßigen Seelen, welche sich auf Erden überall nur durch-schleichen? Die Rache Derer, die immer sogleich urteilen und immer sogleich Unrecht bekommen? Die Rache der Trunkenbolde aller

Gattungen, denen der Morgen das Unheimlichste am Tage ist? Desgleichen der Krankenbolde aller Gattungen, der Kränkelnden und Gedrückten, welche nicht mehr den Muth haben, gesund zu werden? Die Zahl dieser kleinen Rachsüchtigen und gar die ihrer kleinen Rache-Acte ist ungeheuer; die ganze Luft schwirrt fortwährend von den abgeschossenen Pfeilen und Pfeilchen ihrer Bosheit, sodass die Sonne und der Himmel des Lebens dadurch verdunkelt werden – nicht nur ihnen, sondern noch mehr uns, den Anderen, Übrigen: was schlimmer ist, als dass sie uns allzu oft Haut und Herz ritzen. Leugnen wir nicht mitunter Sonne und Himmel, blos weil wir sie so lange nicht gesehen haben? – Also: Einsamkeit! Auch darum Einsamkeit!

324.

Philosophie der Schauspieler. – Es ist der beglückende Wahn der großen Schauspieler, dass es den historischen Personen, welche sie darstellen, wirklich so zu Mute gewesen sei, wie ihnen bei ihrer Darstellung, – aber sie irren sich stark darin: ihre nachahmende und erratende Kraft, die sie gerne für ein hellseherisches Vermögen ausgeben möchten, dringt nur gerade tief genug ein, um Gebärden, Töne und Blicke und überhaupt das Äußerliche zu erklären; das heißt, der Schatten von der Seele eines großen Helden, Staatsmannes, Kriegers, Ehrgeizigen, Eifersüchtigen, Verzweifelnden wird von ihnen erhascht, sie dringen bis nahe an die Seele, aber nicht bis in den Geist ihrer Objekte. Das wäre freilich eine schöne Entdeckung, dass es nur des hellseherischen Schauspielers bedürfe, statt aller Denker, Kenner, Fachmänner, um ins Wesen irgend eines Zustandes hinabzuleuchten! Vergessen wir doch nie, sobald derartige Anmaßungen laut werden, dass der Schauspieler eben ein idealer Affe ist und so sehr Affe, dass er an das "Wesen" und das "Wesentliche" gar nicht zu glauben vermag: Alles wird ihm Spiel, Ton, Gebärde, Bühne, Coulisse und Publicum.

325.

Abseits leben und glauben. – Das Mittel, um der Prophet und Wundermann seiner Zeit zu werden, gilt heute noch wie vor Alters: man lebe abseits, mit wenig Kenntnissen, einigen Gedanken und sehr viel Dünkel, – endlich stellt sich der Glaube bei uns ein, dass die Menschheit ohne uns nicht fortkommen könne, weil wir nämlich ganz ersichtlich ohne sie fortkommen. Sobald dieser Glaube da ist, findet man auch Glauben. Zuletzt ein Rath für Den, der ihn brauchen mag (er wurde Wesley von seinem geistlichen Lehrer Böhler gegeben): "Predige den Glauben, bis du ihn hast, und dann wirst du ihn predigen, weil du ihn hast!" –

326.

Seine Umstände kennen. – Unsere Kräfte können wir abschätzen, aber nicht unsere Kraft. Die Umstände verbergen und zeigen uns dieselbe nicht nur, – nein! sie vergrößern und verkleinern sie. Man soll sich für eine variable Größe halten, deren Leistungsfähigkeit unter Umständen der Begünstigung vielleicht der allerhöchsten gleichkommen kann: man soll also über die Umstände nachdenken und keinen Fleiß in deren Beobachtung scheuen.

327.

Eine Fabel. – Der Don Juan der Erkenntnis: er ist noch von keinem Philosophen und Dichter entdeckt worden. Ihm fehlt die Liebe zu den Dingen, welche er erkennt, aber er hat Geist, Kitzel und Genuss an Jagd und Intriguen der Erkenntnis – bis an die höchsten und fernsten Sterne der Erkenntnis hinauf! – bis ihm zuletzt Nichts mehr zu erjagen übrig bleibt, als das absolut Wehtuende der Erkenntnis, gleich dem Trinker, der am Ende Absinth und Scheidewasser trinkt. So gelüstet es ihn am Ende nach der Hölle, – es ist die letzte Erkenntnis, die ihn verführt. Vielleicht, dass auch sie ihn enttäuscht, wie alles Erkannte! Und dann müsste er in alle Ewigkeit stehen bleiben, an die Enttäuschung festgenagelt und selber zum steinernen Gast geworden, mit einem Verlangen nach einer

Abendmahlzeit der Erkenntnis, die ihm nie mehr zu Theil wird! – denn die ganze Welt der Dinge hat diesem Hungrigen keinen Bissen mehr zu reichen.

328.

Worauf idealistische Theorien raten lassen. – Man trifft die idealistischen Theorien am sichersten bei den unbedenklichen Praktikern; denn sie brauchen deren Lichtglanz für ihren Ruf. Sie greifen darnach mit ihren Instinkten und haben gar kein Gefühl von Heuchelei dabei: so wenig ein Engländer mit seiner Christlichkeit und Sonntagsheiligung sich als Heuchler fühlt. Umgekehrt: den beschaulichen Naturen, welche sich gegen alles Phantasieren in Zucht zu halten haben und auch den Ruf der Schwärmerei scheuen, genügen allein die harten realistischen Theorien: nach ihnen greifen sie mit der gleichen instinktiven Nötigung, und ohne ihre Ehrlichkeit dabei zu verlieren.

329.

Die Verleumder der Heiterkeit. – Tief vom Leben verwundete Menschen haben alle Heiterkeit verdächtigt, als ob sie immer kindlich und kindisch sei und eine Unvernunft verrate, bei deren Anblick man nur Erbarmen und Rührung empfinden könne, wie wenn ein dem Tode nahes Kind auf seinem Bette noch seine Spielsachen liebkost. Solche Menschen sehen unter allen Rosen verborgene und verhehlte Gräber; Lustbarkeiten, Getümmel, fröhliche Musik erscheint ihnen wie die entschlossene Selbst-täuschung des Schwerkranken, der noch einmal eine Minute den Rausch des Lebens schlürfen will. Aber dieses Urteil über die Heiterkeit ist nichts anderes, als deren Strahlenbrechung auf dem düsteren Grunde der Ermüdung und Krankheit: es ist selber etwas Rührendes, Unvernünftiges, zum Mitleiden Drängendes, ja sogar etwas Kindliches und Kindisches, aber aus jener zweiten Kindheit her, welche dem Alter folgt und dem Tode voranläuft.

330.

Noch nicht genug! – Es ist noch nicht genug, eine Sache zu be-weisen, man muss die Menschen zu ihr auch noch verführen oder zu ihr erheben. Deshalb soll der Wissende lernen, seine Weisheit zu sagen: und oft so, dass sie wie Torheit klingt!

331.

Recht und Grenze. – Der Asketismus ist für Solche die rechte Denkweise, welche ihre sinnlichen Triebe ausrotten müssen, weil dieselben wütende Raubtiere sind. Aber auch nur für Solche!

332.

Der auf geblasene Stil. – Ein Künstler, der sein hochgeschwollenes Gefühl nicht im Werke entladen und sich so erleichtern, sondern vielmehr gerade das Gefühl der Schwellung mittheilen will, ist schwülstig und sein Stil ist der aufgeblasene Stil.

333.

"Menschlichkeit". – Wir halten die Tiere nicht für moralische Wesen. Aber meint ihr denn, dass die Tiere uns für moralische Wesen halten? – Ein Thier, welches reden konnte, sagte: "Mensch-lichkeit ist ein Vorurteil, an dem wenigstens wir Tiere nicht leiden."

334.

Der Wohltätige. – Der Wohltätige befriedigt ein Bedürfnisse seines Gemüts, wenn er wohltut. Je stärker dieses Bedürfnis ist, umso weniger denkt er sich in den Anderen hinein, der ihm dient, sein Bedürfnis zu stillen, er wird unzart und beleidigt unter Um-ständen. (Diess sagt man der jüdischen Wohltätigkeit und Barm-herzigkeit nach: welche bekanntlich etwas hitziger ist, als die anderer Völker.)

335.

Damit Liebe als Liebe gespürt werde. – Wir haben nötig, gegen uns redlich zu sein und uns sehr gut zu kennen, um gegen Andere jene menschenfreundliche Verstellung üben zu können, welche Liebe und Güte genannt wird.

336.

Wessen sind wir fähig? – Einer war durch seinen ungeratenen und boshaften Sohn den ganzen Tag so gequält worden, dass er ihn Abends erschlug und aufatmend zur übrigen Familie sagte: "So! nun können wir ruhig schlafen!" – Was wissen wir, wozu uns Umstände treiben könnten

337.

"Natürlich". – In seinen Fehlern wenigstens natürlich zu sein, – ist vielleicht das letzte Lob eines künstlichen und überall sonst schauspielerischen und halbächten Künstlers. Ein solches Wesen wird deshalb gerade seine Fehler keck herauslassen.

338.

Ersatz-Gewissen. – Der eine Mensch ist für den anderen sein Gewissen: und dies ist namentlich wichtig, wenn der andere sonst keines hat.

339.

Verwandlung der Pflichten. – Wenn die Pflicht aufhört, schwer zu fallen, wenn sie sich nach langer Übung zur lustvollen Neigung und zum Bedürfnis umwandelt, dann werden die Rechte Anderer, auf welche sich unsere Pflichten, jetzt unsere Neigungen beziehen, etwas Anderes: nämlich Anlässe zu angenehmen Empfindungen für uns. Der Andere wird vermöge seiner Rechte von da an liebenswürdig (anstatt ehrwürdig und furchtbar, wie vordem). Wir suchen unsere Lust, wenn wir jetzt den Bereich seiner Macht anerkennen und unterhalten. Als die Quietisten keine Last mehr an ihrem Christentum hatten und in Gott nur ihre Lust fanden, nahmen sie ihren Wahlspruch "Alles zur Ehre Gottes!" an: was sie auch immer in diesem Sinne taten, es war kein Opfer mehr; es hieß so viel als "Alles zu unserm Vergnügen!" Zu verlangen, dass die Pflicht immer etwas lästig falle – wie es Kant tut – heißt verlangen, dass sie niemals Gewohnheit und Sitte werde: in diesem Verlangen steckt ein kleiner Rest von asketischer Grausamkeit.

340.

Der Augenschein ist gegen den Historiker. – Es ist eine gut bewiesene Sache, dass die Menschen aus dem Mutterleibe hervorgehen: trotzdem lassen erwachsene Kinder, die neben ihrer Mutter stehen, die Hypothese als sehr ungereimt erscheinen; sie hat den Augenschein gegen sich.

341.

Vorteil im Verkennen. – Jemand sagte, er habe in der Kindheit eine solche Verachtung gegen die gefallsüchtigen Grillen des melancholischen Temperaments gehabt, dass es ihm bis zur Mitte seines Lebens verborgen geblieben sei, welches Temperament er habe: nämlich eben das melancholische. Er erklärte dies für die beste aller möglichen Unwissenheit.

342.

Nicht zu verwechseln! – Ja! Er betrachtet die Sache von allen Seiten, und ihr meint, das sei ein rechter Mann der Erkenntnis. Aber er will nur den Preis herabsetzen, – er will sie kaufen!

343.

Angeblich moralisch. – Ihr wollt nie mit euch unzufrieden werden, nie an euch leiden, – und nennt dies euren moralischen Hang! Nun gut, ein andrer mag es eure Feigheit nennen. Aber Eins ist gewiss: ihr werdet niemals die Reise um die Welt (die ihr selber seid!)

machen und in euch selber ein Zufall und eine Scholle auf der Scholle bleiben! Glaubt ihr denn, dass wir Andersgesinnten der reinen Narrheit halber uns der Reise durch die eigenen öden, Sümpfe und Eisgebirge aussetzen und Schmerzen und Überdruss an uns freiwillig erwählen, wie die Säulenheiligen?

344.

Feinheit im Fehlgreifen. – Wenn Homer, wie man sagt, bisweilen geschlafen hat, so war er klüger als alle die Künstler des schlaflosen Ehrgeizes. Man muss die Bewunderer zu Atem kommen lassen, dadurch dass man sie von Zeit zu Zeit in Tadler verwandelt; denn Niemand hält eine ununterbrochen glänzende und wache Güte aus; und statt wohlzutun, wird ein Meister der Art zum Zuchtmeister, den man hasst, während er vor uns hergeht.

345.

Unser Glück ist kein Argument für und wider. – Viele Menschen sind nur eines geringen Glückes fähig: es ist ebenso wenig ein Einwand gegen ihre Weisheit, dass diese ihnen nicht mehr Glück geben könne, als es ein Einwand gegen die Heilkunst ist, dass manche Menschen nicht zu kurieren und andere immer kränklich sind. Möge Jeder mit gutem Glück gerade die Lebensauffassung finden, bei der er sein höchstes Maß von Glück verwirklichen kann: dabei kann sein Leben immer noch erbärmlich und wenig neidenswert sein.

346.

Weiberfeinde. – "Das Weib ist unser Feind" – wer so als Mann zu Männern spricht, aus dem redet der ungebändigte Trieb, der nicht nur sich selber, sondern auch seine Mittel hasst.

347.

Eine Schule des Redners. – Wenn man ein Jahr lang schweigt, so verlernt man das Schwätzen und lernt das Reden. Die Pythagoreer waren die besten Staatsmänner ihrer Zeit.

348.

Gefühl der Macht. – Man unterscheide wohl: wer das Gefühl der Macht erst gewinnen will, greift nach allen Mitteln und verschmäht keine Nahrung desselben. Wer es aber hat, der ist sehr wählerisch und vornehm in seinem Geschmack geworden; selten, dass ihm Etwas noch genugtut.

349.

Nicht gar so wichtig. – Bei einem Sterbefalle, dem man zusieht, steigt ein Gedanke regelmäßig auf, den man sofort, aus einem falschen Gefühl der Anständigkeit, in sich unterdrückt: dass der Act des Sterbens nicht so bedeutend sei, wie die allgemeine Ehrfurcht behauptet, und dass der Sterbende im Leben wahrscheinlich wichtigere Dinge verloren habe, als er hier zu verlieren im Begriffe steht. Das Ende ist hier gewiss nicht das Ziel. –

350.

Wie man am besten verspricht. – Wenn ein Versprechen gemacht wird, so ist es nicht das Wort, welches verspricht, sondern das Unausgesprochene hinter dem Worte. Ja, die Worte machen ein Versprechen unkräftiger, indem sie eine Kraft entladen und verbrauchen, welche ein Theil jener Kraft ist, die verspricht. Lasst euch also die Hand reichen und legt dabei den Finger auf den Mund, – so macht ihr die sichersten Gelöbnisse.

351.

Gewöhnlich missverstanden. – Im Gespräche bemerkt man den Einen bemüht, eine Falle zu legen, in welche der Andere fällt, nicht aus Bosheit, wie man denken sollte, sondern aus Vergnügen an der eignen Pfiffigkeit: dann wieder Andre, welche den Witz vorbereiten, damit der Andere ihn mache, und welche die Schleife knüpfen, damit Jener den Knoten daraus ziehe: nicht aus Wohlwollen, wie man denken sollte, sondern aus Bosheit und Verachtung der groben Intellekt.

352.

Centrum. – Jenes Gefühl: "ich bin der Mittelpunkt der Welt!" tritt sehr stark auf, wenn man plötzlich von der Schande überfallen wird; man steht dann da wie betäubt inmitten einer Brandung und fühlt sich geblendet wie von Einem großen Auge, das von allen Seiten auf uns und durch uns blickt.

353.

Redefreiheit. – "Die Wahrheit muss gesagt werden, und wenn die Welt in Stücke gehen sollte!" – so ruft, mit grossein Munde, der große Fichte! – Ja! Ja! Aber man müsste sie auch haben! – Aber er meint, Jeder solle seine Meinung sagen, und wenn Alles drunter und drüber ginge. Darüber ließe sich mit ihm noch rechten.

354.

Muth zum Leiden. – So wie wir jetzt sind, können wir eine ziemliche Menge von Unlust ertragen, und unser Magen ist auf diese schwere Kost eingerichtet. Vielleicht fänden wir ohne sie die Mahlzeit des Lebens fade: und ohne den guten Willen zum Schmerze würden wir allzu viele Freuden fahren lassen müssen!

355.

Verehrer. – Wer so verehrt, dass er den Nichtverehrenden kreuzigt, gehört zu den Henkern seiner Partei, – man hütet sich, ihm die Hand zu geben, selbst wenn man auch von der Partei ist.

356.

Wirkung des Glückes. – Die erste Wirkung des Glückes ist das Gefühl der Macht: diese will sich äußern, sei es gegen uns selber oder gegen andere Menschen oder gegen Vorstellungen oder gegen eingebildete Wesen. Die gewöhnlichsten Arten, sich zu äußern, sind: Beschenken, Verspotten, Vernichten, – alle drei mit einem gemeinsamen Grundtriebe.

357.

Moralische Stechfliegen. – Jene Moralisten, denen die Liebe zur Erkenntnis abgeht und welche nur den Genuss des Wehtuns kennen – haben den Geist und die Langeweile von Kleinstädtern; ihr ebenso grausames, als jämmerliches Vergnügen ist, dem Nachbar auf die Finger zu sehen und unvermerkt eine Nadel so zu stecken, dass er sich daran sticht. In ihnen ist die Unart kleiner Knaben rückständig, welche nicht munter sein können ohne etwas Jagd und Misshandlung von Lebendigem und Totem.

358.

Gründe und ihre Grundlosigkeit. – Du hast eine Abneigung gegen ihn und bringst auch reichliche Gründe für diese Abneigung vor, – ich glaube aber nur deiner Abneigung, und nicht deinen Gründen! Es ist eine Schöntuerei vor dir selber, Das, was instinktiv geschieht, dir und mir wie einen Vernunftschluss vorzuführen.

359.

Etwas gut heißen. – Man heißt die Ehe gut, erstens weil man sie noch nicht kennt, zweitens weil man sich an sie gewöhnt hat, drittens weil man sie geschlossen hat, – das heißt fast in allen Fällen. Und doch ist damit Nichts für die Güte der Ehe überhaupt bewiesen.

360.

Keine Utilitarier. – "Die Macht, der viel Böses angetan und angedacht wird, ist mehr wert, als die Ohnmacht, der nur Gutes widerfährt", – so empfanden die Griechen. Das heißt: das Gefühl der Macht wurde von ihnen höher geschätzt, als irgend ein Nutzen oder guter Ruf.

361.

Hässlich scheinen. – Die Mäßigkeit sieht sich selber als schön; sie ist unschuldig daran, dass sie im Auge des Unmäßigen rau und nüchtern, folglich als hässlich erscheint.

362.

Verschieden im Hasse. – Manche hassen erst, wenn sie sich schwach und müde fühlen: sonst sind sie billig und übersehend. Andre hassen erst, wenn sie die Möglichkeit der Rache sehen: sonst hüten sie sich vor allem heimlichen und lauten Zorn, und denken, wenn es Anlässe dazu gibt, daran vorbei.

363.

Menschen des Zufalls. – Das Wesentliche an jeder Erfindung tut der Zufall, aber den meisten Menschen begegnet dieser Zufall nicht.

364.

Wahl der Umgebung. – Man hüte sich, in einer Umgebung zu leben, vor der man weder würdig schweigen, noch sein Höheres mitzuteilen vermag, sodass unsere Klagen und Bedürfnisse und die ganze Geschichte unserer Notstände zur Mittheilung übrig bleiben. Dabei wird man mit sich unzufrieden, und unzufrieden mit dieser Umgebung, ja, nimmt den Verdruss, sich immer als Klagenden zu empfinden, noch zu dem Notstande hinzu, der uns klagen macht. Sondern dort soll man leben, wo man sich schämt, von sich zu reden, und es nicht nötig hat. – Aber wer denkt an solche Dinge, an eine Wahl in solchen Dingen! Man redet von seinem "Verhängnis", stellt sich mit breitem Rücken hin und seufzt "ich unglückseliger Atlas!"

365.

Eitelkeit. – Die Eitelkeit ist die Furcht, original zu erscheinen, also ein Mangel an Stolz, aber nicht notwendig ein Mangel an Originalität.

366.

Verbrecher-Kummer. – Man leidet als entdeckter Verbrecher nicht am Verbrechen, sondern an der Schande oder am Verdruss über eine gemachte Dummheit oder an der Entbehrung des gewohnten Elementes, und es bedarf einer Feinheit, die selten ist, hierin zu unterscheiden. Jeder, der viel in Gefängnissen und Zuchthäusern verkehrt hat, ist erstaunt, wie selten daselbst ein unzweideutiger "Gewissensbiss" anzutreffen ist: umso mehr aber das Heimweh nach dem alten bösen geliebten Verbrechen.

367.

Immer glücklich seien. – Als die Philosophie Sache des öffentlichen Wetteifers war, im Griechenland des dritten Jahrhunderts, gab es nicht wenige Philosophen, welche glücklich durch den Hinterge-danken wurden, dass Andere, die nach anderen Prinzipien lebten und sich dabei quälten, an ihrem Glücke Ärger haben müssten: sie glaubten, mit ihrem Glücke jene am besten zu widerlegen, und dazu genügte es ihnen, immer glücklich zu scheinen: aber dabei müssten sie auf die Dauer glücklich werden! Diess war zum Beispiel das Loos der Cyniker.

368.

Grund vieler Verkennung. – Die Moralität der zunehmenden Nervenkraft ist freudig und unruhig; die Moralität der abnehmen-den Nervenkraft, am Abende oder bei Kranken und alten Leuten, ist leidend, beruhigend, abwartend, wehmütig, ja nicht selten düster. Je nachdem man von dieser oder jener hat, versteht man die uns fehlende nicht, und dem Andern legt man sie oft als Unsittlichkeit und Schwäche aus.

369.

Sich über seine Erbärmlichkeit zu heben. – Das sind mir stolze Gesellen, die, um das Gefühl ihrer Würde und Wichtigkeit herzustellen, immer erst Andere brauchen, die sie anherrschen und vergewaltigen können: Solche nämlich, deren Ohnmacht und Feigheit es erlaubt, dass Einer vor ihnen ungestraft erhabene und zornige Gebärden machen kann! – sodass sie die Erbärmlichkeit ihrer Umgebung nötig haben, um sich auf einen Augenblick über die eigene Erbärmlichkeit zu heben! – Dazu hat Mancher einen Hund, ein andrer einen Freund, ein Dritter eine Frau, ein Vierter eine Partei und ein sehr Seltener ein ganzes Zeitalter nötig.

370.

Inwiefern der Denker seinen Feind liebt. – Nie Etwas zurückhalten oder dir verschweigen, was gegen deinen Gedanken gedacht werden kann! Gelobe es dir! Es gehört zur ersten Redlichkeit des Denkens. Du musst jeden Tag auch deinen Feldzug gegen dich selber führen. Ein Sieg und eine eroberte Schanze sind nicht mehr deine Angelegenheit, sondern die der Wahrheit, – aber auch deine Niederlage ist nicht mehr deine Angelegenheit!

371.

Das Böse der Stärke. – Die Gewalttätigkeit als Folge der Leidenschaft, zum Beispiel des Zornes, ist physiologisch als ein Versuch zu verstehen, einem drohenden Erstickungsanfall vorzubeugen. Zahllose Handlungen des Übermuts, der sich an anderen Personen auslässt, sind Ableitungen eines plötzlichen Blutandranges durch eine starke Muskel-Action gewesen: und vielleicht gehört das ganze "Böse der Stärke" unter diesen Gesichtspunkt. (Das Böse der Stärke tut dem Andern wehe, ohne daran zu denken, – es muss sich auslassen; das Böse der Schwäche will wehe tun und die Zeichen des Leidens sehen.)

372.

Zur Ehre der Kenner. – Sobald Einer, ohne Kenner zu sein, doch den Urteiler Spielt, soll man sofort protestieren: ob es nun Männlein oder Weiblein sei. Schwärmerei und Entzücken für ein Ding oder einen Menschen sind keine Argumente: Widerwillen und Hass gegen sie auch nicht.

373.

Verräterischer Tadel. – "Er kennt die Menschen nicht" – das heißt im Munde des Einen: "er kennt die Gemeinheit nicht", im Munde des Andern: "er kennt die Ungewöhnlichkeit nicht und die Gemeinheit zu gut".

374.

Wert des Opfers. – Je mehr man den Staaten und Fürsten das Recht aberkennt, die Einzelnen zu opfern (wie bei der Rechtspflege, der Heeresfolge u. s. w.), umso höher wird der Wert der Selbst-Opferung steigen.

375.

Zu deutlich reden. – Man kann aus verschiedenen Gründen zu deutlich artikuliert sprechen: einmal, aus Misstrauen gegen sich, in einer neuen ungeübten Sprache, sodann aber auch aus Misstrauen gegen die Anderen, wegen ihrer Dummheit oder Langsamkeit des Verständnisses. Und so auch im Geistigsten: unsere Mittheilung ist mitunter zu deutlich, zu peinlich, weil Die, welchen wir uns mittheilen, uns sonst nicht verstehen. Folglich ist der vollkommene und leichte Stil nur vor einer vollkommenen Zuhörerschaft erlaubt.

376.

Viel schlafen. – Was tun, um sich anzuregen, wenn man müde und seiner selbst satt ist? Der Eine empfiehlt die Spielbank, der Andere das Christentum, der Dritte die Elektrizität. Das Beste aber, mein lieber Melancholiker, ist und bleibt: viel schlafen, eigentlich und uneigentlich! So wird man auch seinen Morgen wieder haben! Das Kunststück der Lebensweisheit ist, den Schlaf jeder Art zur rechten Zeit einzuschieben wissen.

377.

Worauf phantastische Ideale raten lassen. – Dort, wo unsere Mängel liegen, ergeht sich unsere Schwärmerei. Den schwärmerischen Satz "liebet eure Feinde!" haben Juden erfinden müssen, die besten Hasser, die es gegeben hat, und die schönste Verherrlichung der Keuschheit ist von Solchen gedichtet worden, die in ihrer Jugend wüst und abscheulich gelebt haben.

378.

Reine Hand und reine Wand. – Man soll weder Gott noch den Teufel an die Wand malen. Man verdirbt damit seine Wand und seine Nachbarschaft.

379.

Wahrscheinlich und unwahrscheinlich. – Eine Frau liebte heimlich einen Mann, hob ihn hoch über sich und sagte sich im Geheimsten hundert Male: "wenn mich ein solcher Mann liebte, so wäre dies wie eine Gnade, vor der ich im Staube liegen müsste!" – Und dem Manne ging es ganz ebenso, und gerade in Bezug auf diese Frau, und er sagte sich im Geheimsten auch gerade diesen Gedanken. Als endlich einmal Beiden die Zunge sich gelöst hatte und sie alles das Verschwiegene und Verschwiegenste des Herzens einander sagten, entstand schließlich ein Stillschweigen und einige Besinnung. Darauf hob die Frau an, mit erkälteter Stimme: "aber es ist ja ganz klar! wir sind Beide nicht Das, was wir geliebt haben! Wenn du Das bist, was du sagst und nicht mehr, so habe ich mich umsonst erniedrigt und dich geliebt; der Dämon verführte mich so wie dich." – Diese sehr wahrscheinliche Geschichte kommt nie vor, – weshalb?

380.

Erprobter Rath. – Von allen Trostmitteln tut Trostbedürftigen Nichts so wohl, als die Behauptung, für ihren Fall gebe es keinen Trost. Darin liegt eine solche Auszeichnung, dass sie wieder den Kopf erheben.

381.

Seine "Einzelheit" kennen. – Wir vergessen zu leicht, dass wir im Auge fremder Menschen, die uns zum ersten Male sehen, etwas ganz Anderes sind, als Das, wofür wir uns selber halten: meistens Nichts mehr, als eine in die Augen springende Einzelheit, welche den Eindruck bestimmt. So kann der sanftmütigste und billigste Mensch, wenn er nur einen großen Schnurrbart hat, gleichsam im Schatten desselben sitzen, und ruhig sitzen, – die gewöhnlichen Augen sehen in ihm den Zubehör zu einem großen Schnurrbart, will sagen: einen militärischen, leicht aufbrausenden, unter Umständen gewaltsamen Charakter – und benehmen sich darnach vor ihm.

382.

Gärtner und Garten. – Aus feuchten trüben Tagen, Einsamkeit, lieblosen Worten an uns, wachsen Schlüsse auf wie Pilze: sie sind eines Morgens da, wir wissen nicht woher, und sehen sich grau und griesgrämig nach uns um. Wehe dem Denker, der nicht der Gärtner, sondern nur der Boden seiner Gewächse ist!

383.

Die Komödie des Mitleidens. – Wir mögen noch so sehr an einem Unglücklichen Antheil nehmen: in seiner Gegenwart spielen wir immer etwas Komödie, wir sagen Vieles nicht, was wir denken und wie wir es denken, mit jener Behutsamkeit des Arztes am Bette von Schwerkranken.

384.

Wunderliche Heilige. – Es gibt Kleinmütige, welche von ihrem besten Werke und Wirken Nichts halten und es schlecht zur Mittheilung oder zum Vortrage bringen: aber aus einer Art Rache halten sie auch Nichts von der Sympathie Anderer oder glauben gar nicht an Sympathie; sie schämen sich, von sich selber hingerissen zu erscheinen und fühlen ein trotziges Wohlbehagen darin, lächerlich zu werden. – Diess sind Zustände aus der Seele melancholischer Künstler.

385.

Die Eitlen. – Wir sind wie Schauläden, in denen wir selber unsere angeblichen Eigenschaften, welche Andere uns zusprechen, fortwährend anordnen, verdecken oder ins Licht stellen, – um uns zu betrügen.

386.

Die Pathetischen und die Naiven. – Es kann eine sehr unedle Gewohnheit sein, keine Gelegenheit vorbei zu lassen, wo man sich pathetisch zeigen kann: um jenes Genusses willen, sich den Zuschauer dabei zu denken, der sich an die Brust schlägt und sich selber jämmerlich und klein fühlt. Es kann folglich auch ein Zeichen des Edelsinns sein, mit pathetischen Lagen Spott zu treiben und in ihnen sich unwürdig zu benehmen. Der alte kriegerische Adel Frankreichs hatte diese Art Vornehmheit und Feinheit.

387.

Probe einer Überlegung vor der Ehe. – Gesetzt, sie liebte mich, wie lästig würde sie mir auf die Dauer werden! Und gesetzt, sie liebte mich nicht, wie lästig würde sie erst da mir auf die Dauer werden! – Es handelt sich nur um zwei verschiedene Arten des Lästigen: – heiraten wir also!

388.

Die Schurkerei mit gutem Gewissen. – Im kleinen Handel übervorteilt zu werden, – das ist in manchen Gegenden, zum Beispiel in Tirol, so unangenehm, weil man das böse Gesicht und die grobe Begierde darin, nebst dem schlechten Gewissen und der plumpen Feindseligkeit, welche im betrügerischen Verkäufer gegen uns entsteht, noch obendrein in den schlechten Kauf bekommt. In Venedig dagegen ist der Prellende von Herzen über das gelungene Schelmenstück vergnügt und gar nicht feindselig gegen den Geprellten gestimmt, ja geneigt, ihm eine Artigkeit zu erweisen und namentlich mit ihm zu lachen, falls er dazu Lust haben sollte. – Kurz, man muss zur Schurkerei auch den Geist und das gute Gewissen haben: das versöhnt den Betrogenen beinahe mit dem Betruge.

389.

Etwas zu schwer. – Sehr brave Leute, die aber etwas zu schwer sind, um höflich und liebenswürdig zu sein, suchen eine Artigkeit sofort mit einer ernsthaften Dienstleistung oder mit einem Beitrag aus ihrer Kraft zu beantworten. Es ist rührend anzusehen, wie sie ihre Goldstücke schüchtern heranbringen, wenn ein Anderer ihnen seine vergoldeten Pfennige geboten hat.

390.

Geist verbergen. – Wenn wir Jemanden dabei ertappen, dass er seinen Geist vor uns verbirgt, so nennen wir ihn böse: und zwar umso mehr, wenn wir argwöhnen, dass Artigkeit und Menschenfreundlichkeit ihn dazu getrieben haben.

391.

Der böse Augenblick. – Lebhafte Naturen lügen nur einen Augenblick: nachher haben sie sich selber belogen und sind überzeugt und rechtschaffen.

392.

Bedingung der Höflichkeit. – Die Höflichkeit ist eine sehr gute Sache und wirklich eine der vier Haupttugenden (wenn auch die letzte): aber damit wir uns einander nicht mit ihr lästig werden, muss Der, mit dem ich gerade zu tun habe, um einen Grad weniger oder mehr höflich sein, als ich es bin, – sonst kommen wir nicht von der Stelle, und die Salbe salbt nicht nur, sondern klebt uns fest.

393.

Gefährliche Tugenden. – "Er vergisst Nichts, aber er vergibt Alles." – Dann wird er doppelt gehasst, denn er beschämt doppelt, mit seinem Gedächtnis und mit seiner Großmut.

394.

Ohne Eitelkeit. – Leidenschaftliche Menschen denken wenig an Das, was die Anderen denken, ihr Zustand erhebt sie über die Eitelkeit.

395.

Die Kontemplation. – Bei dem einen Denker folgt der dem Denker eigene beschauliche Zustand immer auf den Zustand der Furcht, bei einem andern immer auf den Zustand der Begierde. Dem ersten scheint demnach die Beschaulichkeit mit dem Gefühl der Sicherheit verbunden, dem andern mit dem Gefühl der Sättigung – das heißt: jener ist dabei mutig, dieser überdrüssig und neutral gestimmt.

396.

Auf der Jagd. – Jener ist auf der Jagd, angenehme Wahrheiten zu haschen, dieser – unangenehme. Aber auch der Erstere hat mehr Vergnügen an der Jagd, als an der Beute.

397.

Erziehung. – Die Erziehung ist eine Fortsetzung der Zeugung und oft eine Art nachträglicher Beschönigung derselben.

398.

Woran der Hitzigere zu erkennen ist. – Von zwei Personen, die mit einander kämpfen oder sich lieben oder sich bewundern, übernimmt die, welche die hitzigere ist, immer die unbequemere Stellung. Dasselbe gilt auch von zwei Völkern.

399.

Sich verteidigen. – Manche Menschen haben das beste Recht, so und so zu handeln; aber wenn sie sich darob verteidigen, glaubt man's nicht mehr – und irrt sich.

400.

Moralische Verzärtelung. – Es gibt zart moralische Naturen, welche bei jedem Erfolge Beschämung und bei jedem Misserfolge Gewissensbisse haben.

401.

Gefährlichstes Verlernen. – Man fängt damit an, zu verlernen, Andere zu lieben und hört damit auf, an sich nichts Liebenswertes mehr zu finden.

402.

Auch eine Toleranz. – "Eine Minute zu lange auf glühenden Kohlen gelegen haben und ein Wenig dabei anzubrennen, – das schadet noch Nichts, bei Menschen und Kastanien! Diese kleine Bitterkeit und Härte lässt erst recht schmecken, wie süß und milde der Kern ist." – Ja! So urteilt ihr Genießenden! Ihr sublimen Menschenfresser!

403.

Verschiedener Stolz. – Die Frauen sind es, welche bei der Vorstellung erbleichen, ihr Geliebter möchte ihrer nicht wert sein; die Männer sind es, welche bei der Vorstellung erbleichen, sie möchten ihrer Geliebten nicht wert sein. Es ist hier von ganzen Frauen, ganzen Männern die Rede. Solche Männer, als die Menschen der Zuversichtlichkeit und des Machtgefühls für gewöhnlich, haben im Zustande der Passion ihre Verschämtheit, ihren Zweifel an sich; solche Frauen aber fühlen sich sonst immer als die Schwachen, zur Hingebung Bereiten, aber in der hohen Ausnahme der Passion haben sie ihren Stolz und ihr Machtgefühl, – als welches frägt: wer ist meiner würdig?

404.

Wem man selten gerecht wird. – Mancher kann sich nicht für etwas Gutes und Großes erwärmen, ohne schweres Unrecht nach irgend einer Seite hin zu tun: dies ist seine Art Moralität.

405.

Luxus. – Der Hang zum Luxus geht in die Tiefe eines Menschen: er verrät, dass das Überflüssige und Unmäßige das Wasser ist, in dem seine Seele am liebsten schwimmt.

406.

Unsterblich machen. – Wer seinen Gegner töten will, mag erwägen, ob er ihn nicht gerade dadurch bei sich verewigt.

407.

Wider unsern Charakter. – Geht die Wahrheit, die wir zu sagen haben, wider unsern Charakter – wie es oft vorkommt –, so benehmen wir uns dabei, als ob wir schlecht lögen und erregen Misstrauen.

408.

Wo viel Milde nottut. – Manche Naturen haben nur die Wahl, entweder öffentliche Übeltäter oder geheime Leidträger zu sein.

409.

Krankheit. – Unter Krankheit ist zu verstehen: eine unzeitige Annäherung des Alters, der Hässlichkeit und der pessimistischen Urteile: welche Dinge zu einander gehören.

410.

Die Ängstlichen. – Gerade die ungeschickten ängstlichen Wesen werden leicht zu Totschlägern: sie verstehen die kleine zweckentsprechende Verteidigung oder Rache nicht, ihr Hass weiß aus Mangel an Geist und Geistesgegenwart keinen andern Ausweg, als die Vernichtung.

411.

Ohne Hass. – Du willst von deiner Leidenschaft Abschied nehmen? Tue es, aber ohne Hass gegen sie! Sonst hast du eine zweite Leidenschaft. – Die Seele der Christen, die sich von der Sünde freigemacht hat, wird gewöhnlich hinterher durch den Hass gegen die Sünde ruiniert. Sieh die Gesichter der großen Christen an! Es sind die Gesichter von großen Hassern.

412.

Geistreich und beschränkt. – Er versteht Nichts zu schätzen, außer sich; und wenn er Andere schätzen will, so muss er sie immer erst in sich verwandeln. Darin aber ist er geistreich.

413.

Die privaten und öffentlichen Ankläger. – Sieh dir Jeden genau an, der anklagt und inquiriert, – er enthüllt dabei seinen Charakter: und zwar nicht selten einen schlechteren Charakter, als das Opfer hat, hinter dessen Verbrechen er her ist. Der Anklagende meint in aller Unschuld, der Gegner eines Frevels und eines Frevlers müsse schon an sich von gutem Charakter sein oder als gut gelten, – und so lässt er sich gehen, das heißt: er lässt sich heraus.

414.

Die freiwillig Blinden. – Es gibt eine Art schwärmerischer, bis zum Äußersten gehender Hingebung an eine Person oder Partei, die verrät, dass wir im Geheimen uns ihr überlegen fühlen und darüber mit uns grollen. Wir blenden uns gleichsam freiwillig zur Strafe dafür, dass unser Auge zu viel gesehen hat.

415.

Remedium amoris. – Immer noch hilft gegen die Liebe in den meisten Fällen jenes alte Radicalmittel: die Gegenliebe.

416.

Wo ist der schlimmste Feind? – Wer seine Sache gut führen kann und sich dessen bewusst ist, ist gegen seinen Widersacher meist versöhnlich gestimmt. Aber zu glauben, dass man die gute Sache für sich habe, und zu wissen, dass man nicht geschickt ist, sie zu verteidigen, – das macht einen ingrimmigen und unversöhnlichen Hass auf den Gegner der eignen Sache. – Möge jeder darnach berechnen, wo seine schlimmsten Feinde zu suchen sind!

417.

Grenze aller Demuth. – Zu der Demuth, welche spricht: credo quia absurdum est, und ihre Vernunft zum Opfer anbietet, brachte es wohl schon Mancher: aber Keiner, soviel ich weiß, bis zu jener Demuth, die doch nur einen Schritt davon entfernt ist und welche spricht: credo quia absurdus sum.

418.

Wahrspielerei. – Mancher ist wahrhaftig, – nicht weil er es verabscheut, Empfindungen zu heucheln, sondern weil es ihm schlecht gelingen würde, seiner Heuchelei Glauben zu verschaffen. Kurz, er traut seinem Talent als Schauspieler nicht und zieht die Redlichkeit vor, die "Wahrspielerei".

419.

Muth in der Partei. – Die armen Schafe sagen zu ihrem Zugführer: "gehe nur immer voran, so wird es uns nie an Muth fehlen, dir zu folgen." Der arme Zugführer aber denkt bei sich: "folgt mir nur immer nach, so wird es mir nie an Muth fehlen, euch zu führen."

420.

Verschlagenheit des Opfertiers. – Es ist eine traurige Verschlagenheit, wenn man sich über Jemanden täuschen will, dem man sich geopfert hat, und ihm Gelegenheit bietet, wo er uns so erscheinen muss, wie wir wünschen, dass er wäre.

421.

Durch Andre hindurch. – Es gibt Menschen, die gar nicht anders gesehen werden wollen, als durch andre hindurchschimmernd. Und daran ist viel Klugheit.

422.

Andern Freude machen. – Warum geht Freude machen über alle Freuden? – Weil man damit seinen fünfzig eignen Trieben auf einmal eine Freude macht. Es mögen das einzeln sehr kleine Freuden sein: aber tut man sie alle in Eine Hand, so hat man die Hand voller, als jemals sonst, – und das Herz auch! –

Fünftes Buch.

423.

Im großen Schweigen. – Hier ist das Meer, hier können wir der Stadt vergessen. Zwar lärmen eben jetzt noch ihre Glocken das Ave Maria – es ist jener düstere und törichte, aber süße Lärm am Kreuzwege von Tag und Nacht –, aber nur noch einen Augenblick! Jetzt schweigt Alles! Das Meer liegt bleich und glänzend da, es kann nicht reden. Der Himmel spielt sein ewiges stummes Abendspiel mit roten, gelben, grünen Farben, er kann nicht reden. Die kleinen Klippen und Felsenbänder, welche ins Meer hineinlaufen, wie um den Ort zu finden, wo es am einsamsten ist, sie können alle nicht reden. Diese ungeheure Stummheit, die uns plötzlich überfällt, ist schön und grauenhaft, das Herz schwillt dabei. – Oh der Gleissnerei dieser stummen Schönheit! Wie gut könnte sie reden, und wie böse auch, wenn sie wollte! Ihre gebundene Zunge und ihr leidendes Glück im Antlitz ist eine Tücke, um über dein Mitgefühl zu spotten! – Sei es drum! Ich schäme mich dessen nicht, der Spott solcher Mächte zu sein. Aber ich bemitleide dich, Natur, weil du schweigen musst, auch wenn es nur deine Bosheit ist, die dir die Zunge bindet: ja, ich bemitleide dich um deiner Bosheit willen! – Ach, es wird noch stiller, und noch einmal schwillt mir das Herz: es erschrickt vor einer neuen Wahrheit, es kann auch nicht reden, es spottet selber mit, wenn der Mund Etwas in diese Schönheit hinausruft, es genießt selber seine süße Bosheit des Schweigens. Das Sprechen, ja das Denken wird mir verhasst: höre ich denn nicht hinter jedem Worte den Irrtum, die Einbildung, den Wahngeist lachen? Muss ich nicht meines Mitleidens spotten? Meines Spottes spotten? – Oh Meer! Oh Abend! Ihr seid schlimme Lehrmeister! Ihr lehrt den Menschen aufhören, Mensch zu sein! Soll er sich euch hingeben? Soll er werden, wie ihr es jetzt seid, bleich, glänzend, stumm, ungeheuer, über sich selber ruhend? über sich selber erhaben?

Für wen die Wahrheit da ist. – Bis jetzt sind die Irrtümer die trostreichen Mächte gewesen: nun erwartet man von den erkannten Wahrheiten dieselbe Wirkung und wartet ein Wenig lange schon. Wie, wenn die Wahrheiten gerade dies – zu trösten – nicht zu leisten vermöchten? – Wäre dies denn ein Einwand gegen die Wahrheiten? Was haben diese mit den Zuständen leidender, verkümmerter, kranker Menschen gemeinsam, dass sie gerade ihnen nützlich sein müssten? Es ist doch kein Beweis gegen die Wahrheit einer Pflanze, wenn festgestellt wird, dass sie zur Genesung kranker Menschen Nichts beiträgt. Aber ehemals war man bis zu dem Grade vom Menschen als dem Zwecke der Natur überzeugt, dass man ohne Weiteres annahm, es könne auch durch die Erkenntnis Nichts aufgedeckt werden, was nicht dem Menschen heilsam und nützlich sei, ja, es könne, es dürfe gar keine anderen Dinge geben. – Vielleicht folgt aus alledem der Satz, dass die Wahrheit als Ganzes und Zusammenhängendes nur für die zugleich mächtigen und harmlosen, freud- und friedenvollen Seelen (wie es die des Aristoteles war) da ist, ebenso wie diese wohl auch nur im Stande sein werden, sie zu suchen: denn die anderen suchen Heilmittel für sich, mögen sie noch so stolz über ihren Intellekt und dessen Freiheit denken, – sie suchen nicht die Wahrheit. Daher kommt es, dass diese Anderen so wenig ächte Freude an der Wissenschaft haben und ihr Kälte, Trockenheit und Unmenschlichkeit zum Vorwurf machen: es ist dies das Urteil der Kranken über die Spiele der Gesunden. – Auch die griechischen Götter verstanden nicht zu trösten; als endlich auch die griechischen Menschen allesamt krank wurden, war dies ein Grund zum Untergang solcher Götter.

Wir Götter in der Verbannung! – Durch Irrtümer über ihre Herkunft, ihre Einzigkeit, ihre Bestimmung, und durch Anfor-derungen, die auf Grund dieser Irrtümer gestellt wurden, hat sich die Menschheit hoch gehoben und sich immer wieder "selber übertroffen": aber durch dieselben Irrtümer ist unsäglich viel Leiden, gegenseitige Verfolgung, Verdächtigung, Verkennung, und noch mehr Elend des Einzelnen in sich und an sich in die Welt gekommen. Die Menschen sind leidende Geschöpfe geworden, in Folge ihrer Moralen: was sie damit eingekauft haben, das ist, Alles in Allem, ein Gefühl, als ob sie im Grunde zu gut und zu bedeutend für die Erde wären und nur vorübergehend sich auf ihr aufhielten. "Der leidende Hochmütige" ist einstweilen immer noch der höchste Typus des Menschen.

426.

Farbenblindheit der Denker. – Wie anders sahen die Griechen in ihre Natur, wenn ihnen, wie man sich eingestehen muss, das Auge für Blau und Grün blind war, und sie statt des ersteren ein tieferes Braun, statt des zweiten ein Gelb sahen (wenn sie also mit gleichem Worte zum Beispiel die Farbe des dunklen Haares, die der Kornblume und die des südländischen Meeres bezeichneten, und wiederum mit gleichem Worte die Farbe der grünsten Gewächse und der menschlichen Haut, des Honigs und der gelben Harze: sodass ihre größten Maler bezeugtermaßen ihre Welt nur mit Schwarz, Weiß, Roth und Gelb wiedergegeben haben), – wie anders und wie viel näher an den Menschen gerückt musste ihnen die Natur erscheinen, weil in ihrem Auge die Farben des Menschen auch in der Natur überwogen und diese gleichsam in dem Farbenäther der Menschheit schwamm! (Blau und Grün entmenschlichen die Natur mehr, als alles Andere.) Auf diesem Mangel ist die spielende Leichtigkeit, welche die Griechen auszeichnet, Natur-vorgänge als Götter und Halbgötter, das heißt als menschartige Gestalten zu sehen, großgewachsen. – Diess sei aber nur das Gleichnis für eine weitere Vermutung. Jeder Denker malt seine Welt und jedes Ding mit weniger Farben, als es gibt, und ist gegen einzelne Farben blind. Diess ist nicht nur ein Mangel. Er sieht vermöge dieser Annäherung und Vereinfachung Harmonien der Farben in die Dinge hinein, welche einen großen Reiz haben und eine Bereicherung der Natur ausmachen können. Vielleicht ist dies sogar der Weg gewesen, auf dem die Menschheit den Genuss im Anblick des

Daseins erst gelernt hat: dadurch, dass ihr dieses Dasein zunächst in einem oder zwei Farbentönen und dadurch harmonisiert vorgeführt wurde: sie übte sich gleichsam auf diese wenigen Töne ein, bevor sie zu mehreren übergehen konnte. Und noch jetzt arbeitet sich mancher Einzelne aus einer teilweisen Farben-blindheit in ein reicheres Sehen und Unterscheiden hinaus: wobei er aber nicht nur neue Genüsse findet, sondern immer auch einige der früheren aufgeben und verlieren muss.

427.

Die Verschönerung der Wissenschaft. – Wie die Rococo-Gartenkunst entstand, aus dem Gefühl "die Natur ist hässlich, wild, langweilig, – auf! wir wollen sie verschönern (embellir la nature)!" – so entsteht aus dem Gefühl "die Wissenschaft ist hässlich, trocken, trostlos, schwierig, langwierig, – auf! lasst uns sie verschönern!" immer wieder Etwas, das sich die Philosophie nennt. Sie will, was alle Künste und Dichtungen wollen, – vor Allem unterhalten: sie will dies aber, gemäß ihrem ererbten Stolze, in einer erhabeneren und höheren Art, vor einer Auswahl von Geistern. Für diese eine Gartenkunst zu schaffen, deren Hauptreiz wie bei jener "gemeineren" die Täuschung der Augen ist (durch Tempel, Fernblicke, Grotten, Irrpfade, Wasserfälle, um im Gleichnisse zu reden), die Wissenschaft in einem Auszuge und mit allerlei wunderbaren und plötzlichen Beleuchtungen vorzuführen und so viel Unbestimmtheit, Unvernunft und Träumerei in sie einzu-mischen, dass man in ihr "wie in der wilden Natur" und doch ohne Mühsal und Langeweile wandeln könne, – das ist kein geringer Ehrgeiz: wer ihn hat, träumt sogar davon, auf diese Art die Religion entbehrlich zu machen, welche bei den früheren Menschen die höchste Gattung von Unterhaltungskunst abgegeben hat. – Diess geht nun seinen Gang und erreicht eines Tages seine hohe Flut: jetzt schon beginnen die Gegenstimmen gegen die Philosophie laut zu werden, welche rufen "Rückkehr zur Wissenschaft! Zur Natur und Natürlichkeit der Wissenschaft!" – womit vielleicht ein Zeitalter anhebt, das die mächtigste Schönheit gerade in den "wilden, hässlichen" Teilen der

Wissenschaft entdeckt, wie man seit Rousseau erst den Sinn für die Schönheit des Hochgebirges und der Wüste entdeckt hat.

<h2 style="text-align:center">428.</h2>

Zwei Arten Moralisten. – Ein Gesetz der Natur zum ersten Male sehen und ganz sehen, also es nachweisen (zum Beispiel das der Fallkraft, der Licht- und Schallreflexion) ist etwas Anderes und die Sache anderer Geister, als ein solches Gesetz erklären. So unterscheiden sich auch jene Moralisten, welche die menschlichen Gesetze und Gewohnheiten sehen und aufzeigen – die feinohrigen, feinnasigen, feinäugigen Moralisten – durchaus von denen, welche das Beobachtete erklären. Die letzteren müssen vor Allem erfinderisch sein und eine durch Scharfsinn und Wissen entzügelte Phantasie haben.

<h2 style="text-align:center">429.</h2>

Die neue Leidenschaft. – Warum fürchten und hassen wir eine mögliche Rückkehr zur Barbarei? Weil sie die Menschen unglücklicher machen würde, als sie es sind? Ach nein! Die Barbaren aller Zeiten hatten mehr Glück: täuschen wir uns nicht! – Sondern unser Trieb zur Erkenntnis ist zu stark, als dass wir noch das Glück ohne Erkenntnis oder das Glück eines starken festen Wahnes zu schätzen vermöchten; es macht Pein, uns solche Zustände auch nur vorzustellen! Die Unruhe des Entdeckens und Erratens ist uns so reizvoll und unentbehrlich geworden, wie die unglückliche Liebe dem Liebenden wird: welche er um keinen Preis gegen den Zustand der Gleichgültigkeit hergeben würde; – ja, vielleicht sind wir auch unglücklich Liebende! Die Erkenntnis hat sich in uns zur Leidenschaft verwandelt, die vor keinem Opfer erschrickt und im Grunde Nichts fürchtet, als ihr eigenes Erlöschen; wir glauben aufrichtig, dass die gesamte Menschheit unter dem Drange und Leiden dieser Leidenschaft sich erhabener und getrösteter glauben müsste als bisher, wo sie den Neid auf das gröbere Behagen, das im Gefolge der Barbarei kommt, noch nicht überwunden hat. Vielleicht selbst, dass die Menschheit an dieser Leidenschaft der Erkenntnis zu

Grunde geht! – auch dieser Gedanke vermag Nichts über uns! Hat sich denn das Christentum je vor einem ähnlichen Gedanken gescheut? Sind die Liebe und der Tod nicht Geschwister? Ja, wir hassen die Barbarei, – wir wollen Alle lieber den Untergang der Menschheit, als den Rückgang der Erkenntnis! Und zuletzt: wenn die Menschheit nicht an einer Leidenschaft zu Grunde geht, so wird sie an einer Schwäche zu Grunde gehen: was will man lieber? Diess ist die Hauptfrage. Wollen wir für sie ein Ende im Feuer und Licht oder im Sande? –

430.

Auch heldenhaft. – Dinge vom übelsten Geruche thun, von denen man kaum zu reden wagt, die aber nützlich und nötig sind, – ist auch heldenhaft. Die Griechen haben sich nicht geschämt, unter die großen Arbeiten des Herakles auch die Ausmistung eines Stalles zu setzen.

431.

Die Meinungen der Gegner. – Um zu messen, wie fein oder wie schwachsinnig von Natur auch die gescheitesten Köpfe sind, gebe man darauf Acht, wie sie die Meinungen ihrer Gegner auffassen und wiedergeben: dabei verrät sich das natürliche Maß jedes Intellektes. – Der vollkommene Weise erhebt, ohne es zu wollen, seinen Gegner ins Ideal und macht dessen Widerspruch frei von allen Flecken und Zufälligkeiten: erst wenn dadurch aus seinem Gegner ein Gott mit leuchtenden Waffen geworden ist, kämpft er gegen ihn.

432.

Forscher und Versucher. – Es gibt keine alleinwissendmachende Methode der Wissenschaft! Wir müssen versuchsweise mit den Dingen verfahren, bald böse, bald gut gegen sie sein und Gerechtigkeit, Leidenschaft und Kälte nach einander für sie haben. Dieser redet mit den Dingen als Polizist, jener als Beichtvater, ein Dritter als Wanderer und Neugieriger. Bald mit Sympathie, bald mit Vergewaltigung wird man ihnen Etwas abdringen; Einen führt Ehrfurcht vor ihren Geheimnissen vorwärts und zur Einsicht, Einen wiederum Indiskretion und Schelmerei in der Erklärung von Geheimnissen. Wir Forscher sind wie alle Eroberer, Entdecker, Schifffahrer, Abenteurer von einer verwegenen Moralität und müssen es uns gefallen lassen, im Ganzen für böse zu gelten.

433.

Mit neuen Augen sehen. – Gesetzt, dass unter Schönheit in der Kunst immer die Nachbildung des Glücklichen zu verstehen ist – und so halte ich es für die Wahrheit –, je nachdem eine Zeit, ein Volk, ein großes in sich selber gesetzgeberisches Individuum sich den Glücklichen vorstellt: was gibt dann der sogenannte Realismus der jetzigen Künstler über das Glück unserer Zeit zu verstehen? Es ist unzweifelhaft seine Art von Schönheit, welche wir jetzt am leichtesten zu erfassen und zu genießen wissen. Folglich muss man wohl glauben, das jetzige uns eigene Glück liege im Realistischen, in möglichst scharfen Sinnen und treuer Auffassung des Wirklichen, nicht also in der Realität, sondern im Wissen um die Realität? So sehr hat die Wirkung der Wissenschaft schon Tiefe und Breite gewonnen, dass die Künstler des Jahrhunderts, ohne es zu wollen, bereits zu Verherrlichern der wissenschaftlichen "Seligkeiten" an sich geworden sind!

434.

Fürsprache einlegen. – Für die großen Landschaftsmaler sind die anspruchslosen Gegenden da, die merkwürdigen und seltenen Gegenden aber für die kleinen. Nämlich: die großen Dinge der Natur und Menschheit müssen für alle die Kleinen, Mittelmäßigen und Ehrgeizigen unter ihren Verehrern Fürsprache einlegen, – aber der Große legt Fürsprache für die schlichten Dinge ein.

435.

Nicht unvermerkt zu Grunde gehen. – Nicht einmal, sondern fortwährend bröckelt es an unserer Tüchtigkeit und Größe; die kleine Vegetation, welche zwischen Allem hineinwächst und sich überall anzuklammern versteht, diese ruiniert Das, was groß an uns ist, – die alltägliche, stündliche übersehene Erbärmlichkeit unserer Umgebung, die tausend Würzelchen dieser oder jener kleinen und kleinmütigen Empfindung, welche aus unserer Nachbarschaft, aus unserem Amte, unserer Geselligkeit, unserer Tageseinteilung herauswächst. Lassen wir dies kleine Unkraut unbemerkt, so gehen wir an ihm unbemerkt zu Grunde! – Und wollt ihr durchaus zu Grunde gehen, so tut es lieber auf einmal und plötzlich: dann bleiben vielleicht von euch erhabene Trümmer übrig! Und nicht, wie jetzt zu befürchten steht, Maulwurfshügel! Und Gras und Unkraut auf ihnen, die kleinen Siegreichen, bescheiden wie vordem, und zu erbärmlich selbst zum Triumphiren!

436.

Kasuistisch. – Es gibt eine bitterböse Alternative, der nicht Jedermanns Tapferkeit und Charakter gewachsen ist: als Passagier eines Schiffes zu entdecken, dass Capitän und Steuermann gefährliche Fehler machen und dass man ihnen in nautischem Wissen überlegen sei, – und nun sich zu fragen: Wie! wenn du gegen sie eine Meuterei erregtest und sie Beide gefangen nehmen ließest? Verpflichtet dich deine Überlegenheit nicht dazu? Und sind sie nicht wiederum im Rechte, dich einzusperren, weil du den Gehorsam untergräbst? – Diess ist ein Gleichnis für höhere und bösere Lagen: wobei zuletzt immer noch die Frage bleibt, was uns unsere Überlegenheit, unseren Glauben an uns selber in solchen Fällen gewährleistet. Der Erfolg? Aber da muss man eben schon das Ding thun, welches alle Gefahren in sich trägt, – und nicht nur Gefahren für uns, sondern für das Schiff.

Vorrechte. – Wer sich selber wirklich besitzt, das heißt wer sich endgültig erobert hat, betrachtet es fürderhin als sein eigenes Vorrecht, sich zu strafen, sich zu begnadigen, sich zu bemitleiden: er braucht dies Niemandem zuzugestehen, er kann es aber auch einem Andern mit Freiheit in die Hand geben, einem Freunde zum Beispiel, – aber er weiß, dass er damit ein Recht verleiht und dass man nur aus dem Besitze der Macht heraus Rechte verleihen kann.

Mensch und Dinge. – Warum sieht der Mensch die Dinge nicht? Er steht selber im Wege: er verdeckt die Dinge.

Merkmale des Glücks. – Das Gemeinsame aller Glücksempfindungen ist zweierlei: Fülle des Gefühls und Übermut darin, sodass man wie ein Fisch sein Element um sich fühlt und in ihm springt. Gute Christen werden verstehen, was christliche Ausgelassenheit ist.

Nicht entsagen! – Auf die Welt verzichten, ohne sie zu kennen, gleich einer Nonne, – das gibt eine unfruchtbare, vielleicht schwermütige Einsamkeit. Diess hat Nichts gemeinsam mit der Einsamkeit der vita contemplativa des Denkers: wenn er sie wählt, will er keineswegs entsagen; vielmehr wäre es ihm Entsagung, Schwermut, Untergang seiner selbst, in der vita practica aus-harren zu müssen: auf diese verzichtet er, weil er sie kennt, weil er sich kennt. So springt er in sein Wasser, so gewinnt er seine Heiterkeit.

441.

Warum das Nächste uns immer ferner wird. – Je mehr wir an Alles, was war und sein wird, denken, um so bleicher wird uns Das, was gerade jetzt ist. Wenn wir mit Gestorbenen leben und in ihrem Sterben mitsterben, was sind uns dann noch die Nächsten"? Wir werden einsamer, – und zwar weil die ganze Flut der Menschheit um uns rauscht. Die Gluth in uns, die allem Menschlichen gilt, nimmt immer zu – und darum blicken wir auf Das, was uns umgibt, wie als ob es gleichgültiger und schattenhafter geworden wäre. – Aber unser kalter Blick beleidigt

442.

Die Regel. – "Die Regel ist mir immer interessanter, als die Ausnahme" – wer so empfindet, der ist in der Erkenntnis weit voraus und gehört zu den Eingeweihten.

443.

Zur Erziehung.- Allmählich ist mir das Licht über den allgemeinsten Mangel unserer Art Bildung und Erziehung aufgegangen: Niemand lernt, Niemand strebt darnach, Niemand lehrt – die Einsamkeit ertragen.

444.

Verwunderung über Widerstand. – Weil Etwas für uns durchsichtig geworden ist, meinen wir, es könne uns nunmehr keinen Widerstand leisten – und sind dann erstaunt, dass wir hindurchsehen und doch nicht hindurch können! Es ist dies dieselbe Torheit und dasselbe Erstaunen, in welches die Fliege vor jedem Glasfenster gerät.

445.

Worin sich die Edelsten verrechnen. – Man gibt Jemandem endlich sein Bestes, sein Kleinod, – nun hat die Liebe Nichts mehr zu geben:

aber Der, welcher es annimmt, hat daran gewiss nicht sein Bestes, und folglich fehlt ihm jene volle und letzte Erkenntlichkeit, auf welche der Gebende rechnet.

446.

Rangordnung. – Es gibt erstens oberflächliche Denker, zweitens tiefe Denker – solche, welche in die Tiefe einer Sache gehen –, drittens gründliche Denker, die einer Sache auf den Grund gehen, – was sehr viel mehr wert ist, als nur in ihre Tiefe hinabsteigen! – endlich solche, welche den Kopf in den Morast stecken: was doch weder ein Zeichen von Tiefe noch von Gründlichkeit sein sollte! Es sind die lieben Untergründlichen.

447.

Meister und Schüler. – Zur Humanität eines Meisters gehört, seine Schüler vor sich zu warnen.

448.

Die Wirklichkeit ehren. – Wie kann man dieser jubelnden Volksmenge ohne Tränen und ohne Zustimmung zusehen! Wir dachten vorher gering von dem Gegenstand ihres Jubels und würden noch immer so denken, wenn wir ihn nicht erlebt hätten! Wozu können uns also die Erlebnisse fortreißen! Was sind unsere Meinungen! Man muss, um sich nicht zu verlieren, um seine Vernunft nicht zu verlieren, vor den Erlebnissen flüchten! So floh Plato vor der Wirklichkeit und wollte die Dinge nur in den blassen Gedankenbildern anschauen; er war voller Empfindung und wusste, wie leicht die Wellen der Empfindung über seiner Vernunft zusammenschlugen. – So hätte sich demnach der Weise zu sagen: "ich will die Wirklichkeit ehren, aber ihr den Rücken dabei zuwenden, weil ich sie kenne und fürchte"? – er müsste es machen wie afrikanische Völkerschaften vor ihrem Fürsten: welche ihm nur rückwärts nahen und ihre Verehrung zugleich mit ihrer Angst zu zeigen wissen?

449.

Wo sind die Bedürftigen des Geistes? – Ah! Wie es mich anwidert, einem Anderen die eigenen Gedanken aufzudrängen! Wie ich mich jeder Stimmung und heimlichen Umkehr in mir freue, bei der die Gedanken Anderer gegen die eigenen zu Rechte kommen! Ab und zu gibt es aber ein noch höheres Fest, dann, wenn es einmal erlaubt ist, sein geistiges Haus und Habe wegzuschenken, dem Beichtvater gleich, der im Winkel sitzt, begierig, dass ein Bedürftiger komme und von der Noth seiner Gedanken erzähle, damit er ihm wieder einmal Hand und Herz voll und die beunruhigte Seele leicht mache! Nicht nur, dass er keinen Ruhm davon haben will: er möchte auch der Dankbarkeit aus dem Wege laufen, denn sie ist zudringlich und ohne Scheu vor Einsamkeit und Still-schweigen. Aber namenlos oder leicht verspottet leben, zu niedrig, um Neid oder Feindschaft zu erwecken, mit einem Kopf ohne Fieber, einer Handvoll Wissen und einem Beutel voll Erfahrungen ausgerüstet, gleichsam ein Armenarzt des Geistes sein und Dem und Jenem, dessen Kopf durch Meinungen verstört ist, helfen, ohne dass er recht merkt, wer ihm geholfen hat! Nicht vor ihm Recht haben und einen Sieg feiern wollen, sondern so zu ihm sprechen, dass er das Rechte nach einem kleinen unbemerkten Fingerzeig oder Widerspruch sich selber sagt und stolz darüber fortgeht! Wie eine geringe Herberge sein, die Niemanden zurück-stösst, der bedürftig ist, die aber hinterher vergessen oder verlacht wird! Nichts voraus haben, weder die bessere Nahrung, noch die reinere Luft, noch den freudigeren Geist, – sondern abgeben, zurückgeben, mittheilen, ärmer werden! Niedrig sein können, um Vielen zugänglich und für Niemanden demütigend zu sein! Viel Unrecht auf sich liegen haben und durch die Wurmgänge aller Art Irrtümer gekrochen sein, um zu vielen ver-borgenen Seelen auf ihren geheimen Wegen gelangen zu können! Immer in einer Art Liebe und immer in einer Art Selbstsucht und Selbstgeniessens! Im Besitz einer Herrschaft und zugleich ver-borgen und entsagend sein! Beständig in der Sonne und Milde der Anmut liegen und doch die Aufstiege zum Erhabenen in der Nähe wissen! – Das wäre ein Leben! Das wäre ein Grund, lange zu leben!

450.

Die Lockung der Erkenntnis. – Auf leidenschaftliche Geister wirkt der Blick durch das Thor der Wissenschaft wie der Zauber aller Zauber; und vermutlich werden sie dabei zu Phantasten und im günstigen Falle zu Dichtern: so heftig ist ihre Begierde nach dem Glück der Erkennenden. Geht es euch nicht durch alle Sinne, – dieser Ton der süßen Lockung, mit dem die Wissenschaft ihre frohe Botschaft verkündet hat, in hundert Worten und im hundert-ersten und schönsten: "Lass den Wahn schwinden! Dann ist auch das Wehe mir!' verschwunden; und mit dem Wehe mir!' ist auch das Wehe dahin." (Marc Aurel.)

451.

Wem ein Hofnarr nötig ist. – Die sehr Schönen, die sehr Guten, die sehr Mächtigen erfahren fast nie über irgend Etwas die volle und gemeine Wahrheit, – denn in ihrer Gegenwart lügt man unwillkürlich ein Wenig, weil man ihre Wirkungen empfindet und diesen Wirkungen gemäß Das, was man an Wahrheit mittheilen könnte, in der Form einer Anpassung vorbringt (also Farben und Grade des Tatsächlichen fälscht, Einzelheiten weglässt oder hinzutut und Das, was sich gar nicht anpassen lassen will, hinter seinen Lippen zurückbehält). Wollen Menschen der Art trotz Alledem und durchaus die Wahrheit hören, so müssen sie sich ihren Hofnarren halten, – ein Wesen mit dem Vorrechte des Verrückten, sich nicht anpassen zu können.

452.

Ungeduld. – Es gibt einen Grad von Ungeduld bei Menschen der Tat und des Gedankens, welcher sie, bei einem Misserfolge, sofort in das entgegengesetzte Reich übertreten, sich dort passionieren und in Unternehmungen einlassen heißt, – bis auch von hier wieder ein Zögern des Erfolges sie vertreibt: so irren sie, abenteuernd und heftig, durch die Praxis vieler Reiche und Naturen und können zuletzt, durch die Allkenntniss von Menschen und Dingen, welche ihre ungeheure Wanderung und Übung in ihnen zurücklässt, und bei einiger Milderung ihres Triebes, – zu mächtigen Praktikern werden. So wird ein Fehler des Charakters zur Schule des Genies.

453.

Moralisches Interregnum. – Wer wäre jetzt schon im Stande, Das zu beschreiben, was einmal die moralischen Gefühle und Urteile ablösen wird! – so sicher man auch einzusehen vermag, dass diese in allen Fundamenten irrtümlich angelegt sind und ihr Gebäude der Reparatur unfähig ist: ihre Verbindlichkeit muss von Tag zu Tage immer abnehmen, sofern nur die Verbindlichkeit der Vernunft nicht abnimmt! Die Gesetze des Lebens und Handelns neu aufbauen, – zu dieser Aufgabe sind unsere Wissenschaften der Physiologie, Medicin, Gesellschafts- und Einsamkeitslehre ihrer selbst noch nicht sicher genug: und nur aus ihnen kann man die Grundsteine für neue Ideale (wenn auch nicht die neuen Ideale selber) entnehmen. So leben wir denn ein vorläufiges Dasein oder ein nachläufiges Dasein, je nach Geschmack und Begabung, und thun am besten, in diesem Interregnum, so sehr, als nur möglich, unsere eigenen reges zu sein und kleine Versuchsstaaten zu gründen. Wir sind Experimente: wollen wir es auch sein!

454.

Zwischenrede. – Ein Buch, wie dieses, ist nicht zum Durchlesen und Vorlesen, sondern zum Aufschlagen, namentlich im Spazierengehen und auf Reisen, man muss den Kopf hinein- und immer wieder hinausstecken können und nichts Gewohntes um sich finden.

455.

Die erste Natur. – So wie man uns jetzt erzieht, bekommen wir zuerst eine zweite Natur: und wir haben sie, wenn die Welt uns reif, mündig, brauchbar nennt. Einige Wenige sind Schlangen genug, um diese Haut eines Tages abzustoßen: dann, wenn unter ihrer Hülle ihre erste Natur reif geworden ist. Bei den Meisten vertrocknet der Keim davon.

456.

Eine werdende Tugend. – Solche Behauptungen und Verheissungen, wie die der antiken Philosophen von der Einheit der Tugend und der Glückseligkeit, oder wie die des Christentums "Trachtet am ersten nach dem Reiche Gottes, so wird euch solches Alles zufallen!" – sind nie mit voller Redlichkeit, und doch immer ohne schlechtes Gewissen, gemacht worden: man stellte solche Sätze, deren Wahrheit man sehr wünschte, keck als die Wahrheit gegen den Augenschein auf, und empfand dabei nicht einen religiösen oder moralischen Gewissensbiss – denn man war in honorem majorem der Tugend oder Gottes über die Wirklichkeit hinausgegangen und ohne alle eigennützigen Absichten! Auf dieser Stufe der Wahrhaftigkeit stehen noch viele brave Menschen: wenn sie sich selbstlos fühlen, scheint es ihnen erlaubt, es mit der Wahrheit leichter Zunehmen. Man beachte doch, dass weder unter den sokratischen, noch unter den christlichen Tugenden die Redlichkeit vorkommt: diese ist eine der jüngsten Tugenden, noch wenig gereift, noch oft verwechselt und verkannt, ihrer selber noch kaum bewusst, – etwas Werdendes, das wir fördern oder hemmen können, je nachdem unser Sinn steht.

457.

Letzte Schweigsamkeit. – Einzelnen geht es sowie Schatzgräbern: sie entdecken zufällig die verborgen gehaltenen Dinge einer fremden Seele und haben daran ein Wissen, welches oft schwer zu tragen ist! Man kann unter Umständen Lebende und Todte bis zu einem Grade gut kennen und innerlich ausfindig machen, dass es Einem peinlich wird, von ihnen gegen Andere zu reden: man fürchtet mit jedem Worte indiskret zu sein. – Ich könnte mir ein plötzliches Stummwerden des weisesten Historikers denken.

458.

Das große Loos. – Das ist etwas sehr Seltenes, aber ein Ding zum Entzücken: der Mensch nämlich mit schön gestaltetem Intellekt, welcher den Charakter, die Neigungen und auch die Erlebnisse hat, die zu einem solchen Intellekt gehören.

459.

Die Großmütigkeit des Denkers. – Rousseau und Schopenhauer – Beide waren stolz genug, ihrem Dasein den Wahlspruch aufzuschreiben: vitam impendere vero. Und Beide wiederum – was mögen sie in ihrem Stolze gelitten haben, dass es ihnen nicht gelingen wollte, verum impendere vitae! – Verum, wie es jeder von ihnen verstand –, dass ihr Leben neben ihrer Erkenntnis nebenher lief wie ein launischer Bass, der zur Melodie nicht stimmen will! – Aber es stünde schlimm um die Erkenntnis, wenn sie jedem Denker nur in dem Maße zugemessen würde, als sie ihm gerade auf den Leib passt! Und es stünde schlimm um die Denker, wenn ihre Eitelkeit so groß wäre, dass sie dies allein ertrügen! Gerade darin glänzt die schönste Tugend des großen Denkers: die Grossmüthigkeit, dass er als Erkennender sich selber und sein Leben unverzagt, oftmals beschämt, oftmals mit erhabenem Spotte und lächelnd – zum Opfer bringt.

460.

Seine gefährlichen Stunden ausnützen. – Man lernt einen Menschen und einen Zustand ganz anders kennen, wenn Gefahr um Hab und Gut, Ehre, Leben und Tod, für uns und unsere Liebsten, in jeder ihrer Bewegungen liegt: wie zum Beispiel Tiberius tiefer über das Innere des Kaisers Augustus und seines Regimentes nachgedacht und mehr davon gewusst haben muss, als dem weisesten Historiker es auch nur möglich wäre. Nun leben wir Alle vergleichungsweise in einer viel zu großen Sicherheit, als dass wir gute Menschenkenner werden könnten: der Eine erkennt aus Liebhaberei, der Andere aus Langerweile, der Dritte aus

Gewohnheit; niemals heißt es: "erkenne, oder geh' zu Grunde!" Solange sich uns die Wahrheiten nicht mit Messern ins Fleisch schneiden, haben wir in uns einen geheimen Vorbehalt der Gering-schätzung gegen sie: sie scheinen uns immer noch den "gefiederten Träumen" zu ähnlich, wie als ob wir sie haben und auch nicht haben könnten, – als ob Etwas an ihnen in unserem Belieben stünde, als ob wir auch von diesen unseren Wahrheiten erwachen könnten!

461.

Hic Rhodus, hic salta. – Unsere Musik, die sich in Alles verwandeln kann und verwandeln muss, weil sie, wie der Dämon des Meeres, an sich keinen Charakter hat: diese Musik ist ehemals dem christlichen Gelehrten nachgegangen und hat dessen Ideal in Klänge zu übersetzen vermocht: warum sollte sie nicht endlich auch jenen helleren, freudigeren und allgemeinen Klang finden, der dein idealen Denker entspricht? – eine Musik, die erst in den weiten schwebenden Wölbungen seiner Seele sich heimisch auf und nieder zu wiegen vermöchte? – Unsere Musik war bisher so groß, so gut: bei ihr war kein Ding unmöglich! So zeige sie denn, dass es möglich ist, diese Drei: Erhabenheit, tiefes und warmes Licht und die Wonne der höchsten Folgerichtigkeit auf einmal zu empfinden!

462.

Langsame Curen. – Die chronischen Krankheiten der Seele entstehen wie die des Leibes, sehr selten nur durch einmalige grobe Vergehungen gegen die Vernunft von Leib und Seele, sondern gewöhnlich durch zahllose unbemerkte kleine Nachlässigkeiten. – Wer zum Beispiel Tag für Tag um einen noch so unbedeutenden Grad zu schwach atmet und zu wenig Luft in die Lunge nimmt, sodass sie als Ganzes nicht hinreichend angestrengt und geübt wird, trägt endlich ein chronisches Lungenleiden davon: in einem solchen Falle kann die Heilung auf keinem anderen Wege erfolgen, als dass wiederum zahllose kleine Übungen des Gegenteils vorgenommen und unvermerkt andere Gewohnheiten gepflegt werden, zum Beispiel, wenn man sich zur Regel macht, alle

Viertelstunden des Tages Einmal stark und tief aufzuatmen (womöglich platt am Boden liegend; eine Uhr, welche die Viertelstunden schlägt, muss dabei zur Lebensgefährtin gewählt werden). Langsam und kleinlich sind alle diese Curen; auch wer seine Seele heilen will, soll über die Veränderung der kleinsten Gewohnheiten nachdenken. Mancher sagt zehnmal des Tages ein böses kaltes Wort an seine Umgebung und denkt sich Wenig dabei, namentlich nicht, dass nach einigen Jahren er ein Gesetz der Gewohnheit über sich geschaffen hat, welches ihn nunmehr nötigt, zehnmal jedes Tages seine Umgebung zu verstimmen. Aber er kann sich auch daran gewöhnen, ihr zehnmal wohlzutun!

463.

Am siebenten Tage. – "Ihr preist Jenes als mein Schaffen? Ich habe nur von mir hinweggetan, was mir lästig war! Meine Seele ist über der Eitelkeit der Schaffenden erhaben. – Ihr preist Diess als meine Resignation? Ich habe nur von mir hinweggetan, was mir lästig war! Meine Seele ist über der Eitelkeit der Resignierten erhaben."

464.

Scham des Schenkenden. – Es ist so ungrossmütig, immer den Gebenden und Schenkenden zu machen und dabei sein Gesicht zu zeigen! Aber geben und schenken und seinen Namen und seine Gunst verhehlen! Oder keinen Namen haben, wie die Natur, in der uns eben Diess mehr als Alles erquickt, hier endlich einmal nicht mehr einem Schenkenden und Gebenden, nicht mehr einem "gnädigen Gesichte" zu begegnen! – Freilich, ihr verscherzt euch auch diese Erquickung, denn ihr habt einen Gott in diese Natur gesteckt – und nun ist wieder Alles unfrei und beklommen! Wie? Niemals mit sich allein sein dürfen? Nie mehr unbewacht, unbehütet, ungegängelt, unbeschenkt? Wenn immer ein Anderer um uns ist, so ist das Beste von Muth und Güte in der Welt unmöglich gemacht. Möchte man nicht gegen diese Zudringlichkeit des Himmels, gegen diesen unvermeidlichen übernatürlichen

Nachbar ganz des Teufels werden! – Aber es ist nicht nötig, es war ja nur ein Traum! Wachen wir auf!

465.

Bei einer Begegnung. – A: Wohin blickst du? Du stehst so lange schon still hier. – B: Immer das Alte und das Neue! Die Hilfsbedürftigkeit einer Sache reißt mich soweit und so tief in sie hinein, dass ich endlich ihr dabei auf den Grund komme und einsehe, dass sie nicht gar so viel wert ist. Am Ende aller solcher Erfahrungen steht eine Art Trauer und Starrheit. Diess erlebe ich alle Tage im Kleinen zu dreien Malen.

466.

Verlust im Ruhme. – Welcher Vorzug, als ein Unbekannter zu den Menschen reden zu dürfen! "Die Hälfte unserer Tugend" nehmen uns die Götter, wenn sie uns das Inkognito nehmen und uns berühmt machen.

467.

Zweimal Geduld! – "Damit machst du vielen Menschen Schmerz." – Ich weiß es; und weiß auch dies, dass ich doppelt dafür leiden muss, einmal durch Mitleid an ihrem Leide und dann durch die Rache, die sie an mir nehmen werden. Aber trotzdem ist es nicht weniger nötig, so zu tun, wie ich tue.

468.

Das Reich der Schönheit ist grösser. – Wie wir in der Natur herumgehen, listig und froh, um die Allem eigene Schönheit zu entdecken und gleichsam auf der Tat zu ertappen, wie wir bald bei Sonnenschein, bald bei gewitterhaftem Himmel, bald in der bleichsten Dämmerung einen Versuch machen, jenes Stück Küste mit Felsen, Meerbuchten, Ölbäumen und Pinien so zu sehen, wie es zu seiner Vollkommenheit und Meisterschaft kommt: so sollten wir auch unter den Menschen umhergehen, als ihre Entdecker und

Ausspäher, Gutes und Böses ihnen erweisend, damit die ihnen eigene Schönheit sich offenbare, welche bei Diesem sonnenhaft, bei Jenem gewitterhaft und bei einem Dritten erst in der halben Nacht und bei Regenhimmel sich entfaltet. Ist es denn verboten, den bösen Menschen als eine wilde Landschaft zu genießen, die ihre eigenen kühnen Linien und Lichtwirkungen hat, wenn derselbe Mensch, solange er sich gut und gesetzlich stellt, unserm Auge wie eine Verzeichnung und Carricatur erscheint und als ein Flecken in der Natur uns Pein macht? – Ja, es ist verboten: bisher war es nur erlaubt, im Moralisch-Guten nach Schönheit zu suchen, – Grund genug, dass man so Wenig gefunden und sich so viel nach imaginären Schönheiten ohne Knochen hat umtun müssen! – So gewiss es hundert Arten von Glück bei den Bösen gibt, von denen die Tugendhaften Nichts ahnen, so gibt es an ihnen auch hundert Arten von Schönheit: und viele sind noch nicht entdeckt.

469.

Die Unmenschlichkeit des Weisen. – Bei dem schweren, Alles zermalmenden Gange des Weisen, welcher, nach dem buddhistischen Liede, "einsam wandelt wie das Rhinozeros", – bedarf es von Zeit zu Zeit der Zeichen einer versöhnlichen und gemilderten Menschlichkeit: und zwar nicht nur jener schnelleren Schritte, jener artigen und geselligen Wendungen des Geistes, nicht nur des Witzes und einer gewissen Selbstverspottung, sondern selbst er Widersprüche, der gelegentlichen Rückfälle in die herrschende Ungereimtheit. Damit er nicht der Walze gleiche, welche wie das Verhängnis daher rollt, muss der Weise, der lehren will, seine Fehler zu seiner Beschönigung gebrauchen, und indem er sagt "verachtet mich!", bittet er um die Gunst, der Fürsprecher einer anmaßlichen Wahrheit zu sein. Er will euch ins Gebirge führen, er wird euer Leben vielleicht in Gefahr bringen: dafür überlässt er es euch willig, vorher und nachher, an einem solchen Führer Rache zu nehmen, – es ist der Preis, um den er sich selber den Genuss macht, voranzugehen. – Gedenkt ihr dessen, was euch durch den Sinn ging, als er euch einmal durch eine finstere Höhle auf schlüpfrigen Wegen geleitete? Wie euer Herz, klopfend und missmutig, sich sagte: "dieser Führer da könnte Besseres thun, als hier herumzukriegen! Er gehört zu einer neugierigen Art von Müßiggängern: – ist es nicht schon zu viel Ehre für ihn, dass wir ihm überhaupt einen Wert zuzuerkennen scheinen, indem wir ihm folgen?"

470.

Am Gastmahle Vieler. – Wie glücklich ist man, wenn man so genährt wird, wie die Vögel, aus der Hand Eines, der den Vögeln ausstreut, ohne sie genauer anzusehen und auf ihre Würdigkeit zu prüfen! Zu leben als ein Vogel, der kommt und fortfliegt und keinen Namen im Schnabel trägt! So am Gastmahle Vieler mich zu sättigen, ist meine Freude.

471.

Eine andere Nächstenliebe. – Das aufgeregte, lärmende, ungleiche, nervöse Wesen macht den Gegensatz zur großen Leidenschaft: diese, wie eine stille düstere Gluth im Innern wohnend und dort alles Heiße und Hitzige sammelnd, lässt den Menschen nach außen hin kalt und gleichgültig blicken und drückt den Zügen eine gewisse Impassibilität auf. Solche Menschen sind gelegentlich wohl der Nächstenliebe fähig, – aber sie ist anderer Art, als die der Geselligen und Gefallsüchtigen: es ist eine milde, betrachtsame, gelassene Freundlichkeit; sie blicken gleichsam aus den Fenstern ihrer Burg hinaus, die ihre Festung und eben dadurch ihr Gefängnis ist: – der Blick ins Fremde, Freie, in das Andere tut ihnen so wohl!

472.

Sich nicht rechtfertigen. – A: Aber warum willst du dich nicht rechtfertigen? – B: Ich könnte es, hierin und in hundert Dingen, aber ich verachte das Vergnügen, das in der Rechtfertigung liegt: denn diese Dinge sind für mich nicht groß genug, und lieber will ich Flecken an mir tragen, als jenen Kleinlichen zu ihrer hämischen

Freude verhelfen, dass sie sagen könnten: "er nimmt diese Dinge doch sehr wichtig!" Diess ist eben nicht wahr! Vielleicht müsste mir noch mehr an mir selber gelegen sein, um eine Pflicht zu haben, fehlerhafte Vorstellungen über mich zu berichtigen; – ich bin zu gleichgültig und träge gegen mich und so auch gegen Das, was durch mich gewirkt wird.

473.

Wo man sein Haus bauen soll. – Wenn du in der Einsamkeit dich groß und fruchtbar fühlst, so wird dich die Geselligkeit verkleinern und veröden: und umgekehrt. Machtvolle Milde, wie die eines Vaters: – wo diese Stimmung dich ergreift, da gründe dein Haus, sei es nun im Gewühl oder in der Stille. Ubi pater sum, ibi patria.

474.

Die einzigen Wege. – "Dialektik ist der einzige Weg, um zu den göttlichen Wesen und hinter den Schleier der Erscheinung zu gelangen" – dies behauptet Plato ebenso feierlich und leidenschaftlich, als es Schopenhauer von dem Gegensatze der Dialektik behauptet, – und Beide haben Unrecht. Denn es gibt Das gar nicht, zu dem hin sie einen Weg uns zeigen wollen. – Und waren nicht alle großen Leidenschaften der Menschheit bisher solche Leidenschaften für ein Nichts? Und alle ihre Feierlichkeiten – Feierlichkeiten um ein Nichts?

475.

Schwerwerden. – Ihr kennt ihn nicht: er kann viel Gewichte an sich hängen, er nimmt sie doch alle mit in die Höhe. Und ihr schließt, nach eurem kleinen Flügelschlage, er wolle unten bleiben, weil er diese Gewichte an sich hänge!

476.

Am Erntefeste des Geistes. – Das häuft sich von Tag zu Tage und quillt auf, Erfahrungen, Erlebnisse, Gedanken über sie und Träume über diese Gedanken, – ein unermesslicher, entzückender Reichthum! Sein Anblick macht Schwindeln; ich begreife nicht mehr, wie man die Geistig-Armen selig preisen kann! – Aber ich beneide sie mitunter, dann, wenn ich müde bin: denn die Verwaltung eines solchen Reichtums ist eine schwere Sache, und ihre Schwere erdrückt nicht selten alles Glück. – Ja, wenn es genügte, ihn nur anzublicken! Wenn man nur der Geizhals seiner Erkenntnisse wäre!

477.

Von der Skepsis erlöst. – A: "Andre kommen misslaunig und Schwach, zernagt, wurmstichig, ja halb zerfressen aus einer allgemeinen moralischen Skepsis heraus, – ich aber mutiger und gesünder als je, mit wiedererworbenen Instinkten. Wo scharfer Wind weht, die See hoch geht und keine kleine Gefahr zu bestehen ist, da wird mir wohl. Zum Wurm bin ich nicht geworden, ob ich gleich oftmals wie ein Wurm habe arbeiten und graben müssen." – B: Du hast eben auf gehört, Skeptiker zu sein! Denn du verneinst! – A: "Und damit habe ich wieder Ja – sagen gelernt."

478.

Gehen wir vorüber! – Schont ihn! Lasst ihn in seiner Einsamkeit! Wollt ihr ihn ganz zerbrechen? Er hat einen Sprung bekommen, wie ein Glas, in das sich plötzlich etwas zu Heißes ergoss, – und er war ein so kostbares Glas!

479.

Liebe und Wahrhaftigkeit. – Wir sind aus Liebe arge Verbrecher an der Wahrheit und gewohnte Hehler und Stehler, welche mehr wahr sein lassen, als uns wahr scheint, – deshalb muss der Denker immer wieder von Zeit zu Zeit die Personen, welche er liebt (es werden nicht gerade die sein, welche ihn lieben), in die Flucht jagen, damit sie ihren Stachel und ihre Bosheit zeigen und aufhören, ihn zu verführen. Demnach wird die Güte des Denkers ihren ab- und zunehmenden Mond haben.

480.

Unvermeidlich. – Erlebt, was ihr wollt: wer euch nicht wohl will, sieht in eurem Erlebnis einen Anlass, euch zu verkleinern! Erfahrt die tiefsten Umwälzungen des Gemüts und der Erkenntnis und gelangt endlich wie ein Genesender mit schmerzlichem Lächeln hinaus in Freiheit und lichte Stille: – es wird doch Einer sagen "Der da hält seine Krankheit für ein Argument, seine Ohnmacht für den Beweis der Ohnmacht Aller; er ist eitel genug, um krank zu werden, damit er das Übergewicht des Leidenden fühle." – Und gesetzt, dass jemand seine eignen Fesseln sprengt und sich dabei tief verwundet: so wird ein andrer mit Spott darauf hinzeigen. "Wie groß ist doch seine Ungeschicklichkeit!" wird er sagen; "So muss es einem Menschen ergehen, der an seine Fesseln gewöhnt ist und Narr genug ist, sie zu zerreißen!"

481.

Zwei Deutsche. – Vergleicht man Kant und Schopenhauer mit Plato, Spinoza, Pascal, Rousseau, Goethe in Absehung auf ihre Seele und nicht auf ihren Geist: so sind die erstgenannten Denker im Nachtheil: ihre Gedanken machen nicht eine leidenschaftliche Seelen-Geschichte aus, es gibt da keinen Roman, keine Krisen, Katastrophen und Todesstunden zu erraten, ihr Denken ist nicht zugleich eine unwillkürliche Biographie einer Seele, sondern, im Falle Kants, eines Kopfes, im Falle Schopenhauers, die Beschreibung und Spiegelung eines Charakters ("des unveränderlichen") und die Freude am "Spiegel" selber, das heißt an einem vorzüglichen Intellekt. Kant erscheint, wenn er durch seine Gedanken hindurchschimmert, als wacker und ehrenwert im besten Sinne, aber als unbedeutend: es fehlt ihm an Breite und Macht; er hat nicht zu viel erlebt, und seine Art, zu arbeiten, nimmt ihm die Zeit, Etwas zu erleben, – ich denke, wie billig, nicht an grobe "Ereignisse" von außen, sondern an die Schicksale und Zuckungen, denen das einsamste und stillste Leben verfällt, welches Muße hat und in der Leidenschaft des Denkens verbrennt. Schopenhauer hat einen Vorsprung vor ihm: er besitzt wenigstens eine gewisse heftige Hässlichkeit der Natur, in Hass, Begierde, Eitelkeit, Misstrauen, er ist etwas wilder angelegt und hatte Zeit und Muße für diese Wildheit. Aber ihm fehlte die "Entwickelung": wie sie in seinem Gedankenumkreise fehlte; er hatte keine "Geschichte".

482.

Seinen Umgang suchen. – Suchen wir denn zu viel, wenn wir den Umgang von Männern suchen, welche mild, wohlschmeckend und nahrhaft geworden sind wie Kastanien, die man zur rechten Zeit ins Feuer gelegt und aus dem Feuer genommen hat? Welche Weniges vom Leben erwarten, und dieses lieber als geschenkt, und nicht als verdient, annehmen, wie als ob die Vögel und die Bienen es ihnen gebracht hätten? Welche zu stolz sind, um sich je belohnt fühlen zu können? Und zu ernst in ihrer Leidenschaft der Erkenntnis und der Redlichkeit, als dass sie noch Zeit und Gefälligkeit für den Ruhm hätten? – Solche Männer würden wir Philosophen nennen; und sie selber werden immer noch einen bescheideneren Namen finden.

483.

Überdruss am Menschen. – A: Erkenne! Ja! Aber immer als Mensch! Wie? Immer vor der gleichen Komödie sitzen, in der gleichen Komödie spielen? Niemals aus anderen, als aus diesen Augen in die Dinge sehen können? Und welche unzählbaren Arten von Wesen mag es geben, deren Organe besser zur Erkenntnis taugen! Was wird am Ende aller ihrer Erkenntnis die Menschheit erkannt haben? – ihre Organe! Und das heißt vielleicht: die Unmöglichkeit der Erkenntnis! Jammer und Ekel! – B: Das ist ein böser Anfall, – die Vernunft fällt dich an! Aber morgen wirst du wieder mitten im Erkennen sein und damit auch mitten in der Unvernunft, will sagen: in der Lust am Menschlichen. Gehen wir ins Meer! –

484.

Der eigene Weg. – Wenn wir den entscheidenden Schritt thun und den Weg antreten, welchen man den "eigenen Weg" nennt: so enthüllt sich uns plötzlich ein Geheimnis: wer auch alles mit uns freund und vertraut war, – Alle haben sich bisher eine Überlegenheit über uns eingebildet und sind beleidigt. Die Besten von ihnen sind nachsichtig und warten geduldig, dass wir den "rechten Weg" – sie wissen ihn ja! – schon wieder finden werden. Die Anderen spotten und thun, als sei man vorübergehend närrisch geworden oder bezeichnen hämisch einen Verführer. Die Böseren erklären uns für eitle Narren und suchen unsere Motive zu schwärzen, und der Schlimmste sieht in uns seinen schlimmsten Feind, einen, den nach Rache für eine lange Abhängigkeit dürstet, – und fürchtet sich vor uns. – Was also tun? Ich rate: seine Souveränität damit anfangen, dass man für ein Jahr voraus allen uns Bekannten für Sünden jeder Art Amnestie zusichert.

485.

Ferne Perspektiven. – A: Aber warum diese Einsamkeit? – B: Ich zürne Niemandem. Aber allein scheine ich meine Freunde deutlicher und schöner zu sehen, als zusammen mit ihnen; und als ich die Musik am meisten liebte und empfand, lebte ich ferne von ihr. Es scheint, ich brauche die fernen Perspektiven, um gut von den Dingen zu denken.

486.

Gold und Hunger. – Hier und da gibt es einen Menschen, der Alles, was er berührt, in Gold verwandelt. Eines guten bösen Tages wird er entdecken, dass er selber dabei verhungern muss. Er hat Alles glänzend, herrlich, idealisch-unnahbar um sich, und nun sehnt er sich nach Dingen, welche in Gold zu verwandeln ihm durchaus unmöglich ist – und wie sehnt er sich! Wie ein Verhungernder nach Speise! – Wonach wird er greifen?

487.

Scham. – Da steht das schöne Ross und scharrt den Boden, es schnaubt, es verlangt nach einem Ritte und liebt Den, der es sonst

reitet, – aber oh Scham! dieser kann sich heute nicht hinauf-
schwingen, er ist müde. – Diess ist die Scham des ermüdeten
Denkers vor seiner eigenen Philosophie.

488.

Gegen die Verschwendung der Liebe. – Erröten wir nicht, wenn wir
uns auf einer heftigen Abneigung ertappen? Aber wir sollten es
auch bei heftigen Zuneigungen thun, der Ungerechtigkeit wegen,
die auch in ihnen liegt! Ja, noch mehr: es gibt Menschen, die sich
wie eingeengt und geschnürten Herzens fühlen, wenn Jemand
ihnen seine Zuneigung nur so zu Gute kommen lässt, dass er damit
Anderen Etwas von Zuneigung entzieht. Wenn wir es der Stimme
anhören, dass wir ausgewählt, vorgezogen werden! Ach, ich bin
nicht dankbar für dieses Auswählen, ich merke, dass ich es Dem
nachtrage, der mich so auszeichnen will: er soll mich nicht auf
Unkosten der Anderen lieben! Will ich doch schon zusehen, mit mir
mich selber zu ertragen! Und oft habe ich noch das Herz voll und
Grund zu Übermut, – einem Solchen, der Solches hat, soll man
Nichts bringen, was Andere nötig, bitter nötig haben!

489.

Freunde in der Noth. – Mitunter merken wir, dass einer unserer
Freunde mehr zu einem Andern, als zu uns gehört, dass sein
Zartsinn sich bei dieser Entscheidung quält und seine Selbstsucht
dieser Entscheidung nicht gewachsen ist: da müssen wir es ihm
erleichtern und ihn von uns fortbeleidigen. – Diess ist ebenfalls da
nötig, wo wir in eine Art zu denken übergehen, welche ihm
verderblich sein würde: unsere Liebe zu ihm muss uns treiben,
durch ein Unrecht, das wir auf uns nehmen, ihm ein gutes Gewissen
zu seiner Lossagung von uns zu schaffen.

490.

Diese kleinen Wahrheiten! – "Ihr kennt dies Alles, aber ihr habt es
nie erlebt, – ich nehme euer Zeugnis nicht an. Diese kleinen

Wahrheiten'! – sie dünken euch klein, weil ihr sie nicht mit eurem Blute bezahlt habt!" – Aber sind sie denn groß, deshalb, weil man Zuviel dafür bezahlt hat? Und Blut ist immer ein Zuviel! – "Glaubt ihr? Was ihr geizig mit Blute seid!"

491.

Auch deshalb Einsamkeit! – A: So willst du wieder in deine Wüste zurück?.- B: Ich bin nicht schnell, ich muss auf mich warten, – es wird spät, bis jedes Mal das Wasser aus dem Brunnen meines Selbst ins Licht kommt, und oft muss ich länger Durst leiden, als ich Geduld habe. Deshalb gehe ich in die Einsamkeit, – um nicht aus den Zisternen für Jedermann zu trinken. Unter Vielen lebe ich wie Viele und denke nicht wie ich; nach einiger Zeit ist es mir dann immer, als wolle man mich aus mir verbannen und mir die Seele rauben – und ich werde böse auf Jedermann und fürchte Jedermann. Die Wüste tut mir dann not, um wieder gut zu werden.

492.

Unter den Südwinden. – A: Ich verstehe mich nicht mehr! Gestern noch war es in mir so stürmisch und dabei so warm, so sonnig – und hell bis zum Äußersten. Und heute! Alles ist nun ruhig, weit, schwermütig, dunkel, wie die Lagune von Venedig: – ich will Nichts und atme tief auf dabei und doch bin ich mir <bei> insgeheim unwillig über dies Nichts-Wollen: – so plätschern die Wellen hin und her, im See meiner Melancholie. – B: Du beschreibst da eine kleine angenehme Krankheit. Der nächste Nordostwind wird sie von dir nehmen! – A: Warum doch!

493.

Auf dem eigenen Baume. – A: "Ich habe bei den Gedanken keines Denkers so viel Vergnügen, wie bei den eigenen: das sagt freilich Nichts über ihren Wert, aber ich müsste ein Narr sein, um die für mich schmackhaftesten Früchte zurückzusetzen, weil sie zufällig auf in einem Baume wachsen! – Und ich war einmal dieser Narr." –

B: "Andern geht es umgekehrt: und auch dies sagt Nichts über den Wert ihrer Gedanken, namentlich noch Nichts gegen ihren Wert."

494.

Letztes Argument des Tapferen. – "In diesem Gebüsche sind Schlangen." – Gut, ich werde in das Gebüsch gehen und sie töten. – "Aber vielleicht wirst du dabei das Opfer, und sie werden nicht einmal das deine!" – Was liegt an mir!

495.

Unsere Lehrer. – In der Jugend nimmt man seine Lehrer und Wegweiser aus der Gegenwart und aus den Kreisen, auf welche wir gerade stoßen: wir haben die gedankenlose Zuversicht, dass die Gegenwart Lehrer haben müsse, die für uns mehr, als für jeden Anderen taugen und dass wir sie finden müssen, ohne viel zu suchen. Für diese Kinderei muss man später hartes Lösegeld zahlen: man muss seine Lehrer an sich abbüßen. Dann geht man wohl nach den rechten Wegweisern suchen in der ganzen Welt herum, die Vorwelt eingerechnet, – aber es ist vielleicht zu spät. Und schlimmsten Falles entdecken wir, dass sie lebten, als wir jung waren – und dass wir uns damals vergriffen haben.

496.

Das böse Princip. – Plato hat es prachtvoll beschrieben, wie der philosophische Denker inmitten jeder bestehenden Gesellschaft als der Ausbund aller Ruchlosigkeit gelten muss: denn als Kritiker aller Sitten ist er der Gegensatz des sittlichen Menschen, und wenn er es nicht so weit bringt, der Gesetzgeber neuer Sitten zu werden, so bleibt er in der Erinnerung der Menschen zurück als "das böse Princip". Wir dürfen hieraus erraten, wie die ziemlich freisinnige und neuerungssüchtige Stadt Athen dem Rufe Plato's bei seinen Lebzeiten mitgespielt hat: was Wunders, dass er – der, wie er selber sagt, den "politischen Trieb" im Leibe hatte, – dreimal einen Versuch in Sicilien gemacht hat, wo sich damals gerade ein gesamtgriechischer Mittelmeer-Staat vorzubereiten schien? In ihm und mit seiner Hülfe gedachte Plato für alle Griechen Das zu tun, was Muhammed später für seine Araber tat: die großen und kleinen Bräuche und namentlich die tägliche Lebensweise von Jedermann festzusetzen. Möglich waren seine Gedanken, so gewiss die des Muhammed möglich waren: sind doch viel unglaublichere, die des Christentums, als möglich bewiesen worden! Ein paar Zufälle weniger und ein paar andere Zufälle mehr – und die Welt hätte die Platonisirung des europäischen Südens erlebt; und gesetzt, dieser Zustand dauerte jetzt noch fort, so würde mutmaßlich in Plato das "gute Princip" von uns verehrt werden. Aber der Erfolg fehlte ihm: und so blieb ihm der Ruf eines Phantasten und Utopisten, – die härteren Namen sind mit dem alten Athen zu Grunde gegangen.

497.

Das reinmachende Auge. – Von "Genius" wäre am ehesten bei solchen Menschen zu reden, wo der Geist, wie bei Plato, Spinoza und Goethe, an den Charakter und das Temperament nur lose angeknüpft erscheint, als ein beflügeltes Wesen, das sich von jenen leicht trennen und sich dann weit über sie erheben kann. Dagegen haben gerade Solche am lebhaftesten von ihrem "Genius" gesprochen, welche von ihrem Temperamente nie loskamen und ihm den geistigsten, größten, allgemeinsten, ja unter Umständen kosmischen Ausdruck zu geben wussten (wie zum Beispiel Schopenhauer). Diese Genies konnten nicht über sich hinaus-fliegen, aber sie glaubten sich vorzufinden, wiederzufinden, wohin sie auch nur flogen, – das ist ihre "Größe", und kann Größe sein! – Die Anderen, welchen der Name eigentlicher zukommt, haben das reine, reinmachende Auge, das nicht aus ihrem Temperament und Charakter gewachsen scheint, sondern frei von ihnen und meist in einem milden Widerspruch gegen sie auf die Welt wie auf einen Gott blickt und diesen Gott liebt. Auch ihnen ist aber dieses Auge nicht mit Einem Male geschenkt: es gibt eine Übung und Vorschule des Sehens, und wer rechtes Glück hat, findet zur rechten Zeit auch einen Lehrer des reinen Sehens.

498.

Nicht fordern! – Ihr kennt ihn nicht! Ja, er unter wirft sich leicht und frei den Menschen und den Dingen, und ist gütig gegen Beide; seine einzige Bitte ist, in Ruhe gelassen zu werden, – aber nur solange Menschen und Dinge nicht Unterwerfung fordern. Alles Fordern macht ihn stolz, scheu und kriegerisch.

499.

Der Böse. – "Nur der Einsame ist böse," rief Diderot: und sogleich fühlte sich Rousseau tödlich verletzt. Folglich gestand er sich zu, dass Diderot Recht habe. In der Tat hat jeder böse Hang inmitten der Gesellschaft und Geselligkeit so viel Zwang sich anzutun, so viel Larven vorzunehmen, so oft sich selbst in das Prokrustes-Bett der Tugend zu legen, dass man recht wohl von einem Märtyrertum des Bösen reden könnte. In der Einsamkeit fällt dies Alles dahin. Wer böse ist, ist es am meisten in der Einsamkeit: auch am besten – und folglich für das Auge Dessen, der überall nur ein Schauspiel sieht, auch am schönsten.

500.

Wider den Strich. – Ein Denker kann sich Jahre lang zwingen, wider den Strich zu denken: ich meine, nicht den Gedanken zu folgen, die sich ihm von innen her anbieten, sondern denen, zu welchen ein Amt, eine vorgeschriebene Zeiteinteilung, eine willkürliche Art von Fleiß ihn zu verpflichten scheinen. Endlich aber wird er krank: denn diese anscheinend moralische Überwindung verdirbt seine Nervenkraft ebenso gründlich, wie es nur eine zur Regel gemachte Ausschweifung thun könnte.

501.

Sterbliche Seelen! – In Betreff der Erkenntnis ist vielleicht die nützlichste Errungenschaft: dass der Glaube an die unsterbliche Seele aufgegeben ist. Jetzt darf die Menschheit warten, jetzt hat sie nicht mehr nötig, sich zu überstürzen und halbgeprüfte

Gedanken hinunterzuwürgen, wie sie ehedem musste. Denn damals hing das Heil der armen "ewigen Seele" von ihren Erkenntnissen während des kurzen Lebens ab, sie musste sich von heut zu morgen entscheiden, – die "Erkenntnis" hatte eine entsetzliche Wichtigkeit! Wir haben den guten Muth zum Irren, Versuchen, Vorläufig-nehmen wieder erobert – es ist Alles nicht so wichtig! – und gerade deshalb können Individuen und Geschlechter jetzt Aufgaben von einer Großartigkeit ins Auge fassen, welche früheren Zeiten als Wahnsinn und Spiel mit Himmel und Hölle erschienen sein würden. Wir dürfen mit uns selber experimentieren! Ja die Menschheit darf es mit sich! Die größten Opfer sind der Erkenntnis noch nicht gebracht worden, – ja, es wäre früher Gotteslästerung und Preisgeben des ewigen Heils gewesen, solche Gedanken auch nur zu ahnen, wie sie unserem Thun jetzt voranlaufen.

502.

Ein Wort für drei verschiedene Zustände. – In der Leidenschaft bricht bei Diesem das wilde, scheußliche, unausstehliche Thier hervor; Jener erhebt sich durch sie in eine Höhe und Größe und Pracht der Gebärde, gegen die sein sonstiges Sein dürftig erscheint. Ein Dritter, durch und durch veredelt, hat auch den edelsten Sturm und Drang, er ist in diesem Zustande die wildschöne Natur und nur um einen Grad tiefer, als die große ruhig-schöne Natur, welche er für gewöhnlich darstellt: aber von den Menschen wird er in der Leidenschaft mehr begriffen und gerade dieser Momente wegen mehr verehrt, – er ist ihnen da einen Schritt näher und verwandter. Sie empfinden Entzücken und Entsetzen bei einem solchen Anblick und nennen ihn gerade da: göttlich.

503.

Freundschaft. – Jener Einwand gegen das philosophische Leben, dass man mit ihm seinen Freunden unnützlich werde, wäre nie einem Modernen gekommen: er ist antik. Das Altertum hat die Freundschaft tief und stark ausgelebt, ausgedacht und fast mit sich ins Grab gelegt. Diess ist sein Vorsprung vor uns: dagegen haben wir die idealisierte Geschlechtsliebe aufzuweisen. Alle großen Tüchtigkeit der antiken Menschen hatten darin ihren Halt, dass Mann neben Mann stand, und dass nicht ein Weib den Anspruch erheben durfte, das Nächste, Höchste, ja Einzige seiner Liebe zu sein, – wie die Passion zu empfinden lehrt. Vielleicht wachsen unsere Bäume nicht so hoch, wegen des Epheu's und der Weinreben daran.

504.

Versöhnen! – Sollte es denn die Aufgabe der Philosophie sein, zwischen dem, was das Kind gelernt und der Mann erkannt hat, zu versöhnen? Sollte die Philosophie gerade die Aufgabe der Jünglinge sein, weil diese in der Mitte zwischen Kind und Mann stehen und das mittlere Bedürfnis haben? Fast will es so scheinen, wenn man erwägt, in welchen Lebensaltern die Philosophen jetzt ihre Conception zu machen pflegen: dann, wenn es zum Glauben zu spät und zum Wissen noch zu früh ist.

505.

Die Praktischen. – Wir Denker haben den Wohlgeschmack aller Dinge erst festzustellen und nötigenfalls ihn zu dekretieren. Die praktischen Leute nehmen ihn endlich von uns an, ihre Abhängigkeit von uns ist unglaublich groß und das lächerlichste Schauspiel der Welt, so wenig sie um dieselbe wissen und so stolz sie über uns Unpraktische hinwegzureden lieben: ja sie würden ihr praktisches Leben geringschätzen, wenn wir es geringschätzen wollten: – wozu uns hier und da ein kleines Rachegelüst reizen könnte.

506.

Die nötige Austrocknung alles Guten. – Wie! Man müsse ein Werk gerade so auffassen, wie die Zeit, die es hervorbrachte? Aber man hat mehr Freude, mehr Erstaunen und auch mehr zu lernen daran, wenn man es gerade nicht so auffasst! Habt ihr nicht gemerkt, dass jedes neue gute Werk, so lange es in der feuchten Luft seiner Zeit liegt, seinen mindesten Werth besitzt, – gerade weil es so sehr noch den Geruch des Marktes und der Gegnerschaft und der neuesten Meinungen und alles Vergänglichen zwischen heut und morgen an sich trägt? Später trocknet es aus, seine "Zeitlichkeit" stirbt ab – und dann erst bekommt es seinen tiefen Glanz und Wohlgeruch, ja, wenn es darnach ist, sein stilles Auge der Ewigkeit.

507.

Gegen die Tyrannei des Wahren. – Selbst wenn wir so toll wären, alle unsere Meinungen für wahr zu halten, so würden wir doch nicht wollen, dass sie allein existierten –: ich wüsste nicht, warum die Alleinherrschaft und Allmacht der Wahrheit zu wünschen wäre; mir genügte schon, dass sie eine große Macht habe. Aber sie muss kämpfen können und eine Gegnerschaft haben, und man muss sich von ihr im Unwahren ab und zu erholen können, – sonst wird sie uns langweilig, kraft- und geschmacklos werden und uns eben dazu auch machen.

508.

Nicht pathetisch nehmen. – Das, was wir tun, um uns zu nützen, soll uns keinen moralischen Lobspruch eintragen, weder von Anderen, noch von uns selber; ebenso wenig Das, was wir tun, um uns an uns zu freuen. In solchen Fällen das Pathetisch-nehmen abweisen und sich selber alles Pathetischen enthalten, ist der gute Ton bei allen höheren Menschen: und wer sich an ihn gewöhnt hat, dem ist die Naivität wiedergeschenkt.

509.

Das dritte Auge. – Wie! du bedarfst noch des Theaters! Bist du noch so jung? Werde klug und suche die Tragödie und Komödie dort, wo sie besser gespielt wird! Wo es interessanter und interessierter zugeht! Ja, es ist nicht ganz leicht, dabei eben nur Zuschauer zu bleiben, – aber lerne es! Und fast in allen Lagen, die dir schwer und peinlich fallen, hast du dann ein Pförtchen zur Freude und eine Zuflucht, selbst noch, wenn deine eigenen Leidenschaften über dich herfallen. Mache dein Theater-Auge auf, das große dritte Auge, welches durch die zwei anderen in die Welt schaut!

510.

Seinen Tugenden entlaufen. – Was liegt an einem Denker, wenn er nicht gelegentlich seinen eigenen Tugenden zu entlaufen weiß! Er soll ja "nicht nur ein moralisches Wesen" sein!

511.

Die Versucherin. – Die Ehrlichkeit ist die große Versucherin aller Fanatiker. Was sich Luthern in Gestalt des Teufels oder eines schönen Weibes zu nahen schien und was er auf jene ungeschlachte Manier von sich abwehrte, war wohl die Ehrlichkeit und vielleicht, in selteneren Fällen, sogar die Wahrheit.

512.

Gegen die Sachen mutig. – Wer seiner Natur nach gegen Personen rücksichtsvoll oder ängstlich ist, aber seinen Muth gegen die Sachen hat, scheut sich vor neuen und näheren Bekanntschaften und beschränkt seine alten: damit sein Inkognito und seine Rücksichtslosigkeit in der Wahrheit zusammenwachsen.

513.

Schranke und Schönheit. – Suchst du Menschen mit schöner Cultur? Aber dann musst du dir, wie wenn du schöne Gegenden suchst, auch beschränkte Aussichten und Ansichten gefallen lassen. – Gewiss gibt es auch panoramatische Menschen, gewiss sind sie, wie die panoramatischen Gegenden, lehrreich und erstaunlich: aber nicht schön.

514.

An die Stärkeren. – Ihr stärkeren und hochmütigen Geister, nur um Eins seid gebeten: legt uns Anderen keine neue Last auf, sondern nehmt Etwas von unserer Last auf euch, da ihr ja die Stärkeren seid! Aber ihr macht es so gerne umgekehrt: denn ihr wollt fliegen, und deshalb sollen wir auch noch eure Last zur unsren tragen: das heißt, wir sollen kriechen!

515.

Zunahme der Schönheit. – Warum nimmt die Schönheit mit der Zivilisation zu? Weil bei dem zivilisierten Menschen die drei Gelegenheiten zur Hässlichkeit selten und immer seltener kommen: erstens die Affekte in ihren wildesten Ausbrüchen, zweitens die leiblichen Anstrengungen des äußersten Grades, drittens die Nötigung, durch den Anblick Furcht einzuflößen, welche auf niederen und gefährdeten Kulturstufen so groß und häufig ist, dass sie selbst Gebärden und Zeremoniell festsetzt und die Hässlichkeit zur Pflicht macht.

516.

Seinen Dämon nicht in die Nächsten fahren lassen! – Bleiben wir immerhin für unsere Zeit dabei, dass Wohlwollen und Wohltun den guten Menschen ausmache; nur lasst uns hinzufügen: "vorausgesetzt, dass er zuerst gegen sich selber wohlwollend und wohltuend gesinnt sei!" Denn ohne Dieses – wenn er vor sich flieht, sich hasst, sich Schaden zufügt – ist er gewiss kein guter Mensch. Dann rettet er sich nur in die Anderen, vor sich selber: mögen diese Anderen zusehen, dass sie nicht schlimm dabei fahren, so wohl er ihnen anscheinend auch will! – Aber gerade Diess: das ego fliehen und hassen und im Anderen, für den Anderen leben – hat man bisher, ebenso gedankenlos als zuversichtlich, "unegoistisch" und folglich "gut" geheißen!

517.

Zur Liebe verführen. – Wer sich selber hasst, den haben wir zu fürchten, denn wir werden die Opfer seines Grolls und seiner Rache sein. Sehen wir also zu, wie wir ihn zur Liebe zu sich selber verführen!

518.

Resignation. – Was ist Ergebung? Es ist die bequemste Lage eines Kranken, der sich lange unter Martern herumgeworfen hat, um sie zu finden, der dadurch müde ward – und sie nun auch fand!

519.

Betrogen werden. – Sobald ihr handeln wollt, müsst ihr die Thür zum Zweifel verschließen, – sagte ein Handelnder. – Und du fürchtest dich nicht, auf diese Weise der Betrogene zu werden? – antwortete ein Beschaulicher.

520.

Die ewige Totenfeier. – Es könnte Jemand über die Geschichte weg eine fortgesetzte Grabrede zu hören glauben: man begrub und begräbt immer sein Liebstes, Gedanken und Hoffnungen, und erhielt und erhält Stolz dafür, gloria mundi, das heißt, den Pomp der Leichenrede. Damit soll Alles gut gemacht werden! Und der Leichenredner ist immer noch der größte öffentliche Wohltäter!

521.

Ausnahme-Eitelkeit. – Jener hat Eine hohe Eigenschaft, zu seinem Troste: über den Rest seines Wesens – es ist fast Alles Rest! – gleitet sein Blick verächtlich hin. Aber er erholt sich von sich selber, wenn er wie zu seinem Heiligtume geht; schon der Weg dahin dünkt ihm wie ein Aufsteigen auf breiten sanften Stufen: – und ihr Grausamen nennt ihn deshalb eitel!

522.

Die Weisheit ohne Ohren. – Täglich zu hören, was über uns gesprochen wird, oder gar zu ergrübeln, was über uns gedacht wird, – das vernichtet den stärksten Mann. Darum lassen uns ja die Anderen leben, um täglich über uns Recht zu behalten! Sie würden uns ja nicht aushalten, wenn wir gegen sie Recht hätten oder gar haben wollten! Kurz, bringen wir der allgemeinen Verträglichkeit das Opfer, horchen wir nicht hin, wenn über uns geredet, gelobt, getadelt, gewünscht, gehofft wird, denken wir auch nicht einmal daran!

523.

Hinterfragen. – Bei Allem, was ein Mensch sichtbar werden lässt, kann man fragen: was soll es verbergen? Wovon soll es den Blick ablenken? Welches Vorurteil soll es erregen? Und dann noch: bis wie weit geht die Feinheit dieser Verstellung? Und worin vergreift er sich dabei?

524.

Eifersucht der Einsamen. – Zwischen geselligen und einsamen Naturen ist dieser Unterschied (vorausgesetzt, dass beide Geist haben!): die ersteren werden zufrieden oder beinahe zufrieden mit einer Sache, welche sie auch sei, von dem Augenblicke an, da sie eine mittheilbare glückliche Wendung über dieselbe in ihrem Geiste gefunden haben, – das versöhnt sie mit dem Teufel selber! Die Einsamen aber haben ihr stilles Entzücken, ihre stille Qual an einer Sache, sie hassen die geistreiche glänzende Ausstellung ihrer innersten Probleme, wie sie die allzu gewählte Tracht an ihrer Geliebten hassen: sie sehen dann melancholisch auf sie hin, wie als ob der Verdacht ihnen aufstiege, dass sie Anderen gefallen wolle! Diess ist die Eifersucht aller einsamen Denker und leidenschaftlichen Träumer auf den esprit.

525.

Wirkung des Lobes. – Die Einen werden durch großes Lob schamhaft, die Anderen frech.

526.

Nicht Symbol sein wollen. – Ich beklage die Fürsten: es ist ihnen nicht erlaubt, sich zeitweilig im Verkehre zu annullieren und so lernen sie die Menschen nur aus einer unbequemen Lage und Verstellung kennen; der fortwährende Zwang, Etwas zu bedeuten, macht sie zuletzt tatsächlich zu feierlichen Nullen. – Und so geht es Allen, welche ihre Pflicht darin sehen, Symbole zu sein.

527.

Die Versteckten. – Habt ihr jene Menschen noch nicht gefunden, welche auch ihr entzücktes Herz festhalten und pressen und welche lieber stumm werden, als dass sie die Scham des Maßes verlören? – Und jene Unbequemen und oft so Gutartigen fandet ihr auch noch nicht, welche nicht erkannt werden wollen, und die ihre Fußtapfen im Sande immer wieder verwischen, ja die Betrüger sind, vor Anderen und vor sich, um verborgen zu bleiben?

528.

Seltenere Enthaltsamkeit. – Es ist oft kein geringes Zeichen von Humanität, einen Andern nicht beurteilen zu wollen und sich zu weigern, über ihn zu denken.

529.

Wodurch Menschen und Völker Glanz bekommen. – Wie viele ächte individuelle Handlungen werden deshalb unterlassen, weil man, bevor man sie tut, einsieht oder argwöhnt, dass sie missverstanden werden! – also gerade jene Handlungen, welche überhaupt Wert haben, im Guten und Schlimmen. Je höher also eine Zeit, ein Volk die Individuen achtet und je mehr man ihnen das Recht und

Übergewicht zugesteht, umso mehr Handlungen jener Art werden sich ins Licht wagen – und so breitet sich zuletzt ein Schimmer von Ehrlichkeit, von Echtheit im Guten und Schlimmen über ganzen Zeiten und Völkern aus, dass sie, wie zum Beispiel die Griechen, nach ihrem Untergange noch Jahrtausende lang gleich manchen Sternen fortleuchten.

530.

Umschweife des Denkers. – Bei Manchen ist der Gang ihres gesamten Denkens streng und unerbittlich kühn, ja, mitunter grausam gegen sich, aber im Einzelnen sind sie milde und beugsam; sie drehen sich zehnmal um eine Sache, mit wohlwollendem Zögern, aber endlich gehen sie ihren strengen Weg weiter. Es sind Ströme mit vielen Krümmungen und abgeschiedenen Einsiedeleien; es gibt Stellen in ihrem Laufe, wo der Strom mit sich selber Versteckens spielt und sich eine kurze Idylle macht, mit Inseln, Bäumen, Grotten und Wasserfällen: und dann zieht er wieder weiter, an Felsen vorüber und sich durch das härteste Gestein zwingend.

531.

Die Kunst anders empfinden. – Von der Zeit an, wo man einsiedlerisch-gesellig, verzehrend und verzehrt, mit tiefen fruchtbaren Gedanken, und nur noch mit ihnen, lebt, will man von der Kunst entweder überhaupt Nichts mehr oder man will etwas ganz Anderes, als früher, – das heißt, man ändert seinen Geschmack. Denn früher wollte man durch die Thür der Kunst gerade in das Element auf einen Augenblick hineintauchen, in welchem man nun dauernd lebt; damals träumte man sich damit in das Entzücken eines Besitzes, und nun besitzt man. Ja, vorübergehend wegwerfen, was man jetzt hat, und sich arm, als Kind, Bettler und Narr träumen – kann uns nunmehr gelegentlich entzücken.

532.

"Die Liebe macht gleich." – Die Liebe will dem Andern, dem sie sich weiht, jedes Gefühl von Fremdsein ersparen, sie ist folglich voller Verstellung und Anähnlichung, sie betrügt fortwährend und schauspielert eine Gleichheit, die es in Wahrheit nicht gibt. Und dies geschieht so instinktiv, dass liebende Frauen diese Verstellung und beständige zarteste Betrügerei ableugnen und kühn behaupten, die Liebe mache gleich (das heißt sie tue ein Wunder!). – Dieser Vorgang ist einfach, wenn die eine Person sich lieben lässt und es nicht nötig findet, sich zu verstellen, vielmehr dies der anderen, liebenden überlässt: aber nichts Verwickelteres und Undurchdring-bareres von Schauspielerei gibt es, als wenn beide in der vollen Leidenschaft für einander sind und folglich Jeder sich aufgibt und sich dem Anderen gleichstellen und ihm allein gleichmachen will: und keiner zuletzt mehr weiß, was er nachahmen, wozu er sich verstellen, als was er sich geben soll. Die schöne Tollheit dieses Schauspiels ist zu gut für diese Welt und zu fein für menschliche Augen.

533.

Wir Anfänger! – Was errät und sieht ein Schauspieler Alles, wenn er einen anderen spielen sieht! Er weiß es, wenn ein Muskel an einer Gebärde den Dienst versagt, er sondert jene kleinen, gemachten Dinge ab, welche einzeln und kaltblütig vor dem Spiegel eingeübt sind und nicht ins Ganze hineinwachsen wollen, er fühlt es, wenn der Spieler von seiner eigenen Erfindung auf der Scene überrascht wird und wenn er sie in der Überraschung verdirbt. – Wie anders wieder sieht ein Maler auf einen vor ihm sich bewegenden Menschen! Er sieht namentlich sofort Vieles hinzu, um das Gegenwärtige zu vervollständigen und zur ganzen Wirkung zu bringen; er probiert im Geiste mehrere Beleuchtungen desselben Gegenstandes, er dividiert das Ganze der Wirkung durch einen Gegensatz, den er hinzustellt. – Hätten wir doch erst das Auge dieses Schauspielers und dieses Malers für das Reich der menschlichen Seelen!

534.

Die kleinen Dosen. – Soll eine Veränderung möglichst in die Tiefe gehen, so gebe man das Mittel in den kleinsten Dosen, aber unablässig auf weite Zeitstrecken hin! Was ist Großes auf einmal zu schaffen! So wollen wir uns hüten, den Zustand der Moral, an den wir gewöhnt sind, mit einer neuen Werthschätzung der Dinge Hals über Kopf und unter Gewaltsamkeiten zu vertauschen, – nein, wir wollen in ihm noch lange, lange fortleben – bis wir, sehr spät vermutlich, inne werden, dass die neue Werthschätzung in uns zur überwiegenden Gewalt geworden ist und dass die kleinen Dosen derselben, an die wir uns von jetzt ab gewöhnen müssen, eine neue Natur in uns gelegt haben. – Man fängt ja an, auch dies einzusehen, dass der letzte Versuch einer großen Veränderung der Wertschätzungen, und zwar in Bezug auf die politischen Dinge, – die "große Revolution" – nicht mehr war, als eine pathetische und blutige Quacksalberei, welche durch plötzliche Krisen dem gläubigen Europa die Hoffnung auf plötzliche Genesung beizubringen wusste – und damit alle politischen Kranken bis auf diesen Augenblick ungeduldig und gefährlich gemacht hat. –

535.

Die Wahrheit hat die Macht nötig. – An sich ist die Wahrheit durchaus keine Macht, – was auch immer des Gegenteils der schöntuerische Aufklärer zu sagen gewohnt sein mag! – Sie muss vielmehr die Macht auf ihre Seite ziehen oder sich auf die Seite der Macht schlagen, sonst wird sie immer wieder zu Grunde gehen! Diess ist nun genug und übergenug bewiesen!

536.

Die Daumenschraube. – Es empört endlich, immer und immer wieder zu sehen, wie grausam Jeder seine paar Privat-Tugenden den Anderen, die sie zufällig nicht haben, aufrechnet, wie er sie damit zwickt und plagt. Und so wollen wir es auch mit dem "Sinn für Redlichkeit" menschlich treiben, so gewiss man an ihm eine

Daumenschraube besitzt, um allen diesen großartigen Selbstlingen, die auch jetzt noch ihren Glauben der ganzen Welt aufdringen wollen, bis aufs Blut wehe zu tun: – wir haben sie an uns selber erprobt!

537.

Meisterschaft. – Die Meisterschaft ist dann erreicht, wenn man sich in der Ausführung weder vergreift, noch zögert.

538.

Moralischer Irrsinn des Genies. – Bei einer gewissen Gattung großer Geister gibt es ein peinliches, zum Theil fürchterliches Schauspiel zu beobachten: ihre fruchtbarsten Augenblicke, ihre Flüge aufwärts und in die Ferne scheinen ihrer gesamten Konstitution nicht gemäß zu sein und irgendwie über deren Kraft hinauszugehen, sodass jedes Mal ein Fehler und auf die Dauer die Fehlerhaftigkeit der Maschine zurückbleibt, als welche sich aber wiederum, bei so hoch-geistigen Naturen wie den hier gemeinten, in allerlei moralischen und intellektuellen Symptomen viel regelmäßiger als in körper-lichen Notzuständen zu erkennen gibt. So könnte das unbegreiflich Ängstliche, Eitle, Gehässige, Neidische, Eingeschnürte und Ein-schnürende, welches plötzlich aus ihnen hervorspringt, jenes ganze allzu persönliche und Unfreie in Naturen, wie denen Rousseaus und Schopenhauers, recht wohl die Folge eines perio-dischen Herz-leidens sein: dies aber die Folge eines Nervenleidens und dieses endlich die Folge – –. So lange der Genius in uns wohnt, sind wir be-herzt, ja wie toll, und achten nicht des Lebens, der Gesundheit und der Ehre; wir durchfliegen den Tag freier, als ein Adler, und sind sicherer im Dunkel, als die Eule. Aber auf einmal verlässt er uns, und ebenso plötzlich fällt tiefe Furchtsamkeit auf uns: wir verstehen uns selber nicht mehr, wir leiden an allem Erlebten, an allem Nichter-lebten, wir sind wie unter nackten Felsen, vor einem Sturme, und zugleich wie erbärmliche Kindsseelen, die sich vor einem Geraschel und einem Schatten fürchten. –

Drei Viertel alles Bösen, das in der Welt getan wird, geschieht aus Furchtsamkeit: und diese ist vor Allem ein physiologischer Vorgang!

539.

Wisst ihr auch, was ihr wollt? – Hat euch nie die Angst geplagt, ihr möchtet gar nicht dazu taugen, Das, was wahr ist, zu erkennen? Die Angst, dass euer Sinn zu stumpf, und selbst euer Feingefühl des Sehens noch viel zu grob sei? Wenn ihr einmal merktet, was für ein Wille hinter eurem Sehen waltete? Zum Beispiel, wie ihr gestern mehr sehen wolltet, als ein Anderer, heute es anders sehen wollt, als der Andere, oder wie ihr von vornherein euch sehnt, eine Übereinstimmung, oder das Gegenteil von dem zu finden, was man bisher zu finden vermeinte! Oh der schämenswerthen Gelüste! Wie ihr oft nach dem Starkwirkenden, oft nach dem Beruhigenden ausspäht, – weil ihr gerade müde seid! Immer voller geheimer Vorbestimmungen, wie die Wahrheit beschaffen sein müsse, dass ihr, gerade ihr sie annehmen könntet! Oder meint ihr, heute, da ihr gefroren und trocken wie ein heller Morgen im Winter seid und euch Nichts am Herzen liegt, ihr hättet bessere Augen? Gehört nicht Wärme und Schwärmerei dazu, einem Gedankendinge Gerechtigkeit zu schaffen? – und das eben heißt Sehen! Als ob ihr überhaupt mit Gedankendingen anders verkehren könntet, als mit Menschen! Es ist in diesem Verkehre die gleiche Moralität, die gleiche Ehrenhaftigkeit, der gleiche Hintergedanke, die gleiche Schlaffheit, die gleiche Furchtsamkeit, – euer ganzes liebens- und hassenswürdiges Ich! Eure körperlichen Ermattungen werden den Dingen matte Farben geben, eure Fieber werden Ungeheuer aus ihnen machen! Leuchtet euer Morgen nicht anders auf die Dinge, als euer Abend? Fürchtet ihr nicht in der Höhle jeder Erkenntnis euer eigenes Gespenst wieder zu finden, als das Gespinst, in welches die Wahrheit sich vor euch verkleidet hat? Ist es nicht eine schauerliche Komödie, in welcher ihr so unbedachtsam mitspielen wollt? –

Lernen. – Michelangelo sah in Raffael das Studium, in sich die Natur: dort das Lernen, hier die Begabung. Indessen ist dies eine Pedanterie, mit aller Ehrfurcht vor dem großen Pedanten gesagt. Was ist denn Begabung Anderes, als ein Name für ein älteres Stück Lernens, Erfahrens, Einübens, Aneignens, Einverleibens, sei es auf der Stufe unserer Väter oder noch früher! Und wiederum: Der, welcher lernt, begabt sich selber, – nur ist es nicht so leicht, zu lernen, und nicht nur die Sache des guten Willens; man muss lernen können. Bei einem Künstler stellt sich dem oft der Neid entgegen, oder jener Stolz, welcher beim Gefühl des Fremdartigen sofort seine Stacheln hervorkehrt und sich unwillkürlich in einen Verteidigungszustand, statt in den des Lernenden, versetzt. An beidem fehlte es Raffael, gleich Goethe, und deshalb waren sie große Lerner und nicht nur die Ausbeuter jener Erzgänge, welche sich aus dem Geschiebe und der Geschichte ihrer Vorfahren ausgelaugt hatten. Raffael verschwindet vor uns als Lernender, mitten in der Aneignung dessen, was sein großer Nebenbuhler als seine "Natur" bezeichnete: er trug täglich ein Stück davon hinweg, dieser edelste Dieb; aber ehe er den ganzen Michelangelo in sich hinübergetragen hatte, starb er – und die letzte Reihe seiner Werke, als der Anfang eines neuen Studienplanes, ist weniger vollkommen und schlechthin gut, eben weil der großer Lerner vom Tode in seinem schwirigsten Pensum gestört worden ist und das rechtfertigende letzte Ziel, nach welchem er ausschaute, mit sich genommen hat.

Wie man versteinern soll. – Langsam, langsam hart werden wie ein Edelstein – und zuletzt still und zur Freude der Ewigkeit liegen bleiben.

Der Philosoph und das Alter. – Man tut nicht klug, den Abend über den Tag urteilen zu lassen: denn allzu oft wird da die Ermüdung zur

Richterin über Kraft, Erfolg und guten Willen. Und ebenso sollte die höchste Vorsicht in Absehung auf das Alter und seine Beurteilung des Lebens geboten sein, zumal das Alter, wie der Abend, sich in eine neue und reizende Moralität zu verkleiden liebt und durch Abendröte, Dämmerung, friedliche oder sehnsüchtige Stille den Tag zu beschämen weiß. Die Pietät, welche wir dem alten Manne entgegenbringen, zumal wenn es ein alter Denker und Weiser ist, macht uns leicht blind gegen die Alterung seines Geistes, und es tut immer not, die Merkmale solcher Alterung und Ermüdung aus ihrem Versteck, das heißt: das physiologische Phänomen hinter dem moralischen Für- und Vorurteile hervorzuziehen, um nicht die Narren der Pietät und die Schädiger der Erkenntnis zu werden. Nicht selten nämlich tritt der alte Mann in den Wahn einer großen moralischen Erneuerung und Wiedergeburt und gibt von dieser Empfindung aus Urteile über das Werk und den Gang seines Lebens ab, wie als ob er jetzt erst hellsichtig geworden sei: und doch steht hinter diesem Wohlgefühle und diesem zuversichtlichen Urteilen als Einbläserin nicht die Weisheit, sondern die Müdigkeit. Als deren gefährlichstes Kennzeichen mag wohl der Genieglaube bezeichnet werden, welcher erst um diese Lebensgrenze große und halbgrosse Männer des Geistes zu überfallen pflegt: der Glaube an eine Ausnahmestellung und an Ausnahmerechte. Der von ihm heimgesuchte Denker hält es nunmehr für erlaubt, sich es leichter zu machen und als Genie mehr zu dekretieren, als zu beweisen: wahrscheinlich ist aber eben der Trieb, welchen die Müdigkeit des Geistes nach Erleichterung empfindet, die stärkste Quelle jenes Glaubens, er geht ihm der Zeit nach zuvor, wie es auch anders erscheinen möge. Sodann: um diese Zeit will man gemäß der Genusssucht aller Müden und Alten die Resultate seines Denkens genießen, anstatt sie wieder zu prüfen und auszusäen, und hat dazu nötig, sie sich mundgerecht und genießbar zu machen und ihre Trockenheit, Kälte und Würzlosigkeit zu beseitigen; und so geschieht es, dass der alte Denker sich scheinbar über das Werk seines Lebens erhebt, in Wahrheit aber dasselbe durch eingemischte Schwärmereien, Süßigkeiten, Würzen, dichterische Nebel und mystische Lichter verdirbt. So erging es zuletzt Plato, so erging es zuletzt jenem großen rechtschaffenen Franzosen, dem die Deutschen und die Engländer dieses Jahrhunderts, als einem Umschlinger und Bändiger der strengen Wissenschaften, Keinen an die Seite zu stellen vermögen, Auguste Comte. Ein drittes Merkmal der Ermüdung: jener Ehrgeiz, welcher in der Brust des großen Denkers stürmte, als er jung war, und der damals in Nichts sein Genügen fand, ist nun auch alt geworden, er greift, wie Einer, der keine Zeit mehr zu verlieren hat, nach den gröberen und bereiteren Mitteln der Befriedigung, das heißt, nach denen der tätigen, herrschenden, gewaltsamen, erobernden Naturen: von jetzt ab will er Institutionen gründen, die seinen Namen tragen, und nicht mehr Gedanken-Bauten; was sind ihm jetzt noch die ätherhaften Siege und Ehren im Reiche der Beweise und Widerlegungen! was ist ihm eine Verewigung in Büchern, ein zitterndes Frohlocken in der Seele eines Lesers! Die Institution dagegen ist ein Tempel, – das weiß er wohl, und ein Tempel von Stein und Dauer erhält seinen Gott sicherer am Leben, als die Opfergaben zarter und seltener Seelen. Vielleicht findet er um diese Zeit auch zum ersten Mal jene Liebe, welche mehr einem Gotte gilt, als einem Menschen, und sein ganzes Wesen mildert und versüßt sich unter den Strahlen einer solchen Sonne gleich einer Frucht im Herbste. Ja, er wird göttlicher und Schöner, der große Alte – und trotzdem ist es das Alter und die Müdigkeit, welche ihm erlauben, derartig auszureifen, stille zu werden und in der leuchtenden Abgötterei einer Frau auszuruhen. Nun ist es vorbei mit seinem früheren trotzigen, dem eignen Selbst überlegenen Verlangen nach ächten Schülern, nämlich ächten Fortdenkern, das heißt, ächten Gegnern: jenes Verlangen kam aus der ungeschwächten Kraft, aus dem bewussten Stolze, jederzeit noch selber der Gegner und Todfeind seiner eigenen Lehre werden zu können, – jetzt will er entschlossene Parteigänger, unbedenkliche Kameraden, Hilfstruppen, Herolde, ein pomphaftes Gefolge. Jetzt hält er überhaupt die furchtbare Isolation nicht mehr aus, in der jeder vorwärts- und vorausfliegende Geist lebt, er umstellt sich nunmehr mit Gegenständen der Verehrung, der Gemeinschaft, der

Rührung und Liebe, er will es endlich auch einmal so gut haben, wie alle Religiösen, und in der Gemeinde feiern, was er hochschätzt, ja, er wird dazu eine Religion erfinden, um nur die Gemeinde zu haben. So lebt der weise Alte und gerät dabei unvermerkt in eine solche klägliche Nähe zu priesterhaften, dichterischen Ausschweifungen, dass man sich kaum dabei seiner weisen und strengen Jugend, seiner damaligen straffen Moralität des Kopfes, seiner wahrhaft männlichen Scheu vor Einfällen und Schwärmereien erinnern darf. Wenn er sich früher mit anderen, älteren Denkern verglich, so geschah es, um seine Schwäche ernst mit ihrer Kraft zu messen und gegen sich selber kälter und freier zu werden: jetzt tut er es nur, um sich bei der Vergleichung am eigenen Wahne zu berauschen. Früher dachte er mit Zuversicht an die kommenden Denker, ja, mit Wonne sah er sich einstmals in ihrem volleren Lichte untergehen: jetzt quält es ihn, nicht der Letzte sein zu können, er sinnt über Mittel nach, mit seiner Erbschaft, die er den Menschen schenkt, auch eine Beschränkung des souveränen Denkens ihnen aufzuerlegen, er fürchtet und verunglimpft den Stolz und den Freiheitsdurst der individuellen Geister –- nach ihm soll keiner mehr seinen Intellekt völlig frei walten lassen, er selber will als das Bollwerk für immer stehen bleiben, an welches die Brandung des Denkens überhaupt schlagen dürfe, – das sind seine geheimen, vielleicht nicht einmal immer geheimen Wünsche! Die harte Tatsache hinter solchen Wünschen ist aber, dass er selber vor seiner Lehre Halt gemacht hat und in ihr seinen Grenzstein, sein "Bis hierher und nicht weiter" aufgerichtet hat. Indem er sich selber kanonisiert, hat er auch das Zeugnis des Todes über sich ausgestellt: von jetzt ab darf sein Geist sich nicht weiter entwickeln, die Zeit für ihn ist um, der Zeiger fällt. Wenn ein großer Denker aus sich eine bindende Institution für die zukünftige Menschheit machen will, darf man sicherlich annehmen, dass er über den Gipfel seiner Kraft gegangen und sehr müde, sehr nahe seinem Sonnenuntergange ist.

543.

Nicht die Leidenschaft zum Argument der Wahrheit machen! – Oh, ihr gutartigen und sogar edlen Schwärmer, ich kenne euch! Ihr wollt Recht behalten, vor uns, aber auch vor euch, und vor Allem vor euch! – und ein reizbares und feines böses Gewissen stachelt und treibt euch so oft gerade gegen euere Schwärmerei! Wie geistreich werdet ihr dann, in der Überlistung und Betäubung dieses Gewissens! Wie hasst ihr die Ehrlichen, Einfachen, Reinlichen, wie meidet ihr ihre unschuldigen Augen! Jenes bessere Wissen, dessen Vertreter sie sind und dessen Stimme ihr in euch selber zu laut hört, wie es an eurem Glauben zweifelt, – wie sucht ihr es zu verdächtigen, als schlechte Gewohnheit, als Krankheit der Zeit, als Vernachlässigung und Ansteckung eurer eigenen geistigen Gesundheit! Bis zum Hass gegen die Kritik, die Wissenschaft, die Vernunft treibt ihr es! Ihr müsst die Geschichte fälschen, damit sie für euch zeuge, ihr müsst Tugenden leugnen, damit sie die eurer Abgötter und Ideale nicht in Schatten stellen! Farbige Bilder, wo Vernunftgründe nottäten! Gluth und Macht der Ausdrücke! Silberne Nebel! Ambrosische Nächte! Ihr versteht euch darauf, zu beleuchten und zu verdunkeln, und mit Licht zu verdunkeln! Und wirklich, wenn eure Leidenschaft ins Toben gerät, so kommt ein Augenblick, da ihr euch sagt: jetzt habe ich mir das gute Gewissen erobert, jetzt bin ich hochherzig, mutig, selbstverleugnend, großartig, jetzt bin ich ehrlich! Wie dürstet ihr nach diesen Augenblicken, wo eure Leidenschaft euch vor euch selber volles, unbedingtes Recht und gleichsam die Unschuld gibt, wo ihr in Kampf, Rausch, Wut, Hoffnung außer euch und über alle Zweifel hinweg seid, wo ihr dekretiert "wer nicht außer sich ist, wie wir, der kann gar nicht wissen, was und wo die Wahrheit ist!" Wie dürstet ihr darnach, Menschen eures Glaubens in diesem Zustande – es ist der der Lasterhaftigkeit des Intellektes – zu finden und an ihrem Brande eure Flammen zu entzünden! Oh über euer Martyrium! Über euren Sieg der heiliggesprochenen Lüge! Müsst ihr euch so viel Leides selber antun? – Müsst ihr? –

Wie man jetzt Philosophie treibt. – Ich merke wohl: unsere
philosophierenden Jünglinge, Frauen und Künstler verlangen jetzt
gerade das Gegenteil dessen von der Philosophie, was die Griechen
von ihr empfingen! Wer das fortwährende Jauchzen nicht hört,
welches durch jede Rede und Gegenrede eines platonischen
Dialogs geht, das Jauchzen über die neue Erfindung des
vernünftigen Denkens, was versteht der von Plato, was von der
alten Philosophie? Damals füllten sich die Seelen mit Trunkenheit,
wenn das strenge und nüchterne Spiel der Begriffe, der
Verallgemeinerung, Widerlegung, Entführung getrieben wurde, –
mit jener Trunkenheit, welche vielleicht auch die alten großen
strengen und nüchternen Kontrapunktiker der Musik gekannt
haben. Damals hatte man in Griechenland den anderen älteren und
ehedem allmächtigen Geschmack noch auf der Zunge: und gegen
ihn hob sich das Neue so zauberhaft ab, dass man von der Dialektik,
der "göttlichen Kunst", wie im Liebeswahnsinn sang und
stammelte. Jenes Alte aber war das Denken im Banne der Sittlichkeit, für das es lauter festgestellte Urteile, festgestellte Ursachen,
keine anderen Gründe als die der Autorität gab: sodass Denken ein
Nachreden war und aller Genuss der Rede und des Gesprächs in der
Form liegen musste. (Überall, wo der Gehalt als ewig und allgültig
gedacht wird, gibt es nur einen großen Zauber: den der
wechselnden Form, das heißt der Mode. Der Grieche genoss auch
an den Dichtern, von den Zeiten Homer's her, und später an den
Plastikern, nicht die Originalität, sondern deren Widerspiel.)
Sokrates war es, der den entgegengesetzten Zauber, den der
Ursache und Wirkung, des Grundes und der Folge entdeckte: und
wir modernen Menschen sind so sehr an die Nothdurft der Logik
gewöhnt und zu ihr erzogen, dass sie uns als der normale Geschmack auf der Zunge liegt und als solche den Lüsternen und
Dünkelhaften zuwider sein muss. Was sich gegen ihn abhebt,
entzückt diese: ihr feinerer Ehrgeiz möchte gar zu gerne sich
glauben machen, dass ihre Seelen Ausnahmen seien, nicht
dialektische und vernünftige Wesen, sondern – nun zum Beispiel

"intuitive Wesen", begabt mit dem "inneren Sinn" oder mit der "intellektuellen Anschauung". Vor Allem aber wollen sie "künstlerische Naturen" sein, mit einem Genius im Kopfe und einem Dämon im Leibe und folglich auch mit Sonderrechten für diese und jene Welt, namentlich mit dem Götter-Vorrecht, unbegreiflich zu sein. – Das treibt nun auch Philosophie! Ich fürchte, sie merken eines Tages, dass sie sich vergriffen haben, – das, was sie wollen, ist Religion!

545.

Aber wir glauben euch nicht! – Ihr möchtet euch gerne als Menschenkenner geben, aber wir werden euch nicht durchschlüpfen lassen! Sollen wir es nicht merken, dass ihr euch erfahrener, tiefer, erregter, vollständiger darstellt, als ihr seid? So gut wir an jenem Maler es fühlen, wie schon in der Führung seines Pinsels eine Anmaßung liegt: so gut wir es jenem Musiker anhören, dass er durch die Art, wie er sein Thema einführt, es als höher ausgeben möchte, als es ist. Habt ihr Geschichte in euch erlebt, Erschütterungen, Erdbeben, weite lange Traurigkeiten, blitzartige Beglückungen? Seid ihr närrisch gewesen mit großen und kleinen Narren? Habt ihr den Wahn und das Wehe der guten Menschen wirklich getragen? Und das Wehe und die Art Glück der schlechtesten hinzu? Dann redet mir von Moral, sonst nicht!

546.

Sklave und Idealist. – Der Epiktetische Mensch wäre wahrlich nicht nach dem Geschmacke Derer, welche jetzt nach dem Ideale streben. Die stete Spannung seines Wesens, der nach Innen gewendete unermüdliche Blick, das Verschlossene, Vorsichtige, Unmittheilsame seines Auges, falls er sich einmal der Außenwelt zukehrt; und gar das Schweigen oder Kurzreden: Alles Merkmale der strengsten Tapferkeit, – was wäre das für unsere Idealisten, die vor Allem nach der Expansion lüstern sind! Zu alledem ist er nicht fanatisch, er hasst die Schaustellung und die Ruhmredigkeit unserer Idealisten: sein Hochmuth, so groß er ist, will doch nicht die

Anderen stören, er gesteht eine gewisse milde Annäherung zu und möchte Niemandem die gute Laune verderben, – ja er kann lächeln! Es ist sehr viel antike Humanität in diesem Ideale! Das Schönste aber ist, dass ihm die Angst vor Gott völlig abgeht, dass er streng an die Vernunft glaubt, dass er kein Bußredner ist. Epiktet war ein Sklave: sein idealer Mensch ist ohne Stand und in allen Ständen möglich, vor Allem aber wird er in der tiefen, niedrigen Masse zu suchen sein, als der Stille, Sich-Selbst-Genügende innerhalb einer allgemeinen Verknechtung, der sich nach außen hin für sich selber wehrt und fortwährend im Zustande der höchsten Tapferkeit lebt. Von dem Christen unterscheidet er sich vor Allem hierin, dass der Christ in Hoffnung lebt, in der Vertröstung auf "unaussprechbare Herrlichkeiten", dass er sich beschenken lässt und das Beste von der göttlichen Liebe und Gnade, und nicht von sich, erwartet und annimmt: während Epiktet nicht hofft und sein Bestes sich nicht schenken lässt, – er besitzt es, er hält es tapfer in seiner Hand, er macht es der ganzen Welt streitig, wenn diese es ihm rauben will. Das Christentum war für eine andere Gattung antiker Slaven gemacht, für die willens- und vernunftschwachen, also für die große Masse der Slaven.

547.

Die Tyrannen des Geistes. – Der Gang der Wissenschaft wird jetzt nicht mehr durch die zufällige Tatsache, dass der Mensch ungefähr siebenzig Jahre alt wird, gekreuzt, wie es allzu lange der Fall war. Ehemals wollte Einer während dieses Zeitraumes ins Ende der Erkenntnis kommen und nach diesem allgemeinen Gelüste schätzte man die Methoden der Erkenntnis ab. Die kleinen einzelnen Fragen und Versuche galten als verächtlich, man wollte den kürzesten Weg, man glaubte, weil Alles in der Welt auf den Menschen hin eingerichtet schien, dass auch die Erkennbarkeit der Dinge auf ein menschliches Zeitmaß eingerichtet sei. Alles mit Einem Schlage, mit Einem Worte zu lösen, – das war der geheime Wunsch: unter dem Bilde des gordischen Knotens oder unter dem des Eies des Columbus dachte man sich die Aufgabe; man zweifelte nicht, dass es möglich sei, auch in der Erkenntnis nach Art des Alexander oder des Columbus zum Ziele zu kommen und alle Fragen mit Einer Antwort zu erledigen. "Ein Rätsel ist zu lösen": so trat das Lebensziel vor das Auge des Philosophen; zunächst war das Rätsel zu finden und das Problem der Welt in die einfachste Rätselform zusammen zudrängen. Der grenzenlose Ehrgeiz und Jubel, der "Enträtsler der Welt" zu sein, machte die Träume des Denkers aus: Nichts schien ihm der Mühe wert, wenn es nicht das Mittel war, Alles für ihn zu Ende zu bringen! So war Philosophie eine Art höchsten Ringens um die Tyrannenherrschaft des Geistes, – dass eine solche irgend einem Sehr-Glücklichen, Feinen, Erfindsamen, Kühnen, Gewaltigen vorbehalten und aufgespart sei, – einem Einzigen! – daran zweifelte Keiner, und Mehrere haben gewähnt, zuletzt noch Schopenhauer, dieser Einzige zu sein. – Daraus ergibt sich, dass im Großen und Ganzen die Wissenschaft bisher durch die moralische Beschränktheit ihrer Jünger zurückgeblieben ist und dass sie mit einer höheren und großmütigeren Grundempfindung fürderhin getrieben werden muss. "Was liegt an mir!" – steht über der Tür des künftigen Denkers.

548.

Der Sieg über die Kraft. – Erwägt man, was bisher Alles als "übermenschlicher Geist", als "Genie" verehrt worden ist, so kommt man zu dem traurigen Schlusse, dass im Ganzen die Intellektualität der Menschheit doch etwas sehr Niedriges und Armseliges gewesen sein muss: so wenig Geist gehörte bisher dazu, um sich gleich erheblich über sie hinaus zu fühlen! Ach, um den wohlfeilen Ruhm des "Genies"! Wie schnell ist sein Thron errichtet, seine Anbetung zum Brauch geworden! Immer noch liegt man vor der Kraft auf den Knieen – nach alter Slaven-Gewohnheit – und doch ist, wenn der Grad von Verehrungswürdigkeit festgestellt werden soll, nur der Grad der Vernunft in der Kraft entscheidend: man muss messen, inwieweit gerade die Kraft durch etwas Höheres überwunden worden ist und als ihr Werkzeug und Mittel nunmehr in Diensten steht! Aber für ein solches Messen gibt es noch gar zu wenig Augen, ja zumeist wird noch das Messen des Genies für einen Frevel gehalten. Und so geht vielleicht das Schönste immer noch im Dunkel vor sich und versinkt, kaum geboren, in ewige Nacht, – nämlich das Schauspiel jener Kraft, welche ein Genie nicht auf Werke, sondern auf sich als Werk, verwendet, das heißt auf seine eigene Bändigung, auf Reinigung seiner Phantasie, auf Ordnung und Auswahl im Zuströmen von Aufgaben und Einfällen. Noch immer ist der große Mensch gerade in dem Größten, was Verehrung erheischt, unsichtbar wie ein zu fernes Gestirn: sein Sieg über die Kraft bleibt ohne Augen und folglich auch ohne Lied und Sänger. Noch immer ist die Rangordnung der Größe für alle vergangene Menschheit noch nicht festgesetzt.

549.

"Selbstflucht". – Jene Menschen der intellektuellen Krämpfe, welche gegen sich selber ungeduldig und verfinstert sind, wie Byron oder Alfred de Musset, und in Allem, was sie tun, durchgehenden Pferden gleichen, ja, die aus ihrem eigenen Schaffen nur eine kurze, die Adern fast sprengende Lust und Gluth und dann eine umso winterlichere Öde und Vergrämtheit davontragen, wie sollen sie es in sich aushalten! Sie dürsten nach einem Aufgehen in einem "Außer sich "; ist man mit einem solchen Durste ein Christ, so zielt man nach dem Aufgehen in Gott, nach dem "Ganz-eins-mit-ihm-werden"; ist man Shakespeare, so genügt einem erst das Aufgehen in Bildern des leidenschaftlichsten Lebens; ist man Byron, so dürstet man nach Taten, weil diese noch mehr uns von uns abziehen, als Gedanken, Gefühle und Werke. Und so wäre vielleicht doch der Tatendrang im Grunde Selbstflucht? – würde Pascal uns fragen. Und in der Tat! Bei den höchsten Exemplaren des Tatendranges möchte der Satz sich beweisen lassen: man erwäge doch, mit dem Wissen und den Erfahrungen eines Irrenarztes, wie billig, – dass Vier von den Tatendurstigsten aller Zeiten Epileptiker gewesen sind (nämlich Alexander, Cäsar, Muhammed und Napoleon)- so wie auch Byron diesem Leiden unterworfen war.

Erkenntnis und Schönheit. – Wenn die Menschen, so wie sie immer noch thun, ihre Verehrung und ihr Glücksgefühl für die Werke der Einbildung und der Verstellung gleichsam aufsparen, so darf es nicht Wunder nehmen, wenn sie sich beim Gegensatz der Einbildung und Verstellung kalt und unlustig finden. Das Entzücken, welches schon beim kleinsten sicheren endgültigen Schritt und Fortschritt der Einsicht entsteht und welches aus der jetzigen Art der Wissenschaft so reichlich und schon für so Viele herausströmt, – dieses Entzücken wird einstweilen von allen Denen nicht geglaubt, welche sich daran gewöhnt haben, immer nur beim Verlassen der Wirklichkeit, beim Sprung in die Tiefen des Scheins entzückt zu werden. Diese meinen, die Wirklichkeit sei hässlich: aber daran denken sie nicht, dass die Erkenntnis auch der hässlichsten Wirklichkeit schön ist, ebenso dass wer oft und viel erkennt, zuletzt sehr ferne davon ist, das große Ganze der Wirklichkeit, deren Entdeckung ihm immer Glück gab, hässlich zu finden. Gibt es denn etwas "an sich Schönes"? Das Glück der Erkennenden mehrt die Schönheit der Welt und macht Alles, was da ist, sonniger; die Erkenntnis legt ihre Schönheit nicht nur um die Dinge, sondern, auf die Dauer, in die Dinge; – möge die zukünftige Menschheit für diesen Satz ihr Zeugnis abgeben! Inzwischen gedenken wir einer alten Erfahrung: zwei so grundverschiedene Menschen, wie Plato und Aristoteles, kamen in dem überein, was das höchste Glück ausmache, nicht nur für sie oder für Menschen, sondern an sich, selbst für Götter der letzten Seligkeiten: sie fanden es im Erkennen, in der Tätigkeit eines wohlgeübten findenden und erfindenden Verstandes (nicht etwa in der "Intuition", wie die deutschen Halb- und Ganztheologen, nicht in der Vision, wie die Mystiker, und ebenfalls nicht im Schaffen, wie alle Praktiker). Ähnlich urteilten Descartes und Spinoza: wie müssen sie Alle die Erkenntnis genossen haben! Und welche Gefahr für ihre Redlichkeit, dadurch zu Lobrednern der Dinge zu werden! –

551.

Von zukünftigen Tugenden. – Wie kommt es, dass, je begreiflicher die Welt geworden ist, umso mehr die Feierlichkeit jeder Art abgenommen hat? Ist es, dass die Furcht so sehr das Grundelement jener Ehrfurcht war, welche uns bei allem Unbekannten, Geheimnisvollen überfiel und uns vor dem Unbegreiflichen niedersinken und um Gnade bitten lehrte? Und sollte die Welt dadurch, dass wir weniger furchtsam geworden sind, nicht auch an Reiz für uns verloren haben? Sollte mit unserer Furchtsamkeit nicht auch unsre eigene Würde und Feierlichkeit, unsre eigene Furchtbarkeit, geringer geworden sein? Vielleicht, dass wir die Welt und uns selber geringer achten, seit wir mutiger über sie und uns denken? Vielleicht, dass es eine Zukunft gibt, wo dieser Muth des Denkens so angewachsen sein wird, dass er als der äußerste Hochmuth sich über den Menschen und Dingen fühlt, – wo der Weise als der am meisten Mutige sich selber und das Dasein am meisten unter sich sieht? – Diese Gattung des Mutes, welche nicht ferne einer ausschweifenden Großmut ist, fehlte bisher der Menschheit. – Oh, wollten doch die Dichter wieder werden, was sie einstmals gewesen sein sollen: – Seher, die uns Etwas von dem Möglichen erzählen! Jetzt, da ihnen das Wirkliche und das Vergangene immer mehr aus den Händen genommen wird und werden muss, – denn die Zeit der harmlosen Falschmünzerei ist zu Ende! Wollten sie uns von den zukünftigen Tugenden Etwas vorausempfinden lassen! Oder von Tugenden, die nie auf Erden sein werden, obschon sie irgendwo in der Welt sein könnten, – von purpurn glühenden Sternbildern und ganzen Milchstraßen des Schönen! Wo seid ihr, ihr Astronomen des Ideals?

552.

Die idealische Selbstsucht. – Gibt es einen weihevolleren Zustand, als den der Schwangerschaft? Alles, was man tut, in dem stillen Glauben thun, es müsse irgendwie dem Werdenden in uns zu Gute kommen! Es müsse seinen geheimnisvollen Wert, an den wir mit Entzücken denken, erhöhen! Da geht man Vielem aus dem Wege, ohne hart sich zwingen zu müssen! Da unterdrückt man ein heftiges Wort, man gibt versöhnlich die Hand: aus dem Mildesten und Besten soll das Kind hervorwachsen. Es schaudert uns vor unsrer Schärfe und Plötzlichkeit: wie wenn sie dem geliebtesten Unbekannten einen Tropfen Unheil in den Becher seines Lebens gösse! Alles ist verschleiert, ahnungsvoll, man weiß von Nichts, wie es zugeht, man wartet ab und sucht bereit zu sein. Dabei waltet ein reines und reinigendes Gefühl tiefer Unverantwortlichkeit in uns, fast wie es ein Zuschauer vor dem geschlossenen Vorhang hat, – es wächst, es tritt an den Tag: wir haben Nichts in der Hand, zu bestimmen, weder seinen Wert, noch seine Stunde. Einzig auf jeden mittelbaren segnenden und wehrenden Einfluss sind wir angewiesen. "Es ist etwas Größeres, das hier wächst, als wir sind" ist unsere geheimste Hoffnung: ihm legen wir Alles zurecht, dass es gedeihlich zur Welt komme: nicht nur alles Nützliche, sondern auch die Herzlichkeiten und Kränze unserer Seele. – In dieser Weihe soll man leben! Kann man leben! Und sei das Erwartete ein Gedanke, eine Tat, – wir haben zu allem wesentlichen Vollbringen kein anderes Verhältnis, als das der Schwangerschaft und sollten das anmaßliche Reden von "Wollen" und "Schaffen" in den Wind blasen! Diess ist die rechte idealische Selbstsucht: immer zu sorgen und zu wachen und die Seele still zu halten, dass unsere Fruchtbarkeit schön zu Ende gehe! So, in dieser mittelbaren Art sorgen und wachen wir für den Nutzen Aller; und die Stimmung, in der wir leben, diese stolze und milde Stimmung, ist ein Öl, welches sich weit um uns her auch auf die unruhigen Seelen ausbreitet. – Aber wunderlich sind die Schwangeren! Seien wir also auch wunderlich und verargen wir es den Anderen nicht, wenn sie es sein müssen! Und selbst, wo dies ins Schlimme und Gefährliche sich verläuft: bleiben wir in der Ehrfurcht vor dem Werdenden nicht hinter der weltlichen Gerechtigkeit zurück, welche dem Richter und dem Henker nicht erlaubt, eine Schwangere zu berühren!

553.

Auf Umwegen. – Wohin will diese ganze Philosophie mit allen ihren Umwegen? Tut sie mehr, als einen stäten und starken Trieb gleichsam in Vernunft zu übersetzen, einen Trieb nach milder Sonne, heller und bewegter Luft, südlichen Pflanzen, Meeres-Atem, flüchtiger Fleisch-, Eier- und Früchtenahrung, heißem Wasser zum Getränke, tagelangen stillen Wanderungen, wenigem Sprechen, seltenem und vorsichtigem Lesen, einsamem Wohnen, reinlichen, schlichten und fast soldatischen Gewohnheiten, kurz nach allen Dingen, die gerade mir am besten schmecken, gerade mir am zuträglichsten sind? Eine Philosophie, welche im Grunde der Instinct für eine persönliche Diät ist? Ein Instinct, welcher nach meiner Luft, meiner Höhe, meiner Witterung, meiner Art Gesundheit durch den Umweg meines Kopfes sucht? Es gibt viele andere und gewiss auch viele höhere Erhabenheit der Philosophie, und nicht nur solche, welche düsterer und anspruchsvoller sind, als die meinen, – vielleicht sind auch sie insgesamt nichts Anderes, als intellektuelle Umwege derartig persönlicher Triebe? – Inzwischen sehe ich mit einem neuen Auge auf das heimliche und einsame Schwärmen eines Schmetterlings, hoch an den Felsenufern des Sees, wo viele gute Pflanzen wachsen: er fliegt umher, unbekümmert darum, dass er nur das Leben Eines Tages noch lebt, und dass die Nacht zu kalt für seine geflügelte Gebrechlichkeit sein wird. Es würde sich wohl auch für ihn eine Philosophie finden lassen: ob es schon nicht die meine sein mag. –

554.

Vorschritt. – Wenn man den Fortschritt rühmt, so rühmt man damit nur die Bewegung und Die, welche uns nicht auf der Stelle stehen bleiben lassen, – und damit ist gewiss unter Umständen viel getan, insonderheit, wenn man unter Ägyptern lebt. Im beweglichen Europa aber, wo sich die Bewegung, wie man sagt, "von selber versteht" – ach, wenn wir nur auch Etwas davon verstünden! – lobe ich mir den Vorschritt und die Vorschreitenden, das heißt Die, welche sich selber immer wieder zurücklassen und die gar nicht daran denken, ob ihnen Jemand sonst nachkommt. "Wo ich Halt mache, da finde ich mich allein: wozu sollte ich Halt machen! Die Wüste ist noch groß!" – so empfindet ein solcher Vorschreitender.

555.

Die geringsten genügen schon. – Man soll den Ereignissen aus dem Wege gehen, wenn man weiß, dass die geringsten sich schon stark genug auf uns einzeichnen, – und diesen entgeht man doch nicht. – Der Denker muss einen ungefähren Kanon aller der Dinge in sich haben, welche er überhaupt noch erleben will.

556.

Die guten Vier. – Redlich gegen uns und was sonst uns Freund ist; tapfer gegen den Feind; großmütig gegen den Besiegten: höflich – immer: so wollen uns die vier Kardinaltugenden.

557.

Auf einen Feind los. – Wie gut klingen schlechte Musik und schlechte Gründe, wenn man auf einen Feind los marschiert!

558.

Aber auch nicht seine Tugenden verbergen! – Ich liebe die Menschen, welche durchsichtiges Wasser sind und die, mit Pope zu reden, auch "die Unreinlichkeiten auf dem Grunde ihres Stromes sehen lassen." Selbst für sie gibt es aber noch eine Eitelkeit, freilich von seltener und sublimierter Art: Einige von ihnen wollen, dass man eben nur die Unreinlichkeiten sehe und die Durchsichtigkeit des Wassers, die dies möglich macht, für Nichts achte. Kein Geringerer, als Gotama Buddha, hat die Eitelkeit dieser Wenigen erdacht, in der Formel: "lasset eure Sünden sehen vor den Leuten und verberget eure Tugenden!" Diess heißt aber der Welt kein gutes Schauspiel geben, – es ist eine Sünde wider den Geschmack.

559.

"Nicht zu sehr!" – Wie oft wird dem Einzelnen angeraten, sich ein Ziel zu setzen, das er nicht erreichen kann und das über seine Kräfte geht, um so wenigstens Das zu erreichen, was seine Kräfte bei der allerhöchsten Anspannung leisten können! Ist dies aber wirklich so wünschenswert? Bekommen nicht notwendig die besten Menschen, die nach dieser Lehre leben, und ihre besten Handlungen etwas übertriebenes und Verzerrtes, eben weil zu viel Spannung in ihnen ist? Und verbreitet sich nicht ein grauer Schimmer von Erfolglosigkeit dadurch über die Welt, dass man immer kämpfende Athleten, ungeheure Gebärden und nirgends einen bekränzten und siegesgemuthen Sieger sieht?

560.

Was uns frei steht. – Man kann wie ein Gärtner mit seinen Trieben schalten und, was Wenige wissen, die Keime des Zornes, des Mitleidens, des Nachgrübelns, der Eitelkeit so fruchtbar und nutzbringend ziehen wie ein schönes Obst an Spalieren; man kann es thun mit dem guten und dem schlechten Geschmack eines Gärtners und gleichsam in französischer oder englischer oder holländischer oder chinesischer Manier, man kann auch die Natur walten lassen und nur hier und da für ein Wenig Schmuck und Reinigung sorgen, man kann endlich auch ohne alles Wissen und Nachdenken die Pflanzen in ihren natürlichen Begünstigungen und Hindernissen aufwachsen und unter sich ihren Kampf auskämpfen lassen, – ja, man kann an einer solchen Wildnis seine Freude haben und gerade diese Freude haben wollen, wenn man auch seine Noth damit hat. Diess Alles steht uns frei: aber wie Viele wissen denn davon, dass uns dies frei steht? Glauben nicht die Meisten an sich wie an vollendete ausgewachsene Tatsachen? Haben nicht große Philosophen noch ihr Siegel auf dies Vorurteil gedrückt, mit der Lehre von der Unveränderlichkeit des Charakters?

561.

Sein Glück auch leuchten lassen. – Wie die Maler, welche den tiefen, leuchtenden Ton des wirklichen Himmels auf keine Weise erreichen können, genötigt sind, alle Farben, die sie zu ihrer Landschaft brauchen, um ein paar Töne niedriger zu nehmen, als die Natur sie zeigt: wie sie durch diesen Kunstgriff wieder eine Ähnlichkeit im Glanze und eine Harmonie der Töne erreichen, welche der in der Natur entspricht: so müssen sich auch Dichter und Philosophen zu helfen wissen, denen der leuchtende Glanz des Glückes unerreichbar ist; indem sie alle Dinge um einige Grade dunkler färben, als sie sind, wirkt ihr Licht, auf welches sie sich verstehen, beinahe sonnenhaft und dem Lichte des vollen Glücks ähnlich. – Der Pessimist, der die schwärzesten und düstersten Farben allen Dingen gibt, verbraucht nur Flammen und Blitze, himmlische Glorien und Alles, was grelle Leuchtkraft hat und die Augen unsicher macht; bei ihm ist die Helle nur dazu da, das Entsetzen zu vermehren und mehr Schreckliches in den Dingen ahnen zu lassen, als sie haben.

562.

Die Sesshaften und die Freien. – Erst in der Unterwelt zeigt man uns Etwas von dem düsteren Hintergrunde aller jener Abenteurer-Seligkeit, welche um Odysseus und Seinesgleichen wie ein ewiges Meeresleuchten liegt, – von jenem Hintergrunde, den man dann nicht mehr vergisst: die Mutter des Odysseus starb aus Gram und Verlangen nach ihrem Kinde! Den Einen treibt es von Ort zu Ort, und dem Andern, dem Sesshaften und Zärtlichen, bricht das Herz darüber: so ist es immer! Der Kummer bricht Denen das Herz, welche es erleben, dass gerade ihr Geliebtester ihre Meinung, ihren Glauben verlässt, – es gehört dies in die Tragödie, welche die freien Geister machen, – um die sie mitunter auch wissen! Dann müssen sie auch wohl einmal, wie Odysseus, zu den Toten steigen, um ihren Gram zu heben und ihre Zärtlichkeit zu beschwichtigen.

563.

Der Wahn der sittlichen Weltordnung. – Es gibt gar keine ewige Notwendigkeit, welche forderte, dass jede Schuld gebüßt und bezahlt werde, – es war ein schrecklicher, zum kleinsten Theile nützlicher Wahn, dass es eine solche gebe –; ebenso wie es ein Wahn ist, dass Alles eine Schuld ist, was als solche gefühlt wird. Nicht die Dinge, sondern die Meinungen über Dinge, die es gar nicht gibt, haben die Menschen so verstört!

564.

Gleich neben der Erfahrung! – Auch große Geister haben nur ihre fünf Finger breite Erfahrung, – gleich daneben hört ihr Nachdenken auf: und es beginnt ihr unendlicher leerer Raum und ihre Dummheit.

565.

Würde und Unwissenheit im Bunde. – Wo wir verstehen, da werden wir artig, glücklich, erfinderisch, und überall, wo wir nur genug gelernt und uns Augen und Ohren gemacht haben, zeigt unsere Seele mehr Geschmeidigkeit und Anmut. Aber wir begreifen so Wenig und sind armselig unterrichtet, und so kommt es selten dazu, dass wir eine Sache umarmen und uns dabei selber liebenswert machen: vielmehr gehen wir steif und unempfindlich durch die Stadt, die Natur, die Geschichte und bilden uns Etwas auf diese Haltung und Kälte ein, als ob sie eine Wirkung der Überlegenheit sei. Ja, unsere Unwissenheit und unser geringer Durst nach Wissen verstehen sich trefflich darauf, als Würde, als Charakter einherzustolzieren.

566.

Wohlfeil leben. – Die wohlfeilste und harmloseste Art zu leben ist die des Denkers: denn, um gleich das Wichtigste zu sagen, er bedarf gerade der Dinge am meisten, welche die Anderen geringschätzen und übriglassen –. Sodann: er freut sich leicht und kennt keine kostspieligen Zugänge zum Vergnügen; seine Arbeit ist nicht hart, sondern gleichsam südländisch; sein Tag und seine Nacht werden nicht durch Gewissensbisse verdorben; er bewegt sich, isst, trinkt und schläft nach dem Maße, dass sein Geist immer ruhiger, kräftiger und heller werde; er freut sich seines Leibes und hat keinen Grund, ihn zu fürchten; er bedarf der Geselligkeit nicht, es sei denn von Zeit zu Zeit, um hinterher seine Einsamkeit umso zärtlicher zu umarmen; er hat an den Toten Ersatz für Lebende, und selbst für Freunde einen Ersatz: nämlich an den Besten, die je gelebt haben. – Man erwäge, ob nicht die umgekehrten Gelüste und Gewohnheiten es sind, welche das Leben der Menschen kostspielig, und folglich mühsam, und oft unausstehlich machen. – In einem anderen Sinne freilich ist das Leben des Denkers das kostspieligste, – es ist Nichts zu gut für ihn; und gerade des Besten zu entbehren wäre hier eine unerträgliche Entbehrung.

567.

Im Felde. – "Wir müssen die Dinge lustiger nehmen, als sie es verdienen; zumal wir sie lange Zeit ernster genommen haben, als sie es verdienen." – So sprechen brave Soldaten der Erkenntnis.

568.

Dichter und Vogel. – Der Vogel Phönix zeigte dem Dichter eine glühende und verkohlende Rolle. "Erschrick nicht! sagte er, es ist dein Werk! Es hat nicht den Geist der Zeit und noch weniger den Geist Derer, die gegen die Zeit sind: folglich muss es verbrannt werden. Aber dies ist ein gutes Zeichen. Es gibt manche Arten von Morgenröten."

569.

An die Einsamen. – Wenn wir die Ehre anderer Personen nicht in unseren Selbstgesprächen ebenso schonen, wie in der Öffentlichkeit, so sind wir unanständige Menschen.

570.

Verluste. – Es gibt Verluste, welche der Seele eine Erhabenheit mittheilen, bei der sie sich des Jammerns enthält und sich wie unter hohen schwarzen Zypressen schweigend ergeht.

571.

Feld-Apotheke der Seele. – Welches ist das stärkste Heilmittel? – Der Sieg.

572.

Das Leben soll uns beruhigen. – Wenn man, wie der Denker, für gewöhnlich in dem großen Strome des Gedankens und Gefühls lebt, und selbst unsere Träume in der Nacht diesem Strome folgen: so begehrt man vom Leben Beruhigung und Stille, – während andere gerade vom Leben ausruhen wollen, wenn sie sich der Meditation übergeben.

573.

Sich häuten. – Die Schlange, welche sich nicht häuten kann, geht zu Grunde. Ebenso die Geister, welche man verhindert, ihre Meinungen zu wechseln; sie hören auf, Geist zu sein.

574.

Nicht zu vergessen! – je höher wir uns erheben, umso kleiner erscheinen wir Denen, welche nicht fliegen können.

575.

Wir Luft-Schifffahrer des Geistes! – Alle diese kühnen Vögel, die ins Weite, Weiteste hinausfliegen, – gewiss! irgendwo werden sie nicht mehr weiter können und sich auf einen Mast oder eine kärgliche Klippe niederhocken – und noch dazu so dankbar für diese erbärmliche Unterkunft! Aber wer dürfte daraus schließen, dass es vor ihnen keine ungeheure freie Bahn mehr gebe, dass sie soweit geflogen sind, als man fliegen könne! Alle unsere großen Lehrmeister und Vorläufer sind endlich stehen geblieben, und es ist nicht die edelste und anmutigste Gebärde, mit der die Müdigkeit stehen bleibt: auch mir und dir wird es so ergehen! Was geht das aber mich und dich an! Andere Vögel werden weiter fliegen! Diese unsere Einsicht und Gläubigkeit fliegt mit ihnen um die Wette hinaus und hinauf, sie steigt geradewegs über unserm Haupte und über seiner Ohnmacht in die Höhe und sieht von dort aus in die Ferne, sieht die Schaaren viel mächtigerer Vögel, als wir sind, voraus, die dahin streben werden wohin wir strebten, und wo Alles noch Meer, Meer, Meer ist! – Und wohin wollen wir denn? Wollen wir denn über das Meer? Wohin reißt uns dieses mächtige Gelüste, das uns mehr gilt als irgend eine Lust? Warum doch gerade in dieser Richtung, dorthin, wo bisher alle Sonnen der Menschheit untergegangen sind? Wird man vielleicht uns einstmals nachsagen, dass auch wir, nach Westen steuernd, ein Indien zu erreichen hofften, – dass aber unser Loos war, an der Unendlichkeit zu scheitern? Oder, meine Brüder? Oder? –

Titelliste Taschenbuch-Literatur-Klassiker

Bd. 1 *Abenteuer und Fahrten des Huckleberry Finn*, Mark Twain, Bd. 2 *Andersens Märchen*, Hans Christian Andersen, Bd. 3 *Anton Reiser*, Karl Philipp Moritz, Bd. 4 *Aus dem Leben eines Taugenichts*, Joseph Freiherr v. Eichendorff, Bd. 5 *Bahnwärter Thiel*, Gerhard Hauptmann, Bd. 6 *Bambi Eine Lebensgeschichte aus dem Walde*, Felix Salten, Bd. 7 *Bauern, Bonzen und Bomben*, Hans Fallada, Bd. 8 *Bel Ami*, Guy de Maupassant, Bd. 9 *Bergkristall*, Adalbert Stifter, Bd. 10 *Candide oder der Optimismus*, Voltaire, Bd. 11 *Caspar Hauser oder Die Trägheit des Herzens*, Jakob Wassermann, Bd. 12 *Dantons Tod*, Georg Büchner, Bd. 13 *Das Bildnis des Dorian Grey*, Oscar Wilde, Bd. 14 *Das Dschungelbuch*, Rudyard Kipling, Bd. 15 *Das Fräulein von Scuderi*, ETA Hoffmann, Bd. 16 *Das Gemeindekind*, Marie v. Ebner-Eschenbach, Bd. 17 *Das Heptameron*, Margarete v. Navarra, Bd. 18 *Märchenbriefbuch der heiligen Nächte*, Max Dauphtendey, Bd. 19 *Das Marmorbild*, Joseph v. Eichendorff, Bd. 20 *Das Schloss*, Franz Kafka, Bd. 21 *Das Urteil*, Franz Kafka, Bd. 22 *David Copperfield*, Charles Dickens, Bd. 23 *Der abenteuerliche Simplizissimus*, Grimmelshausen, Bd. 24 *Der arme Spielmann*, Franz Grillparzer, Bd. 25 *Der eingebildete Kranke*, Moliere, Bd. 26 *Der ewige Spießer*, Ödön v. Horváth, Bd. 27 *Der Fürst*, Nicolò Machiavelli, Bd. 28 *Der Glöckner von Notre Dame*, Victor Hugo, Bd. 29 *Der goldene Esel, Apuleius*, Bd. 30 *Der goldene Topf*, ETA Hoffmann, Bd. 31 *Der Graf von Monte Christo*, Alexandre Dumas, Bd. 32 *Der grüne Heinrich*, Gottfried Keller, Bd. 33 *Der kleine Häwelmann und andere Märchen*, Theodor Storm, Bd. 34 *Der kleine Lord*, Frances Hodgson Burnett, Bd. 35 *Der letzte Mohikaner*, James Fenimore Cooper, Bd. 36 *Der Prozess*, Franz Kafka, Bd. 37 *Der Sandmann*, ETA Hoffmann, Bd. 38 *Der Schimmelreiter*, Theodor Storm, Bd. 39 *Der Schuss von der Kanzel*, Conrad Ferdinand Meyer, Bd. 40 *Der Seewolf*, Jack London, Bd. 41 *Der seltsame Fall des Dr. Jekyll und Mr. Hyde*, Robert Louis Stevenson, Bd. 42 *Der Stechlin*, Theodor Fontane, Bd. 43 *Der Sturmheidhof (Sturmhöhe)*, Emily Brontë, Bd. 44 *Der Tor und der Tod*, Hugo v. Hofmannsthal, Bd. 45 *Der Weg ins Freie*, Arthur Schnitzler, Bd. 46 *Der zerbrochene Krug*, Heinrich v. Kleist, Bd. 47 *Deutsches Märchenbuch*, Ludwig Bechstein, Bd. 48 *Deutschland. Ein Wintermärchen*, Heinrich Heine, Bd. 49 *Die Abenteuer der sieben Schwaben*, Ludwig Aurbacher, Bd. 50 *Die Burg von Otranto*, Horace Walpole, Bd. 51 *Die drei Musketiere*, Alexandre Dumas, Bd. 52 *Die Elixiere des Teufels*, ETA Hoffmann, Bd. 53 *Die Geschichte meines Lebens*, Georg Ebers, Bd. 54 *Die Insel Felsenburg*, Johann Gottfried Schnabel, Bd. 55 *Die Judenbuche*, Annette v. Droste-Hülshoff, Bd 56. *Die Kameliendame*, Alexandre Dumas, Bd. 57 *Die Kartause von Parma*, Stendhal, Bd. 58 *Die Kreutzersonate*, Lew Tolstoi, Bd. 59 *Die Leiden des jungen Werther*, Johann Wolfgang v. Goethe, Bd. 60 *Die Leute von Seldvyla I*, Gottfried Keller, Bd. 61 *Die Leute von Seldvyla II*, Gottfried Keller, Bd. 62 *Die Marquise*, George Sand, Bd. 63 *Die Marquise von O.*, Heinrich v. Kleist, Bd. 64 *Die Memoiren der Fanny Hill*, John Cleland, Bd. 65 *Die Ratten*, Gerhard Hauptmann, Bd. 66 *Die Räuber*, Friedrich v. Schiller, Bd. 67 *Die Regentrude*, Theodor Storm, Bd. 68 *Die Reisen des Baron zu Münchhausen*, Bd. 69 *Die Schatzinsel*, Robert Louis Stevenson, Bd. 70 *Die Verlobten*, Allessandro Manzoni, Bd. 71 *Die Verwandlung*, Franz Kafka, Bd. 72 *Die Verwirrungen des Zöglings Törleß*, Robert Musil, Bd. 73 *Die Waffen nieder*, Berta von Suttner, Bd. 74 *Die Wahlverwandtschaften*, Johann Wolfgang v. Goethe, Bd. 75 *Don Carlos*, Friedrich v. Schiller, Bd. 76 *Eduards Traum*, Wilhelm Busch, Bd. 77 *Effi Briest*, Theodor Fontane, Bd. 78 *Egmont*, Johann Wolfgang v. Goethe, Bd. 79 *Ein Held unserer Zeit*, Michail Lermontoff, Bd. 80 *Einsichten und Ausblicke*, Gerhard Hauptmann, Bd. 81 *Emilia Galotti*, Gottold Ephraim Lessing, Bd. 82 *Erinnerungen aus galanter Zeit*, Giacomo Casanova, Bd. 83 *Erzählungen*, Wilhelm Busch, Bd. 84 *Es waren zwei Königskinder*, Theodor Storm, Bd. 85 *Essays*, Michel de Montaigne, Bd. 86 *Franz Sternbalds Wanderungen*, Ludwig Tieck, Bd. 87 *Fräulein Else*, Arthur Schnitzler, Bd. 88 *Frühlings Erwachen*, Frank Wedekind, Bd. 89 *Gedanken*, Blaise Pascal,

Bd. 90 *Gefährliche Liebschaften*, Pierre-Ambroise-François Choderlos de Laclos, Bd. 91 *Gegen den Strich*, Joris-Karl Huysmany, Bd. 92 *Geschichte des Fräuleins von Sternheim*, Sophie v. La Roche, Bd. 93 *Geschichte vom braven Kasperl und dem Annerl*, Clemens Brentano, Bd. 94 *Geschichten aus dem Wienerwald*, Ödön v. Horváth, Bd. 95 *Glanz und Elend der Kurtisanen*, Honore de Balzac, Bd. 96 *Glück und Unglück der berühmten Moll Flanders*, Daniel Defoe, Bd. 97 *Götz von Berlichingen*, Johann Wolfgang v. Goethe, Bd. *98 Gullivers Reisen*, Jonathan Swift, Bd. *99 Heidis Lehr und Wanderjahre*, Johann Spyri, Bd. 100 *Heinrich von Ofterdingen*, Novalis, Bd. 101 *Hiob Roman eines einfachen Mannes*, Joseph Roth, Bd. *102 Immensee*, Theodor Storm, Bd. 103 *Iphigenie auf Tauris*, Johann Wolfgang v. Goethe, Bd. 104 *Italienische Märchen*, Clemens Brentano, Bd. 105 *Ivannhoe*, Walter Scott, Bd. 106 Jahrmarkt der Eitelkeiten, William Makepaece Thackeray, Bd. 107 *Jane Eyre*, Charlotte Brontë, Bd. 108 *Jugend ohne Gott*, Ödön v. Horvath, Bd. 109 *Jürg Jenatsch*, Conrad Ferdinand Meyer, Bd. 110 *Kabale und Liebe*, Friedrich v. Schiller, Bd. 111 *Kasimir und Karoline*, Ödön v. Horvath, Bd. 112 *Kinder- und Hausmärchen*, Gebrüder Grimm, Bd. 113 *Kleiner Mann, was nun*, Hans Fallada, Bd. 114 *König Alkohol*, Jack London, Bd. 115 *Krambambuli*, Marie Ebner-Eschenbach, Bd. 116 *Lausbubengeschichten*, Ludwig Thoma, Bd. 117 *Lavinia - Pauline - Kora*, George Sand, Bd. 118 *Leben und Lüge*, Detlev von Liliencron, Bd. 119 *Lebensansichten des Katers Murr*, ETA Hoffmann, Bd. 120 *Lenz. Der hessische Landbote*, Georg Büchner, Bd. 121 *Lieutenant Gustl*, Arthur Schnitzler, Bd. 122 *Lord Jim*, Joseph Conrad, Bd. 123 *Luise*, Johann Heinrich Voß, Bd. 124 *Madame Bovary*, Gustave Flaubert, Bd. 125 *Märchen*, Wilhelm Hauff, Bd. 126 *Maria Stuart*, Friedrich v. Schiller, Bd. 127 *Max Havelaar*, Multatuli, Bd. 128 *Meister Floh*, ETA Hoffmann, Bd. 129 *Michael Kohlhaas*, Heinrich v. Kleist, Bd. 130 *Minna von Barnhelm*, Gotthold Ephraim Lessing, Bd. 131 *Moby Dick*, Hermann Melville, Bd. 132 *Nathan, der Weise*, Gotthold Ephraim Lessing, Bd. 133-1 und 133-2 *Nils Holgersson wunderbare Reise*, Selma Lagerlöf, Bd. 134 *Niels Lyne*, Jens Peter Jacobsen, Bd. 135 *Nußknacker und Mausekönig*, ETA Hoffmann, Bd. 136 *Oliver Twist*, Charles Dickens, Bd. 137 *Onkel Toms Hütte*, Herriett Beecher Stowe, Bd. 138 *Peter Schlemihls wundersame Geschichte*, Adalbert v. Chamisso, Bd. 139 *Peterchens Mondfahrt*, Gerdt v. Bassewitz, Bd. 140 *Pinocchio*, Carlo Collodi, Bd. 141 *Reinecke Fuchs*, Johann Wolfgang v. Goethe, Bd. 142 *Rheinmärchen*, Clemens Brentano, Bd. 143 *Rinaldo Rinaldini*, Christian August Vulpius, Bd. 144 *Robinson Crusoe*; Daniel Defoe, Bd. 145 *Romeo und Julia*, William Shakespeare Bd. 146 *Schach von Wuthenow*, Theodor Fontane, Bd. 147 *Schachnovelle*, Stefan Zweig, Bd. 148 *Schatzkästlein des rheinischen Hausfreundes*, Johann Peter Hebel, Bd. 149 *Schelmuffskys Reisebeschreibung*, Christian Reuter, Bd. 150 *Schloss Gripsholm*, Kurt Tucholsky, Bd. 151 *Siebenkäs*, Jean Paul, Bd. 152 *Sternstunden der Menschheit*, Stefan Zweig, Bd. 153 Tao te king, Laotse, Bd. 154 *Till Eulenspiegel*, Hermann Bote, Bd. 155 *Tolldreiste Geschichten*, Honorè de Balzac, Bd. 156 *Tom Jones, Geschichte eines Findelkindes*, Henry Fielding, Bd. 157 *Tom Sawyers Abenteuer und Streiche*, Mark Twain, Bd. 158 *Troquato Tasso*, Johann Wolfgang v. Goethe, Bd. 159 *Traumnovelle*, Arthur Schnitzler, Bd. 160 *Trost der Philosophie*, Boethius, Bd. 161 *Über den Umgang mit Menschen*, Adolph Freiherr v. Knigge, Bd. 162 *Uli der Knecht*, Jeremias Gotthelf, Bd. 163 *Uli der Pächter*, Jeremias Gotthelf, Bd. 164 *Ungeduld des Herzens*, Stefan Zweig, Bd. 165 *Ut oler Welt*, Wilhelm Busch, Bd. 166 *Vater Goriot*, Honorè de Balzac, Bd. *167 Väter und Söhne*, Ivan Sergejeviç Turgenev, Bd. 168 *Verlorene Illusionen*, Honorè de Balzac, Bd. 169 *Von der Freiheit eines Christenmenschen*, Martin Luther – Bd. 170 *Von der Ursache, dem Prinzip und dem Einen*, Bruno Giordano, Bd. 171 *Vor Sonnenuntergang*, Gerhard Hauptmann, Bd. 172 *Walden oder Leben in den Wäldern*, Henry D. Thoreau, Bd. 173 *Wilhelm Meisters Lehrjahre*, Johann Wolfgang v. Goethe, Bd. 174 *Wilhelm Meisters Wanderjahre*, Johann Wolfgang v. Goethe, Bd. 175 *Wilhelm Tell*, Friedrich v. Schiller

Von demselben Autor/Herausgeber sind bei BOD bereits erschienen:

Alle Tage Feiertage
ISBN 978-3-7386-0409-2, 280 S.
Allerlei Anlässe zum Aktionieren, Feiern und Gedenken

100 Kinderlieder
ISBN 978-3-7322-3024-2, 112 S.
100 Kinderlieder, altbekannt und immer wieder gern gesungen

Liederbuch (Deutsche Volkslieder)
ISBN 978-3-8423-6702-9, 312 S.
300 Volkslieder aus 8 Jahrhunderten und aller Herren Länder

Sagen und Erzählungen aus Marburg und Oberhessen
ISBN 978-3-7347-8909-0 , 164 S.
Allerlei Schwänke und Geschichten aus dem Marburger Land

Tausenderlei über die Freiheit
ISBN 978-3-7322-9721-4, 140 S.
Mehr als 1000 Zitate, Bonmots und Aphorismen über die Freiheit

Tausenderlei über das Glück
ISBN 978-3-7322-5525-2, 160 S.
Mehr als 1000 Zitate, Bonmots und Aphorismen über das Glück

Tausenderlei über die Liebe
ISBN 978-3-8423-7474-4, 140 S.
Mehr als 1000 Zitate, Bonmots und Aphorismen zum Thema Nr. Eins

Weihnachtsgedichte– Verse, Reime und Gedichte zum Fest
ISBN 978-3-7347-6393-9, 352 S.
290 Werke bekannter und unbekannter Dichter zum Weihnachtsfest

Weihnachtsgeschichten - Erzählungen und Märchen
ISBN 978-3-7347-6404-2, 392 S.
85 kurze und lange Texte zur Weihnachtszeit

Weihnachtsgeschichten 2
ISBN 978-3-7481-7533-9, 360 S.
35 kürzere und längere Geschichten zur Weihnacht

100 Weihnachtslieder
ISBN 978-3-7322-3375-5, 112 S.
100 Weihnachtslieder aus der Heimat und der ganzen Welt

Lob und Tadel an tessitore@web.de